大学のゼミから広がるキャリア

構成主義に基づく
「自分探し」の
学習環境デザイン

久保田 賢一
監修

山本 良太／岩﨑 千晶／岸 磨貴子
編著

北大路書房

まえがき

どう生きていきたいかは自分で決める。誰かによって敷かれたレールに従うのではなく、自分で自分の生きる道を切り開いていく。

生き方に関して、右記のことに異論を唱える人はおそらくいないでしょう。わたしたちは学校でのキャリア教育などでこのように教えられてきましたし、それを当然だと考えています。ですが、「本当に自分のしたいこと」を見つけ出すことは簡単ではないように思います。わたし自身、小学校や中学校、高校のとき、キャリア教育の一環で、さまざまな職業に就いている方の話を聞く機会がありました。そんなとき、「へえー」、「いいな」、「かっこいい」という感情をもったように思いますが、かといってその職に就きたいとは思えませんでした。その仕事にどうしても就きたい、というこだわりのようなものをもてなかったからです。

誰もが、自分がこだわりをもって取り組めることを探すものの、それと出会うことはなかなかできません。そんな悶々とした日々を送っているうちに、大学3年生の後半になると就職活動が始まります。そして「自分がしたいこと」ではなく、就職サイトに掲載されている企業のなかから、どこがよいか選択していくことになるのではないでしょうか。

では、「この仕事がしたい」という強い意欲をもつときのこだわりはどうやって生み出されるのでしょうか。その答えとしてわたしは、本気になって取り組む経験をとおして「自分だけのエピソード」をつくり出すことだと考えています。「自分だけのエピソード」とは、経験のなかで得た「やりがい」、「おもしろさ」、「喜び」などのポジティブな情動や、「くやしさ」、「申し訳なさ」、「腹立たしさ」、「無念さ」などのネガティブな情動を含む小さな物語のことです。エピソードのなかに出てくる情動は、本気になって取り組む経験のなかでこそ生まれでてくるものです。本気になっていない漫然とした経験では、情動豊かなエピソードは生まれないでしょう。この「自分だけのエピソード」が、これからの「人生という物語」を構成していく種になっていくのだと思います。つまり、人生という物語の出発点となる冒頭の書き出し部分になるのです。大学は、学校と社会の接続点として、人生の物語のスタートとなるエピソードをつくり出す機会を学生に提供する場となるのではないでしょうか。

本書は、ある一つの大学ゼミ（関西大学総合情報学部久保田賢一ゼミ、以下、久保田ゼミ）で学んだ学生たちの一人称の視点による記述から、それぞれが自分の人生という物語を紡いでいくプロセスを紹介し、そのプロセスを支える学習環境がどのようなものかを明らかにすることを目的としています。

◉本書の構成

本書は2部で構成されています。第1部では、久保田ゼミの学習環境のデザイン原則となっている構成主義や、その周辺の学習理論について概説します（第1章）。そして、実際にゼミをどのように運営してきたのか、具体的な活動が描かれています（第2章）。さらに、具体的な学習環境づくりのプロセスや課題を紹介します（第3章）。久保田ゼミでは、「本気になって取り組む経験」を大切にします。所属する学生は、3、4年生の2年間、たくさんの経験をします。日常的に大学の外に飛び出し、実社会のなかでさまざまな人たちと協働したり、長期休暇中は海外に渡航し現地の人たちと交流し、協働して問題解決に取り組んだりします。このような経験をとおして自分だけのエピソードをつくり、人生という物語を紡いでいく準備をします。

第2部では、久保田ゼミで学んだ学生たちが、ゼミでの経験をどのようにとらえ、自分の卒業後の生き方につなげていったのかを紹介します。第4章では、在学生や卒業生から収集したアンケートに基づいて、ゼミでの学びと学習環境との関係を整理します。第5章から第13章では、9名の卒業生たちが今現在の自分の生き方とゼミでの経験がどのようにつながっているのかを、振り返りながら紹介します。執筆者は、研究者や口腔外科医、国際協力の専門家、特別支援学校教師など多様です。また各章の間にはコラムとして、卒業生11名がゼミでの思い出や印象深い学習経験、これからの生き方について紹介します。最後に第14章では、第1章から13章までの総括を行うとともに、卒業後のゼミやゼミ教員との関わりについて説明します。

一般的な大学ゼミと比較したとき、久保田ゼミの学習環境は少し特殊だと思います。久保田先生は「わたしは教えない」と宣言し、活動に関する責任の多くを学生に委譲します。学生は活動のなかでたくさんの失敗をして、人に迷惑をかけることもあります。わたしも久保田ゼミでの経験のなかでたくさんの失敗をしました。久保田先生に何度怒られたか数え切れません。ですが、おそらく久保田先生はそれ以上にいろいろな人たちから怒られたのではないかと思います（よく「怒られちゃったよー」とニヤニヤしていました）。このような学習環境のなかでわたしは、たくさんの人たちと意味のある関わりの機会を得て、たくさんのことを学びました。責任ある立場で活動に取り組むことによって、自分なりのエピソードをつくり出し、今自分の人生の物語を紡ぐことができているのだと思います。

久保田ゼミは特殊ですが、特別ではありません。学生は特別なスキルをもっているわけでも、特別な生い立ちがあるわけでもありません。ただ、教員も学生も、本気で活動に取り組み、学生はその先に自分の生き方を見つけ出そうとします。大学ゼミの2年間の間に見つけ出すことができた者もいれば、卒業してからも生き方を探し続ける者もいます。一度見つけた生き方から新しいものに変えようとする者もいます。このような姿勢はきっと、ゼミでの経験があったからなのではないでしょうか。

本書が、大学教員をはじめとした教育関係者にはキャリアに関する教育を充実させるための議論のきっかけになることを、キャリア形成に悩む学生にはこれからの生き方を考えるうえでのヒントとなることを、それぞれ願っています。

２０２０年2月　山本良太

目次

第1部

構成主義と
ゼミの学習環境デザイン

1　わたしの学校体験と構成主義

久保田賢一

関西大学で教鞭をとるようになり、四半世紀が過ぎました。大学を卒業してから7年間高校教員として理科を教えてきたこともあるので、わたし自身が学校で学んだ時期も含めると、学校教育とは50年以上の関わりになります。その他に、社会教育や成人教育、企業研修などにも携わってきたことを考えると、人生のほとんどはなんらかの形で教育と関わりのある活動をしてきたわけです。これらの活動や研究をとおして、わたしなりに教育に対する考えをもつようになりました。第1章では、わたし自身のこれまでを振り返り、教育に対する考え方がどのように変遷してきたのか、そして構成主義との出会いについて述べていきたいと思います。

▼学校への違和感

これほど学校との関わりが長いにもかかわらず、わたしには授業中の思い出はほとんどありません。思い出のほとんどは、教室の外で起こったことであり、授業内での出来事はまったくといってよいほどありません。たぶんこれは、多くの人が学校での生活を振り返ったときに思うことではないでしょうか。鮮明な記憶といえば、たとえば学校の帰りの寄り道や、友達と裏山で探検をしたことや、初めてつくった竹籤の飛行機が予想以上に遠くまで飛んだことなどです。たぶん、授業のなかにワクワクどきどきするような体験がなかったのでしょう。

子どもの頃は、学校に対してどこか居心地の悪さを感じていました。細かく区切られた時間割、受けたくないテスト、じっと教師の話を聞くだけの授業、おもしろくない教科書……あげるときりがありません。別に劣等生だったわけではありませんが、小学校のときはこの長く退屈な空間から早く抜け出たいと思っていました。教室の窓から外を眺め、そよ風に揺れる木枝を見るたびに、未知の世界への思いが広がり、空想の世界に思いをはせました。

「同じ年齢の子どもたちを一つの教室に入れて、同じことを学ばせる」という学校システムが、わたしにとっておもしろくなかったのでしょう。中学に入ると規則はますます厳しくなってきます。黒い詰め襟の制服を着て、男子は全員が坊主にしなければなりませんでした。生徒手帳には、服装や学校内での行動について細かな説明が書かれていました。教室では、教科書をなぞるような授業が行われていました。当時、50人以上の生徒が教室に詰め込まれていました。そのなかで、先生の話を1日中聞かなければならないことは苦痛以外の何物でもありません。学校は学ぶ場というよりも友達に会うために出かける場所でした。ゆえに、記憶に残ったのは、放課後、生物部の活動で、友達と一緒にボートに乗って海水を採取するために海に漕ぎ出たことでした。校庭のすぐ横は海岸になっていて、生物部の部員はこのボートを特権的に利用することができたのです。このような息抜きの時間以外、早く中学での息苦しい生活から抜け出て、もっと自由に生きたいと思っていました。

高校でも状況は同じです。進学校に入学したので、試験の点数を上げるために勉強をするだけでした。高校に入ると覚えることが多くなりすぎてついていけません。たとえば毎月、１００語出題される英単語のテストを受けなければなりません。１００の単語の意味を覚えてテストに臨まないといけないプレッシャーは、とても大きなものでした。ですからそのことは、トラウマとして今でも覚えています。何の脈絡もなく単語をただ暗記するという勉強はわたしにとって苦行でしかありません。結局、嫌々やっている勉強でよい成績がとれず、夏休みには補講を受けなければならなくなりました。

ほとんどの科目は嫌々勉強していましたが、物理は好きな科目でした。なぜなら覚えることが少なかったからです。

法則をいくつか覚えておけば、それを使って問題を解くことができたからです。化学は、たくさんの化学式が出てくるし、生物も覚えなければならないことがたくさんあって好きになれませんでした。

物理学に親近感を抱いたのは、湯川秀樹が戦後すぐの１９４９年に日本人として初めてノーベル賞を受賞したからです。子どもの頃は湯川秀樹みたいにノーベル賞をとってみたいと夢見ていました。１９６５年、中学のときには、朝永振一郎が日本人で２人めのノーベル賞受賞者としてメディアで大きく取りあげられました。当時の日本はまだ貧しく、研究費も十分にない時代でした。貧しい日本でも、理論物理学という学問は紙と鉛筆があれば研究ができることを聞き、ますます物理が好きになっていきました。ノーベル賞受賞者の２人はわたしにとってあこがれの人でした。

物理学へのあこがれもあり、浪人をして入った大学では物理学を専攻しました。でも、物理学はそんなに簡単な学問ではありません。わたしが大学に入った１９６８年は、大学紛争で荒れた時期でした。東京大学の入学試験は行われず、入学した大学も閉鎖されており、４月の入学式もありませんでした。やっと封鎖が解除され、授業が開始されたのは8月でした。そのときには、もう物理学に対する情熱も冷めていて、授業に出席しても教授の話がさっぱりわかりませんでした。物理学の本を何度も読み返してみましたが、一筋縄ではいかないことを身をもって感じました。それからは、「物理学研究室」という学生の小さなたまり場にもっぱら集まり、友達ととりとめもない話をする毎日でした。物理学の勉強は試験のために学期末の1週間くらいしましたが、それで物理学を理解できるわけもありません。必要な知識を暗記し、テストで吐き出すような勉強では、学んだこともすぐに忘れてしまうのは当然のことです。わたしの世代は戦後のベビーブームで人口が急増した時期でした。大学生は急増し、キャンパスは学生であふれ、マスプロ大学とかレジャーランドなどと大学が揶揄されていました。

それでも4年生になり、社会に出ていかなければならない時期になりました。当初は企業に入ろうといくつかの会社を受けて内定をとりました。その一つが、プリンターをレンタルする会社の営業職です。ところが、いざ企業に就職するということを考えると尻込みをしてしまいました。日々会社を回り、営業をしかけて利益を上げるという仕事をすることがイメージできません。顧客の苦情に対応したり、プリンターを修理したりして、日々の仕事をこなすことができるのだろうかと不安になりました。そんなときに、就職の掲示板に高校教師募集のチラシを見つけました。高校で働くほうが、自分のこれまでの体験から想像がつく。高校で生徒を教える自分のほうがイメージを描きやすかったのでしょうか、結局、私立高校の教員として働くことになりました。学校教育に希望を抱いて教職についたというよりも、これまで生活してきた環境に近いところで仕事をすることで安心感を得たいと思ったのかもしれません。新しい世界に飛び込むよりも、身近な世界のほうが居心地がよいと考えたのです。「デモシカ先生」とは、「先生でもやろうか、先生にしかなれない」ということで教職に就いた人のことを指します。わたしもそんな仲間の1人だったのでしょう。

企業から内定をもらったけれど、その新しいことにチャレンジするのに尻込みをしてしまいました。学校教育に関することであれば、これまでの延長線上での仕事でもあり、想像できます。新しい世界に入って自分がどこまでできるか不安だったのでしょう。そういう意味では、学校に対して「居心地の悪さ」と「居心地のよさ」の両方を感じていたのかもしれません。居心地のよさとは、新しい世界に足を踏み出すことを押しとどめておく力学でした。

▼高校教師

結局、企業の内定を断り、静岡県の私立の女子高校で物理や化学を教えることになりました。1970年代当時は、女子の大学進学率は2割程度でした。ほとんどの生徒は高校卒業後、就職をする時代です。そんな時代に、難しいと思われている物理や化学を教えるのは大変だと思うかもしれませんが、授業をすることにやりがいを感じていました。大学受験に向けた勉強をさせる必要がないので、かえって物理や化学を楽しくのびのびと教える工夫をすることができました。

教師として高校で仕事をするということは、学校側の人間として生徒に接することです。生徒と接することは楽しいのですが、生徒に学校の規則を押しつけなければならない自分に対して嫌悪感をもつようになりました。今度は自分が規則を守らせる側に回ったのです。そして、教科書に沿った授業をするようになり、わたしが嫌いだった生物や化学も教えるようになりました。理科をおもしろく教えるために、いろいろな工夫を授業に取り入れましたが、管理する側として生徒に関わることになったわけです。

その後、男子校に転勤になりました。男子校では大学受験に向けて学ぶ特進と呼ばれるクラスから、就職をするクラスまで、能力別クラスが編成されていました。学年が上がるときに、成績に応じてクラスが決まるという仕組みは、生徒にとって大きなプレッシャーになります。特に、学年が上がるにつれて、下位のクラスに組み入れられる生徒は、敗北感を抱えて通学してくるようになります。競争のなかで勉強することは、１割の勝ち組と９割の負け組をつくり出していました。

当時は、高校というシステムのいろいろな矛盾に疑問をもちながらも、それなりに充実した日々を送っていました。ところが、高校教師としての仕事に慣れてくるにしたがい、このままでよいのだろうかという物足りなさを感じるようになりました。クラブ活動を担当し、教科もそれなりにうまく教えることができるようになってきたけれど、何か物足りない。ルーチン化した仕事を続けていくことに対する漠然とした不安が生まれました。

今のわたしではない「わたし」を見つけたい、もっと別の世界があるのではないか、新しい世界に足を踏み出したい、そんな思いが込みあげてきました。新しい世界に足を踏み出すことはワクワクしますが、同時に不安でもあります。新しい世界で自分は適応できるのだろうか。職場と自宅の間を往復しているだけの生活から、少し別な世界を見てみようと思いました。そんな折、夏休みを利用して大学時代の友人と米国アラスカ州に出かけることになりました。川で鮭釣りをしたり、湖でカヌーを漕いだり、キャンプをしたり、マッキンリー山国立公園（現デナリ国立公園）ではグリズリーやムース、カリブーなどの野生動物に接したりして、普段の生活ではなかなかできない体験をしたことが、わたしを少しずつ変えていきました。その翌年は、ネパールのアンナプルナ峰のトレッキングに出かけ、外の世界にはたくさんのワクワクやどきどきがあることを知りました。これまで行ったことのない世界に足を踏み入れると、知らないことやおもしろいことがたくさんあることを学んだのです。

▼青年海外協力隊

世界についてもっと知りたい、これまで体験したことのないことにチャレンジしたいと、さらに一歩を踏み出しました。それは、青年海外協力隊に参加して、海外ボランティアとして活動することです。わたしの配属先は、フィリピンのマニラ市内にあるフィリピン工科大学の付属高校でした。

ところがフィリピンに赴任早々、肝炎にかかり入院してしまいました。初めての海外生活に慣れる前に入院することになり、ベッドで腐っていると、若い看護師に話しかけられました。「あなたのフィリピンに来た目的は何？」わたしは、元気を装って「わたしの目的は、フィリピン人に物理を教えることです」と答えました。すると彼女は、「英語ができなくても教えられるの？」と聞いてきました。ただでさえ病気で気持ちが沈んでいましたが、さらに落ち込みました。しかし、看護師さんの前では平気を装うしかありません。

その後退院しましたが、英語に対する不安は消えません。配属先の付属高校にいた英語の先生に英語を教えてほしいとお願いし、空き時間に英語で世間話をして会話力を磨きました。ここでの学びは、いつか将来役に立つことではなく、「学んだことをすぐに実践する」力をつけることです。このような環境では、英語を学ぶことが即わたしの活動に反映されます。学ぶことに真剣になれるし、学んだ効果をすぐに知ることができます。たとえば、「地球」は英語で「earth」です。これを日本人が発音すると「アース」となります。しかし、これをそのまま「アース」と発音しても、外国人にはまったく伝わりません。「əːθ」と発音記号に沿って発音しなければいけません。日本にいては、発音の正しさは実感としてわかりませんが、外国で暮らしていると、間違った発音ではまったく理解されません。間違えばすぐに反応が返ってくるので、英語も上達していきました。

物理の教師としてのボランティア活動はかなり自由です。自分で計画を立てて、実行し、評価をする。はじめは高校に配属されましたが、フィリピン人の理科教員数は十分なので、わたしが直接生徒に教える必要はありませんでした。そこで、教員を対象に研修を開きました。配属先の教員だけでなく、近くの教育大学にも出向き、物理の先生たちと交流をもつようになりました。大学院でも物理学を担当するようになり、活動の輪が広がっていきました。フィリピンの教員と交流し、その輪を広げながら、活動することのおもしろさを感じるようになると同時に、国際協力という活動がどんどんおもしろくなっていったのです。

そして2年が経過し、ボランティア活動は終わりましたが、新しい世界に足を踏み入れてしまったからには、もう元の世界には戻れないと思いました。もっと見たことのない世界を知りたい、もっと自分のできることを広げたいと考えました。

そしてフィリピンから帰国後、アルジェリアでの仕事の話があったので、すぐに向かいました。日本の商社がアルジェリアに染色工場を建設し、現地従業員が自力で工場の運営ができるように、染色工場で働いている日本人を派遣したのです。わたしは染色のことはまったくわかりませんが、半年間の契約社員としてその工場で働くことになりました。現地従業員に基礎的な化学の知識を教える仕事を担当するためです。工場では、酸やアルカリなどの薬品をはじめ、危険な薬品を使うために、取り扱いを間違えないように化学の研修を行いました。高卒の従業員が参加する研修では、わたしの日本語に対してフランス語の通訳がつきました。小学校卒業や中退の人が参加する研修では、従業員はフランス語がわからないので、フランス語、アラビア語、現地語の3人の通訳をつけて説明しました。伝言ゲームで話をしているようなもので、どこまで伝わったかわかりませんが、実験など体験的な活動を取り入れた研修だったので、参加者は楽しく学べたと思います。フィリピンとはまた違ったイスラム圏での活動だったので、自分の枠をさらに一回り広げることができたと思いました。

もっと知らない世界に足を運んで、いろいろな体験をしたいと、わたしの好奇心はどんどん膨らんでいきました。染色工場での仕事のあと、サハラ砂漠を縦断するバスで旅をしたり、覚え立てのフランス語でヨーロッパをヒッチハイクしたりしました。いろいろな体験をするなかで、広い世界に羽ばたくためには、もっと勉強が必要だと思うようになりました。帰国後、アメリカの大学院へ進学しようと、英語の勉強を始めました。このときの英語の勉強は必死です。TOEFL の点数が大学入学の条件になるからです。英語を学ぶということが、わたし自身にとって切実な課題になると、本気で取り組むようになりました。そして、なんとか TOEFL の点数を確保し、アメリカのインディアナ大学に入学をすることが決まりました。わたしが34歳のときでした。

▼教育工学への違和感

インディアナ州ブルーミントンにキャンパスのあるインディアナ大学では、教育学研究科教育システム工学科に所属しました。国際協力の世界で活躍するためには、修士号を取ることが必要だとまわりから言われ進学しましたが、入学当時は教育工学という学問についてまったく知識がありませんでした。

最初に受けた授業では、ラミネートの仕方、ＯＨＰシートのつくり方など教材づくりの実践を学びました。今では誰もＯＨＰ（オーバーヘッドプロジェクター）を使いませんが、当時はプレゼンテーションツールとして必須の道具でした。いろいろなＯＨＰシートをつくるのは、結果が目に見えるので、おもしろいと思いました。英語力もまだ十分ではない時期でしたので、実習による教材作成はわたしにとって最適の授業でした。その後しだいに、教育工学の理論やモデルを学んでいくことになりますが、学びが深まるにつれて、これはわたしが学びたいこととは違うのではないか、という違和感を抱くようになりました。

教育工学は、Educational Technology の日本語訳です。簡単にいうと、テクノロジーを教育に取り入れることで、効果・効率的に学習を進めていくことを研究する学問領域です。大学院には、レーザーディスクとコンピュータを組み合わせたマルチメディアが置かれていました。ビデオを視聴したあとにコンピュータから選択式の問題が出され、それに答えると自動的に採点されるというシステムです。初めて見たとき、その最新技術に深く感動しました。こういう機器を組み立てて、最新の学習を提供するシステムを構築することを早く学びたいと思いました。

しかし、教育工学のさまざまな授業を受け、教育工学についての理解が深まるにつれ、わたしが学びたいこととは違うのではないかという思いが募ってきました。もともと教育工学は、学校教育よりも、軍隊の訓練や企業内研修のために発展してきた研究分野です。たとえば、新兵が銃の組み立て方を短期間で習得するための訓練、工場のラインの配置を変えることによって生産性を高める方法などを研究します。このような教育は、「工場」のアナロジーで語られます。原材料（知識のない学び手）は工場に運ばれたあと、ラインに置かれ、ラインのスタッフ（教師）により加工され、十分な知識やスキルを身につけた製品（知識を獲得した学び手）として出荷されるということに例えられます。つまり、ラインでスタッフが効率的に働くことにより、生産性を高めていくことができるという考え方です。効果・効率を重視する教育工学のこのような考え方に、わたしは何か変だなと感じるようになりました。とにかく修士という学位を取らないといけないと大学院に入学しましたが、わたしの目指す方向と違うのでは、と疑問を抱くようになったのです。

アメリカで発展してきた教育工学は、学校教育よりも産業界において、仕事のできる人材育成の方法として導入されてきました。教育工学の中核の理論に、インストラクショナル・デザイン（ＩＤ）があります。ＩＤは、教育の効果・効率を上げるための方法論として大学院で教えられています。それは、心理学において開発された学習理論に基づいて、どのような教授法が適しているか提案したものです。アメリカではインストラクショナル・デザイナーという職業があり、専門家として企業や学校、教育関連で働いています。インストラクショナル・デザイナーは、企業や学校での研修のカリキュラムや教材を開発したり、職場における問題を解決するための方法を提案したりします。その目的は、お金や時間をかけずに、効果的な教育システムを構築することです。教育工学の研究者は、IDは建築物を構築するプロセスに例えられると説明します。教えることをデザインするということは、家やビルを建てる方法と基本的に同じであると考えているわけです。でも、本当にそうとらえてよいのでしょうか。

建築家は家をどのようにデザインするのでしょうか。家を建てる場合、その土地の状況、使う木材の特性、その土地の気候などさまざまな変動要因が考えられます。そういった多様な変数に対して、建築家はその土地や環境に合った家をデザインしなければなりません。そして、建築業者はその設計図に基づいて建築物を構築します。教育をデザインするときにも、このような建築物のデザインと同じような方法を取り入れられるのでしょうか。わたしは、建築物を建てるプロセスと教育活動を同じだととらえるとしたら、見落としてしまう部分があまりにも多いのではないかと思います。なぜなら、人間の多様性はわたしたちが考える以上に幅広いと思うからです。加えて、生徒は教師の介入に対してさまざまな反応をします。教師がいくら授業の準備を綿密に行なったとしても、生徒たちから思いもしなかった反応が返ってきます。そういった予期しない学び手の反応に対しては、即座に対応する力が求められるため、マニュアル通りにやっていては柔軟に対応できません。

ID理論では、まず学び手のニーズを見つけ、そのニーズを満たすための目標を設定し、その目標に到達するための教授法を考え出し、必要な教材を整え、教えるという実践に至ります。教えたあとには、目標を達成できたかどうかテストをし、問題があれば修正を加えるというプロセスを繰り返します。この方法は、ADDIEモデルと呼ばれ、IDの重要な理論の一つです。analyze（分析）－design（設計）－develop（開発）－implement（実施）－evaluate（評価）の頭文字をとってADDIEと呼びます。このモデルは、プロジェクト運営などで使われるPDCAサイクルと基本的に同じ考え方です。このサイクルを繰り返すなかで、問題を解決して目標に近づけるわけです。たとえば、体系的なカリキュラムをつくったり、学校をシステマチックに運営したりするためには、ADDIEモデルやPDCAサイクルは重要なツールになるでしょう。

教育において大切なことは、たんに知識や技能を習得させるだけでなく、まわりの世界に目を向け、さまざまなことに好奇心をもち、なぜそうなるのだろうかと探究する姿勢をもつことです。しかし、探究心のある学び手が、課題や問題を見つけて、解決しようと取り組んだとしても、簡単に答えが出るわけではありません。また教師も、学ぶテーマに関しての方向づけはできますが、その効果や効率は簡単に測定できません。なぜなら、世界で起きている問題は複雑で、何が正解であるか簡単に答えを出せるわけではないからです。活動の成果もすぐに数値化できるとは限りません。ADDIE モデルは、目標準拠、数値化することで効果・効率を高めることを目指しますが、探究する学びでは、主体性や協働性を発揮することで、知的好奇心が刺激されます。このような学びには、遊びの要素が求められたり、ときには立ち止まって、道草をしたりすることが推奨されるでしょう。こうした考えから効果・効率を目指すことを重視した教育工学の研究に対して、違うのではないかと違和感をもつようになったのです。

そして教育工学だけでなく、研究方法論についても違和感を覚えました。当時、新しい教育メディアとしてパソコンがアメリカの学校に導入され始めました。そして「コンピュータは、教育効果を高める」という仮説のもとに多くの研究が行われていました。その際に使われた研究方法は、統制群と実験群に分けて授業を行い、最後にテストをして比べることでした。つまり、コンピュータを使って教える授業とコンピュータを使わないで教える授業を一定期間行い、その効果をテストの成績で比較するものです。この研究方法は量的研究と呼ばれ、農業の研究をもとにしています。この方法論では、学び手を植物の種子に見立てます。どのような条件のもとで、植物はよく生長するかという観点から研究をするわけです。たとえば、与える水の量を変えたり、肥料の中身を変えたりすることで、植物の成長の度合いを計測します。外部の条件を変えることで、植物の成長を確認するわけです。同様に、教育研究においても、コンピュータという外から与えられた刺激に対して学び手はどの程度効率的に学ぶことができたかを、テストによって計測します。実証主義のパラダイムに基づいた研究は、因果関係を求める仮説検証型です。そこには、学び手が主体的に学びに取り組もうとする姿勢は含まれません。学び手は、外部からの介入に反応する受動的な存在とみなされます。

もちろん知識や技能を効果的、効率的に教えるための研究は重要です。しかし、それに重点を置きすぎると、本来の教育が目指すところとは違う方向に向かうのではないかと危惧します。意欲的に学ぼうとしている学び手にとって、ID理論にもとづく学習方法は有効に働くでしょう。しかし、それが行きすぎると、複雑に絡み合ったさまざまな要素が切り捨てられ、単純な因果関係に収斂してしまいます。その結果、実社会で起きている課題が、実験室のなかでは別物になっていきます。

このように考えるようになったのは、わたしの途上国体験からです。ボランティアとして海外の教育現場で活動した体験は、わたしの教育に対する考え方を大きく変えました。途上国における教育問題は、主に貧困と関係しています。途上国の子どもたちは、学校で学ぶということ以前の問題を抱えています。十分な食事をとることができなかったり、家の仕事をしなければならなかったりするために、勉強がおろそかになってしまいます。教室の内側だけを見て、教授方法を変えるなどして、学習の効果を測定するのは無理があります。教室の外側にある、コントロールのできないさまざまな要因が、子どもたちの学びを阻害しているからです。このような複雑な社会の状況全体を考慮しなければ、教育問題に取り組めません。そういう思いから、大学院で学んでいる教育工学の方法では対処できないのではないかと、ぼんやりと感じていました。

そんな時期に2人の教授――ボーラ教授とグーバ教授――に出会い、わたしの感じていた教育工学に対する違和感はおかしなものではなかったと確信しました。ボーラ教授は、シク教徒のインド人です。シク教徒は、髪を切らない習慣があり、髭を生やし、ターバンをしています。アメリカ中西部は白人が多く住んでいる地域で、インド人であるボーラ教授がこの大学で教えていることに最初は驚きました。ユネスコの識字教育専門家としてタンザニアで活動した経験のあるボーラ教授の授業には、欧米的な発想にはない第三世界からの視点がありました。教授は開発途上国での識字教育の研究から、教育工学で取り入れられている実証主義的な考え方に対して異義を唱え、解釈学的なアプローチの重要性を説いていました。

もう1人のグーバ教授は、もともと量的研究者として第一線で活躍をしていました。ところが、量的研究の方法に疑問をもつようになり、自分の理論を真摯に見直す作業を進めるなかで、質的研究の意義を認識し、その理論構築を進めていました。わたしは、彼が受け持つ質的研究入門の講座を受け、質的研究のおもしろさを学びました。当時は、実証主義に基づく量的研究が主流の時代でしたので、質的研究も重要な研究方法論であることを強く主張しなければなりませんでした。人を対象とする研究において、数字に還元して論じるのではなく、文化や文脈を考慮した研究方法論について学びました。この講座を受講したことで、自然科学のアプローチを人や社会に対して適用するのは違うのではないかという意識を強くもつようになりました。２人の教授から教えを受け、教育工学に対する違和感を自分なりに理解できるようになって以来、わたしは教育工学に対して批判的な立場から研究をするようになりました。

しかし現代においても、１９８０年代にわたしがアメリカで学んだ効果・効率の教育は依然衰えをみせていません。近年、エビデンスベースの教育をする必要があるということから、学力テストが繰り広げられています。そしてアメリカでは、効果・効率を求める教育を目指して、スクラップ・アンド・ビルドの考え方のもとチャータースクールが広がっています。チャータースクールとは、自治体が資金を出し、民間が運営する学校で、設立時に到達目標を設定し、それを達成することができないと廃校になります。しかし、その数は毎年増加し、マクドナルドのようにフランチャイズ展開をする学校まで出てきています。アメリカではテスト、補助教材、データ管理など、教育のあらゆる面で民営化が進み、巨大ビジネスになってきました。「ロケットシップ・エデュケーション」というチャータースクールが、フランチャイズの学校として広がり、子どもたちは毎日コンピュータに向かい「個別指導」を受けているそうです。正規教員を減らし、代わりにコンピュータと低賃金で働く若手教員を採用し、テストの点数を上げるための指導が広がっています。効果・効率を求める究極の教育は、ＡＩによる個別指導になるかもしれません。教師によって教え方が違ったりすると、子どもが混乱し、学習に偏りがでるので、コンピュータで一斉かつ均一に教えるほうが効率的であると思われているからです。インディアナ大学の教授が「teaching の代わりに instruction という用語を使うのは、教授（instruction）には教師がいることを前提としていないからだ」と言っていたことが思い出されます。

近年、このようなグローバルな教育産業が台頭し、世界中に広がりつつあります。フィリピンにおいても経験の浅い教師を低賃金で雇い、コンピュータによる個別学習を取り入れた、フランチャイズの私立学校が増えてきました。どのような教育をしているのか見学したいと申し入れたことがありますが、企業秘密ということで授業見学の許可は下りませんでした。その代わりに、学校経営の責任者と面談をすることができました。面談では、今後フランチャイズの学校を増やしていくという経営プランを語ってくれましたが、どのような子どもたちを育てたいのかというヴィジョンを語ってくれることはありませんでした。コンピュータによる均一な教育を低価格で多数の子どもたちに提供するやり方は、フランチャイズのコンビニエンスストアの経営を連想させます。教育工学的な観点からみれば、このような教育は成功事例となるでしょう。しかし、これからの教育はどうあるべきかを考えると、疑問を感じざるをえません。

▼構成主義の学習理論

振り返ってみると、わたしがアメリカの大学院で学んだ時代（１９８０年代）は、自然科学のアプローチを教育工学研究に当てはめようとするものでした。刺激と反応の関係から学習を説明しようとした行動主義や、コンピュータのアナロジーから脳の情報処理過程を明らかにしようとした認知主義に基づくＩＤ理論が全盛の時代でした。このような実証主義に基づく教育工学の理論に対して違和感を覚え、新しい研究アプローチを模索しました。そして、たどり着いたのが構成主義です。

構成主義は、教育分野だけでなく、社会学や心理学の分野をはじめ、人文社会科学のすべての領域において、従来の実証主義的なアプローチを乗り越えるものとして広がってきました。それは、近代《モダン》を目指してきた従来のデカルトの二元論的な発想を超えるものとして、人間について社会・文化・歴史的な観点からとらえ直す提案をします。構成主義は、はじめから一つの大きな理論としてまとまっていたというよりも、社会学や心理学をはじめとする人文社会科学のさまざまな領域において、互いに関連の見えないところで独自に発展したものがしだいに大きな潮流となってきたものです。構成主義は、それぞれの学問領域の土台となるメタ理論というべきものです。メタ理論を土台として、それぞれの学問領域が形づくられます。

「知識とは何か」という問題は、哲学上の重要なテーマです。それは認識論と呼ばれ、さまざまな理論の土台となります。教え方や学びの理論や実践は、知識をどのようにとらえるかに強く関係するからです。そして、その認識論に基づいて、教え方、学び方だけでなく、それを取り巻く制度や仕組みなど、メゾやマクロの社会システムそのものの変容を促します。つまり、わたしたちは認識論というメタ理論をしっかりともつことで、それに基づいた社会を構築していくわけです。もちろん、構成主義といっても、さまざまに異なる部分で互いに相容れないところもあります。しかし、ここでは細かい違いに目を向けるのではなく、構成主義という大きな分類で、教育的な課題をとらえ直していきたいと思います。

伝統的な教育工学において、知識は「もの」として、人の〈心〉は「容器」ととらえられてきました。その容器にいかに効果的、効率的に知識という「もの」を注ぎ込むことができるか、ということが研究課題になっていたのです。一方、構成主義では、学び手をたんに知識を注ぎ込まれる容器ととらえるのではなく、積極的に環境に働きかける主体とみなします。まわりの人や道具と関わり合いながら、できることを広げていく過程をとおして、人は成長していきます。このような学びは、個人に収束するのではなく、社会的、歴史的、文化的な状況のなかで、まわりの人や道具から切り離せない関係のなかで生起します。つまり、「学び」を環境に置かれているさまざまな記号やモデル、道具に「媒介された行為」ととらえます。

教育分野では、ピアジェ、ヴィゴツキー、ブルーナー、デューイなどが構成主義との関連でよく引用されます。

ピアジェは、人はまわりの環境に適応させながら生活をするという生物学的な視点から発達をとらえています。わたしたちは外界の環境に対して、さまざまな働きかけをします。そして外界への働きかけをとおして、自分の周囲についての理解を深めていきます。ピアジェはこれをシェマと名づけました。そして、さらに人は外界に働きかけ、そこから得られた刺激をシェマに「同化」しようとします。既存の概念のなかにうまく埋め込むことができない場合は、新しい刺激をシェマに取り入れるために「調節」をします。このように人の認知発達は、同化と調節を繰り返すことによって、より高度な知識を自分なりに構成していくプロセスととらえます。自分なりに構成した知識は、科学的な知見とは異なる「間違っている知識」かもしれませんが、試行錯誤のなかで同化と調節を繰り返してシェマを形成していきます。

個人の認知発達に焦点を当てたピアジェに対して、ヴィゴツキーは子どもの精神の発達は、文化的、歴史的なものであるとして、社会的側面からの知識構成に着目しました。ヴィゴツキーが提唱した「発達の最近接領域」は、子どもは他者との相互行為をとおして発達するという学習の社会的側面を示したものです。

ヴィゴツキーは子どもの発達を二つの水準に分けて考えました。一つは、現時点で子どもが自力でできる水準です。もう一つは、「明日の水準」、つまり他者からの手助けや協働によってできる水準のことです。この二つの水準の幅が「発達の最近接領域」です。たとえば、子どもは最初から自転車に乗ることはできません。自転車に乗るには、何度も練習をしなければなりません。そのとき大人は、子どもが自転車に乗る際に倒れないように押さえてあげたり、補助輪をつけてあげたりします。するとしだいに、大人の助けや補助輪なしに1人で乗れるようになります。

ブルーナーはこのような大人の支援を「足場かけ（scaffolding）」と呼び、学習における教師の手助けの重要性を指摘しました。しかし、「発達の最近接領域」は、たんに大人が足場かけする以上の意味をもっています。なぜなら学習は本来的に社会的なものだからです。教育の観点から「足場かけ」の概念は重要ですが、それ以上に重要なのは、子どもが積極的に周囲の人たちと協働してできるようになっていくことです。そこに大人がいなくとも、子どもたちが協働することで、「明日の水準」に達することができるのです。つまり、わたしたち人間は、本来的に社会的、歴史的な存在であるということです。人は他者との関係のなかで育つという社会的な側面に注目し、言語という媒介物により他者とコミュニケーションをとりながら発達していくととらえます。

デューイは、プラグマティズム（実用主義、道具主義と訳される）の哲学者であり、教育学者でもあります。デューイは「経験」を重視し、環境のなかでまわりの人や道具との相互作用をとおして経験が生まれ、その経験を振り返ることで再構成されていくととらえています。この考え方は、ピアジェやヴィゴツキーとの類似性がみられます。彼の理論の中核をなすのは問題解決学習であり、子どもを知的で主体的な存在であるとみなし、積極的に環境に働きかけ、問題解決をとおして成長することを重要視しています。デューイは、シカゴ大学に付属の実験学校をつくり、学校をたんなる子どもたちが集まる集合体ととらえるのではなく、学校そのものが一つの社会であり、「共同体としての学校」で子どもたちが生産的な活動を行い、共に生活をする過程の重要性を主張しています。それは社会の大きな変化を見据えて、民主主義社会に主体的に参加していく市民を形成するための学校教育を構想しているからです。

このように構成主義の基本的な概念では、学び手を、環境から刺激を受けて単純に反応する存在としてではなく、積極的に環境に働きかけ、まわりの人と協働したり、道具を使って環境を変える活動に参加したりすることをとおして発達していく存在として描かれています。

▼人間活動の協働性

人の活動は、本来協力的です。進化の歴史をみると、人類は10万年以上にわたり狩猟採集生活をしていました。木の実を摘んだり、動物を捕まえたりして、食料を確保していました。人類の進化は、狩猟採集生活に適した方向に進んできたわけです。はじめは木の実をとったり、小動物を捕まえたりして生き延びてきました。そして、さらに安定して食べ物を確保するために、人はしだいに大型の動物を捕獲するようになりました。大型動物を捕まえるのは、1人ではできません。数人でチームを組みます。動物を追い立てる人、待ち伏せをして仕留める人など役割分担をします。そういったチーム活動が、人類の生き残りを保証することになります。人は進化の過程のなかで、協働することを身につけるようになったのです。地球全体に人類が広がりをみせるようになったのも、この協働することの重要性に気づき、それを次世代に継承してきたからだといえるでしょう。つまり、協働することは、種としての人類が生き延びるために有益だったのです。協働する方法は、若い世代が模倣することで次の世代に継承され、しだいに洗練され複雑さを増し、それは社会制度として定着しました。現在、わたしたちが行なっている活動は協働なしでは成り立ちません。

わたしたちは、協働しないと目的を達成できないということを進化の過程で学んできたわけです。わたしたちが社会文化的な存在であり、まわりの人たちから支援を受けることで、成長していくことの重要性を「発達の最近接領域」は説明してくれます。社会的な存在として人の相互行為を研究することは、個人の内側の認知活動に着目して研究してきた従来の心理学とは別な観点から学習をとらえ直すことです。

レイブとウェンガーは、西アフリカの仕立屋の徒弟制についてフィールドワークを行い、徒弟が仕立屋としてまわりの助けを受けながら、一人前の仕立屋に成長していく過程を分析しました。徒弟は、新参者として実際に服を仕立てていく実践コミュニティに参加し、その参加の過程で周辺的な役割から十全的な役割を担うようになり、知識や技能を身につけていきます。仕立屋という実践コミュニティのなかで，担うべき役割を変え，協働的な活動をとおして，仕立屋としてのアイデンティティをつくりあげていきます。徒弟は，仕立てという真正な活動に周辺的に参加し，実践コミュニティのなかで分業を担い，他の人たちとの協働をとおして服をつくるという実践を行います。そこには，教える人という特定の存在はいませんが，実践コミュニティでの協働をとおして，徒弟はまわりの先輩の仕事を観察し，その真似をすることで，しだいに一人前になっていく過程があります。

実践コミュニティにおいても，仕立屋の活動のように，そこに参加する人たちは協働的な活動をとおして目的を達成することを目指します。この実践コミュニティのとらえ方は，人の行為を脳のなかの情報処理により，脳が体に指令を出して，腕や足が運動するという従来の心理学とは別の見方を提供してくれます。

ハッチンスは，大型船や大型ジェット機を複数の人が協働して操縦するときの活動を分析することで，認知活動は，たんに個人の頭のなかで処理されるというよりも，まわりの人や人工物に分散され，複数の人の間で調整されながら行われていると説明をしました。彼は「分散認知」という概念を提案し，仕事場のなかでの共同活動を即興的で協調的な活動としてとらえ，そこに参加する人が協働的に活動することで目的を達成することができると考えました。

以上のことをまとめると，人の活動において協働性は不可欠だということです。わたしたちは実際に起きている社会的文脈のなかで，さまざまな人や人工物を媒介として，問題解決を図っています。構成主義の学習理論は，こういった真正な文脈のなかで，協働的に活動を進め，問題解決をしていくための方法論を提供してくれます。

▼活動理論

構成主義の認識論に基づいた理論の一つとして活動理論を紹介します。活動理論は，人びとが協働して社会的な実践に取り組むときに，その活動を社会・文化・歴史的な観点から分析する枠組みを示してくれます。活動理論の研究対象は、教育だけでなく、医療、ビジネス、福祉など、さまざまな領域にわたります。エンゲストロームは、学習を道具に媒介された、人びとの参加による協働的な活動ととらえ、その発展過程として、第1世代から第3世代に分けて説明をしています。

第1世代は、ヴィゴツキーに代表されます。彼は、人の行為は常に媒介物により対象に向かうものであるととらえました。媒介物とは、言語やシンボルを指しますが、地図や書物、そして石斧や鏃《やじり》などの物質的なものも媒介物ととらえます。現在では、パソコンやタブレットなどのICTツールも重要な媒介物です。わたしたちは、対象に向かって行為をするときには、常になんらかの媒介物をとおして対象に働きかけをします。

分析するにあたって、人と媒介物（道具）を別々にとらえるのではなく、人と道具を分析の最小単位としてとらえます。具体例として、棒高跳びについて考えてみましょう。陸上競技の棒高跳びでは、2本の直立した棒に支えられているバーを越えるために、選手はポールを使ってジャンプします。選手とポールを別々に切り離して棒高跳びを理解することにはあまり意味がありません。ポール自体には、バーを飛び越える推進力はないので、選手はポールをうまく使いこなしてバーを乗り越えなければいけません。また、ポールを持たない選手は、棒高跳びという競技に参加することはできません。ポールは選手がバーを乗り越えるためにはなくてはならないものであり、選手がポールを使いこなすことによってしかそれは実現しません。言い換えると、選手とポールの相互作用によってのみ、棒高跳びという競技が成立するわけです。

従来の心理学では、能力は個人の内側に蓄積されるというとらえ方をしていますが、活動理論では、能力は人と媒介物の相互作用により立ち現れてくるというとらえ方をします。棒高跳びの選手がバーを飛び越えるパフォーマンスは、選手とポールが一体となって初めて実現するものです。

第1世代の活動理論は、個人に焦点が当てられていたという限界がありました。レオンチェフは、コミュニティに焦点を当てた第2世代の活動理論を提案しました（図1・1）。わたしたちは、何かの活動をするときには基本的に集団（コミュニティ）で取り組みます。集団的に対象に働きかけるとき、集団で共有された「動機」によって方向づけられます。集団は対象に働きかけるために媒介物を用い、各成員はそれぞれの役割を担い、規則《ルール》に従って活動に参加します。先述した西アフリカの仕立屋で働く徒弟の事例では、仕立屋という実践コミュニティのなかでさまざまな分業が行われています。布を裁断する人、縫製をする人、ボタンをつける人、アイロンをかける人などが、それぞれの役割を果たすことで、服がつくられていきます。服をつくるという活動は、集団的に達成されます。コミュニティのルールに従い、各人に分散されたそれぞれの目標には、裁断や縫製など個別の行為が見いだせますが、「服を仕立てる」という共通の目的に沿って、全体として調和のとれた活動になっています。しかし、第２世代は一つの活動システム内の活動について理解を深めることはできますが、複数の活動システムが関わり合う活動には言及していません。

活動理論の第３世代は拡張的学習理論と呼ばれ、二つ以上の活動システムが関わり合うとき、新しく対話が生まれ、協働をつくりあげるなかで、活動システムが変容していくことを説明する理論です。コミュニティの成員は、コミュニティ内で熟達化していきます。仕立屋の例でいえば、徒弟は単純な仕事を課せられます

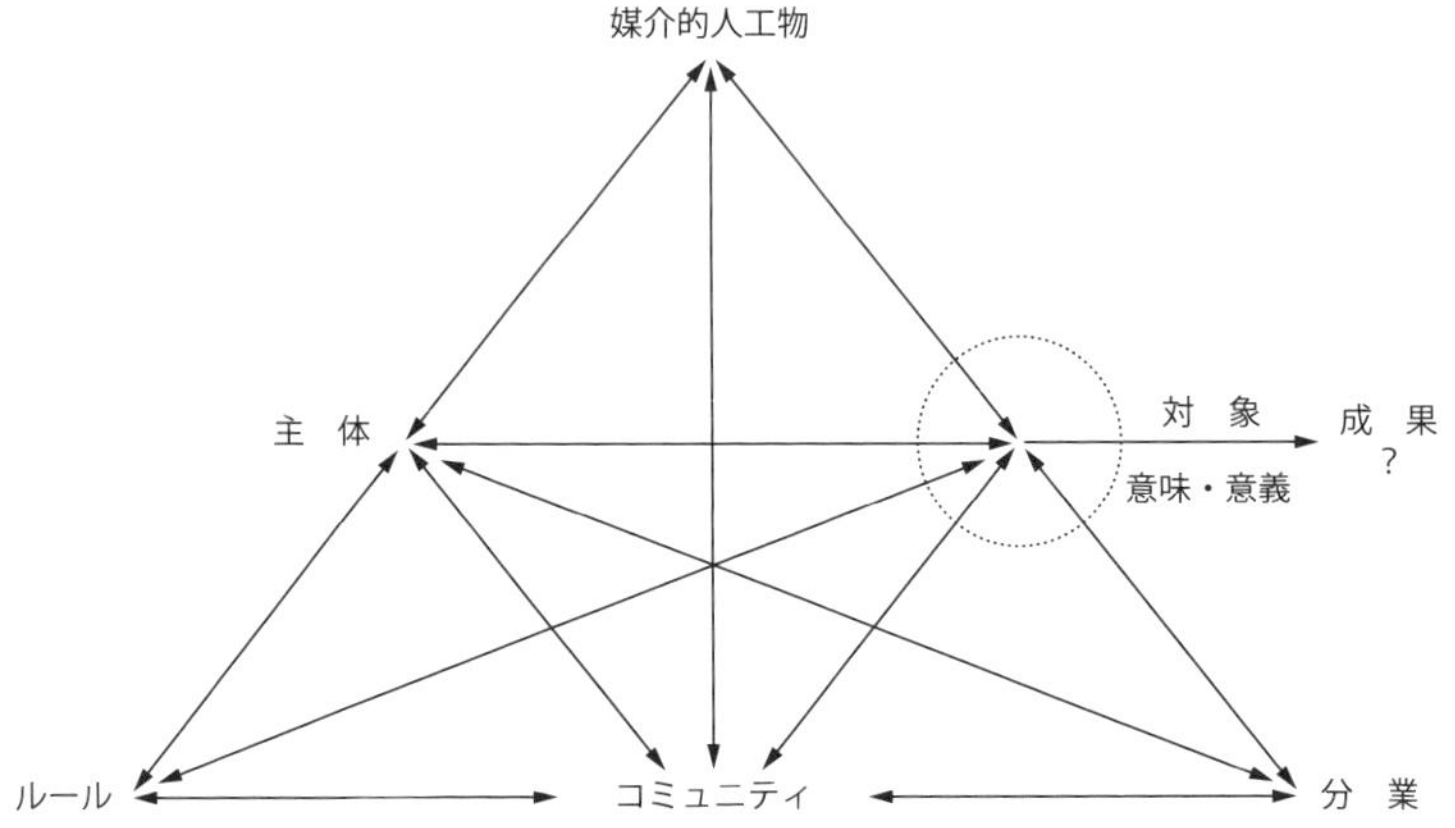

図１・１　集合的活動システムのモデル（エンゲストローム 1999）

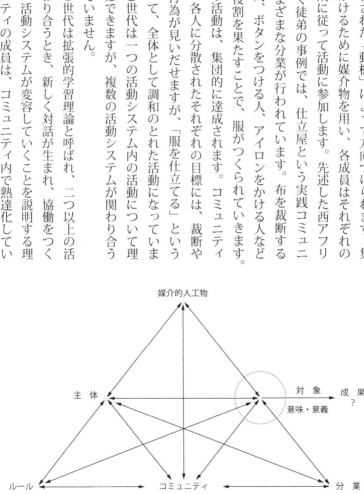

が、しだいに複雑で高度な仕事をこなすことができるようになります。その技能は身体化され、服をつくるという作業を安定してこなすことができるように成長していきます。このような学習を「垂直的学習」と呼びます。活動システム、つまり仕立屋のコミュニティのなかで、さまざまな経験を積み、熟達化していく学びです。垂直的学習に対して「水平的学習」は、所属している活動システムを越境し、他の活動システムと交わることで起きる学びを指します。越境することにより、違う文脈で活動をしなければならなくなり、これまでの価値観や考え方に揺さぶりがかけられます。他の活動システムと交わり、協働して活動するためには、対話をとおして従来の価値観を変えて、共に実践をするためのシステムの再構築をすることが求められます。

図1・2に示すように、二つの活動システムは、それぞれ別々な対象1をもっています。二つのシステムが交わることで対話が始まり、双方の対象が近づき、部分的に重なり合う対象2へ拡張していきます。その重なり合いが対象3として立ち現れます。この対象3がそれぞれの活動システムにフィードバックされることで、もとの活動システムに変革していく力が生まれます。つまり、二つの活動システムの交流により、新しい協働的な実践が生まれ、それぞれの活動システムの変革を促します。

具体例として、わたしのゼミとアメリカの大学との交流について紹介します。ハワイにあるカピオラニ・コミュニティ・カレッジ（KCC）の学生との交流活動の経験です。わたしのゼミの学生は情報学を専攻し、多様な観点から情報

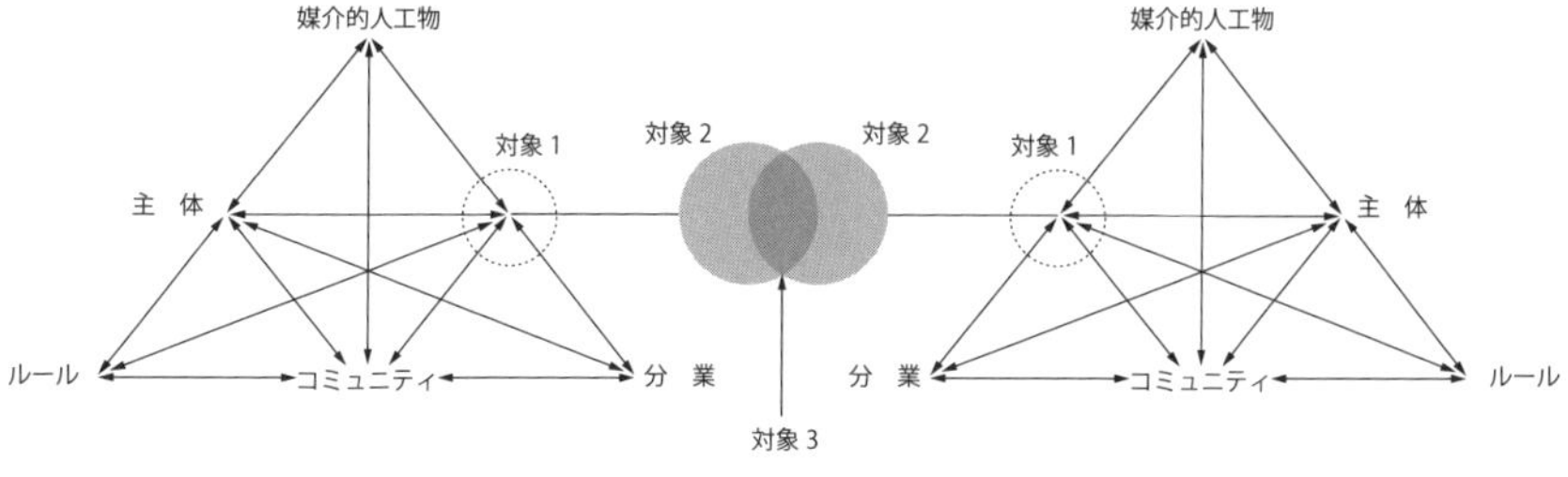

図1・2　第3世代活動理論のための「最小限2つの相互作用する活動システムのモデル」
（エンゲストローム 1999）

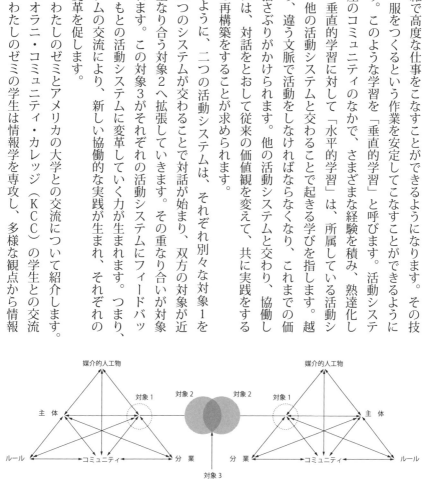

と教育について学んでいます（対象1）。それに対して、ＫＣＣの学生は生物学を専攻しています（対象1）。二つの大学の学生が交流するわけですから、二つの大学に所属する学生が、興味関心のもてる共通の対象について対話をとおして調整していきます。その結果、交流のテーマが「環境学習」（対象2）になりました。環境について学ぶ活動を取り入れ、情報機器を駆使して学んだ内容を表現していく方向に合意形成することができました。さらに、その活動をより魅力あるものにするには、対象を絞り込む必要があります。対話を重ねた結果、「海と山の生態学」（対象3）について体験的に学び、情報機器を使ってその成果をまとめ発表しようということになりました。

このような国際交流においてゼミの学生は、ゼミ内でこれまで培ってきた力とは違う力が求められるようになります。まず、環境に関する知識を学ばなければなりません。そして、その内容を英語で表現し、ＫＣＣの学生と英語でコミュニケーションをとっていきます。アメリカ人学生とのコミュニケーションをうまくとるためには、ゼミ内でしっかり連携し、臨機応変に対応していく力が求められます。

対面での交流に向けて、学生たちは事前準備に取りかかります。そして、アメリカの学生が実際に来日し、ゼミの学生と共にプログラムを運営していきます。最後に、事後のまとめとしての報告会を開催し、さらに国際学会で活動成果を発表することで一連のプログラムが終了します。

協働して対象3に向かうことで、双方の学生たちはこれまでに学んだことのない、新しい学びに挑戦していきます。違う文化的背景をもった人びとが出会い、共に活動するなかで起きる葛藤や矛盾が学生たちの学びと発達を促す「踏み切り板」になります。このような越境による学びは、従来の活動に広がりを与えます。水平的学習と垂直的学習の2種類の学びは、個別に発達していくととらえるのではなく、二つの学習が相互に作用しながら、垂直的かつ水平的に発達していくととらえるのです。

▼構成主義の学習環境デザイン

構成主義の学習理論の考え方を概観してきました。従来の教育では、正解を知っているのは常に教師であり、教師の指導のもとに学習が成立すると考えられています。生徒は教師のもっている正解を予測して、教師の顔色をうかがいながら答えます。それに対して、構成主義の学習では、実践と対話を重視し、社会的実践をとおして体験から学び、対話をとおして新たな意味を生成していきます。そのためには、さまざまな実践コミュニティに属する他者と接し、互いに尊重し合うなかで多様な意見を出し合い、現実に起きている課題に取り組みます。

大学でのゼミ活動では、構成主義に基づいた学習環境をデザインするという考えのもとに、次の四つのガイドラインに基づいて活動を展開しています。

①主体的な知識構成

学び手が主体的に知識を構成するためには、まず安心できる空間を用意します。これまでにやったことのない実践をするには勇気が必要です。いろいろなことにチャレンジし、間違えてもやり直しができないといけません。そういう空間のなかで活動することで、自分の興味関心に基づいた探求が始まります。それには、学生の集団を「学びのコミュニティ」として、互いに協働して対象に取り組むことができる場づくりをしなければなりません。互いに何でも言い合える関係、失敗しても互いにフォローし合う関係のなかで、新しいことにチャレンジできるのです。

②状況に埋め込まれた学習

社会から断絶したなかでの学習は、学校のなかだけで学ぶ「お勉強」になってしまいます。社会には、実際に課題を抱えなんとかしたいと考えている人がいます。その人たちと出会い、話を聞き、共に力を合わせて課題に取り組むとき、やりがいを感じ、努力するようになります。これまでの自分の境界を乗り越え、社会で起きている実際に解決しなければならない課題に取り組むことで、学ぶ意欲が高まります。

③異質な人との相互作用

同一のコミュニティのなかで学びを深めていくだけでは、閉じた学びに収束してしまいます。自分の属するコミュニティの境界を乗り越えることで、新しい自分を発見するとともに、パフォーマンスを高めていくことができます。それには、異質な人と協働することで、新しい視点を獲得し、知識を創造していくことができます。

④道具の活用

学び手は実践するにあたり、さまざまな道具を媒介物として活用し対象と関わります。媒介物には、言語や記号、思考ツール、モデルなどの心理的道具や、ノートやコンピュータ、スマートフォンなどの技術的な道具があります。これらの道具を駆使して学ぶには、自由に道具を使うことのできる環境が必要になります。

わたしの役割は、大学教育において、学生が学ぶために必要な環境を組織化し、「足場かけ」を用意することです。学生は、その環境のなかで、自主的・主体的に学びに取り組むようになります。そして、そこでの体験は大学を卒業したあと、自分自身で、仲間をつくり、現実の課題に協働で取り組み、さまざま道具を使いこなしていく環境をつくっていく力となります。どのような環境をゼミの卒業生が、自身でつくりあげていくことができたのか、これは本書の第2部におけるテーマです。

2

越境するゼミ活動

「今のわたし」から「なりたいわたし」へ

久保田　賢一

日本の教育は、世界でもトップレベルといわれていますが、それは初等中等教育のことです。それに比べると、日本の大学教育の評判はあまりよくありません。そうした汚名を挽回しようと、最近では、ラーニングコモンズやアクティブラーニングの導入など大学改革が進んでいるようにみえます。しかし、授業を覗いてみると、大教室での教え方は伝統的な講義形式が続いています。学生は出席確認のあと、退席したり、授業中はスマホに見入ったりしています。

このように評判の悪い大学教育ですが、わたしは、日本の大学教育の誇れる特徴はゼミではないかと思っています。ゼミ（ゼミナール）はドイツの大学が起源だそうですが、日本では独自の発展をしてきたように思います。これまで海外のいろいろな大学を視察してきましたが、日本のゼミのような形態は見たことがありません。海外では教員が学生を個別に指導することはありますが、ゼミ活動として、みんなで合宿をしたり、旅行や飲み会をしたり、輪読会を開いたりすることはありません。もちろん大学や学部、そして教員によってゼミ運営の方法は大きく異なりますが、わたしは、ゼミは学生と教員の関係を近づけ、学生自身によるコミュニティがつくられ、専門性を身につけるうえでなくてはならないものだと考えています。ゼミの活動は、教員にとってもやりがいにつながると同時に、学生にとっても一生の友人をつくることのできる場として重要な役割を担っているのではないでしょうか。

▼ゼミのたこつぼ化

日本の大学教育の特徴であるゼミには、一方で課題もあります。それは、興味関心を共有する学生が集まることにより、小集団の結束が深まり、ゼミの内側だけの活動に収束してしまいがちになることです。

わたしの所属する総合情報学部は、文理総合型の学部です。コンピュータ科学から政治学、社会学、経済学、行政学、教育学など幅広い領域の教員が集まり、多様な科目がカリキュラムに組み込まれています。情報系の学部は、コンピュータやプログラミングに特化しがちですが、この学部では、総合的に社会をとらえようと幅広い学問領域を用意し、情報ジェネラリストの育成を目指しています。

「総合」という高い目標を掲げてスタートした学部ですが、創設後25年が経っても、実際に文系、理系が「総合」し、多様な専門を融合させることは難しいようです。学部開設当初は、それぞれの専門を深めてきた教員が協働するのは難しいが、学生は幅広い学問領域について理解を広めていくことができると期待されました。しかし、いったんゼミに入り、専門的な領域を学ぶようになると、どうしても「たこつぼ化」してしまうようです。異分野の人たちと協力し合い、新しい研究を立ちあげる基盤をつくるのは容易ではありません。

大学院では、壁のないオープンスペースを用意し、互いの専門を越えて交流を深めようとしましたが、結局、研究室ごとに仕切りを張り巡らせてしまいました。学部ゼミ室も一人ひとりの教員別の小部屋がつくられ、ＩＣカードがないと部屋に入ることができません。教員の研究室は一人ひとり個別に部屋がつくられていますが、ゼミ室もそれと同じ様態です。壁で仕切られているために、隣の部屋のゼミはどのような活動をしているのか、物理的に見えなくなっています。

特定の境界内で活動することは居心地のよいものです。そこに参加する学生同士は、いちいち細かく説明しなくとも、あうんの呼吸で話が通じるからです。語られる言葉はどんどん指示代名詞化していき、「あれはね……」、「そこの部分は……」、「それはこうするといいよ」といったコミュニケーションになっていきます。それでも、ゼミ内で活動している学生同士では理解できます。効率よく学習を進めていくためには、専門に特化した知識の獲得に重点が置かれ、専門用語《ジャーゴン》が飛び交うことになるわけですが、ゼミの外側の人にはまったく理解できません。それでは幅広い教養は身につかず、他のゼミとも交流しにくくなります。

大学院開設当初、大学院棟にはオープン・アクセス・エリアと呼ばれる、誰でも利用できる場が用意されていました。しかし、誰もが利用できる場所であるにもかかわらず、誰も利用しませんでした。みんなが使えるようにと整備した場所は、みんなにとって使いにくい場所だったのでしょう。2年間誰も使わずに、コンピュータだけが置かれていましたが、その後、そのスペースは、大学院の各研究室に割り振られ、オープン・アクセス・エリアは消滅しました。

院生の学習スペースは、担当教員のもとで学ぶ院生の人数によって決められます。わたしたちの研究室には比較的多くの院生が所属していたので、院生各自の机が置かれ、会議をするスペースも確保することができました。学部ゼミ室は、別棟に用意されていますが、学部生と院生が共に学ぶ場所として、大学院棟にも学部ゼミの空間を確保しました。三つのゼミと大学院の研究室が一体となり、教員と学生の関係だけでなく、上級生（院生）と下級生（学部生）が共に学ぶ場としての空間をつくりました。学部生は、院生と一緒に活動することをとおして、研究のおもしろさを学ぶことができます。院生がロールモデルとなり、学部から大学院へ進学する人も増えてきました。わたしは学生が集まる場所をオープンにするということはとても重要なことだと考えています。

▼ゼミ募集

学生が自分自身の境界を線引きし、その内側でちんまりと生きることのないように、ゼミでは境界を越える活動にこだわりました。わたしは、教育工学を専門としていますが、学部ゼミでは専門にとらわれず、多様な活動を取り入れています。学部教育では幅広い教養を学べるように、ゼミでは「地球サイズで活躍する力をつける」をテーマに掲げ、学生の資質・能力の発達に重点を置きました。

ゼミは、秋学期でのゼミ募集から始まり、２年生には各ゼミの活動についての概要が配布されます。学生は概要を読んで、希望のゼミのオフィスアワーに参加し、どのゼミに応募するか決めて、志望理由書を提出します。わたしのゼミの概要は次のとおりです。

ゼミのテーマ――地球サイズで活躍する

わたしたちは生まれたときから、周囲の人たちによって安全で安心な生活が送れるように守られてきました。たとえば、お父さん、お母さんの庇護のもと、居心地のよい環境がつくられています。加えて、わたしたちの身の回りにはわたしたちの生活を満足させてくれるモノで溢れています。「音楽を聴く」、「ビデオを見る」、「ＬＩＮＥで友達とチャットをする」など自分の部屋のなかにいるだけで十分満足できます。でもそういう世界に安住していては、成長はありません。これまで経験したことのない新しい世界に飛び出してみませんか。

安心の空間から抜け出して、新しいことにチャレンジしたいと考えている人をこのゼミでは募集します。「地球サイズ」とはたんに海外で活動することだけを指しているのではありません。わたしたちの身の回りには解決しなければならないたくさんの課題があります。そういう課題に主体的に取り組み、解決していく力を身につけ、能動的に関わることが重要です。居心地のよい世界から飛び出し、異質な人と関わり、コミュニケーションをとる。新しい世界に参加していく力は21世紀の知識基盤社会にはなくてはならない能力です。「地球サイズで活躍する力」を育てるには、必要な知識やスキルを獲得することに加え、積極的な態度や公正な価値観のもとに、社会で実際に起きている課題に取り組むことです。

ゼミでは、次の基礎的な力をまず身につけていきたいと思います。

●英語コミュニケーション力（ヒアリング、スピーキング）をつけていきます。
●異質な人と協働して問題解決に取り組む力をつける。そのために、フィールドスタディに出かけます。
●発信力（話す力、書く力）をつける。さまざまな場所で自分たちの活動を発表していきます。

ゼミでは、この主体的な学び、自律的な学びの方法について学習していきます。大学時代に自律的に学ぶ習慣をつけた人が、社会で成功するという研究報告があります。大学時代に、自主的に学ぶ力を身につけ、卒業後も自ら学んでいく習慣をもつ。学ぶとは、教室で先生の話をノートに写すことではなく、自らフィールドに出かけ、問題を探し、解決するための活動をすることです。自分の限界を超えた活動をして初めて自分が何をどこまでできるか見極めることができます。そういう自分になりたい人を募集します。

「たこつぼ」に安住することなく、広い世界に一歩踏み出し、自主的に学ぶことの大切さをゼミで学んでほしいと思いました。具体的に何を学ぶかを示すよりも、どのように学んでいくかということに重点を置いた説明になりました。特にわたしのゼミは、実践的な活動が多いので、活動に参加することに勢力を注いでもらいたいと思ったからです。

ゼミに定員以上の希望があった場合には、第2希望に回る場合もあります。通常、ゼミの説明会は教員によって行われますが、わたしのゼミでは3年生が中心となり、ゼミの紹介をします。ゼミ生は、自分たちのゼミ活動をしっかりと2年生に伝えるためにはどのような工夫をしたらよいかを話し合います。そこでのプレゼンテーションの仕方や、その後の2年生からの相談の受け方により、希望者の数が増えたり、減ったりします。定員を超えた場合は、ゼミ3年生による面接が行われます。3年生は、自身が2年生のときに緊張して面接を受けた経験があるため、希望者が定員以上になるようにプレゼンテーションに力を入れます。そして、ゼミ活動に積極的に参加できる学生を採用しようと、面接の様子をビデオに録画し、3年生のゼミ生全員でその様子を視聴し、誰を採用するか意見を出し合います。

時には、意見が食い違い、夜遅くまで議論したりします。３年生のゼミ生がゼミの2年生を決めるわけですから、採用後、自分で推薦したゼミ生がしっかりと活動できるように、積極的に下級生の活動の支援をするようになります。

わたしのゼミに入りたい学生の多くは、何かしたいという思いはもっていますが、具体的に何をしたらよいのかわかりません。キャンパスは山の上にあるために、カフェなどもなく、キャンパス内で友達と語り合うこともあまりありません。特に1、2年生の時期は、授業後すぐにバスに乗りキャンパスを離れ、アルバイトに行くだけの生活を送っていたりします。せっかく大学に入ったのに、大学生としての充実感をもてないという不本意な思いや、このままでは就職活動をしても、大学で何を学んだのか答えられない、という不安を抱えています。このような学生たちが、充実した大学生活を送るために、ゼミでしっかり活動をしたいとわたしのゼミを選ぶようです。「大学に入ったけれど、なんとなく2年間を過ごしてしまった。このまま残りの2年間を同じように過ごしたくない。何かにチャレンジしてみたい。でもいったい何をしたらよいのだろうか」、そんなことを思っているようです。

ゼミに入ればとりあえず、海外にフィールドスタディ（以前は、スタディツアーと呼んでいました）に出かけたり、いろいろな活動をしたりすることができるのではないか、というぼやっとした期待をもっています。自分で具体的な目標を立てて、目標に向かって主体的に活動する学生はほとんどいません。そういうことができる学生は、ゼミに入らなくても、自分でどんどん前に進んでいきます。それよりも、何かしたいけれど何をどうしてよいかわからないので、とりあえずゼミに入れば、これまでやったことのないことをみんなでやることになるだろうと期待する学生がほとんどです。

▼ゼミでの活動

ゼミ活動は正式には、３年生の４月から始まりますが、わたしのゼミではここ数年、採用が決まったらすぐに活動を開始します。他のゼミと比べて半年前倒しになりますが、それは海外の大学と連携しているからです。日本の大学は4月に始まり翌年3月に終わりますが、海外の大学のスクールカレンダーは日本と違います。ここ数年、アメリカやフィリピンの大学と交流しているために、交流時期の調整が必要になります。２０１８年の交流は、フィリピンのデ・ラ・サール大学と行いました。フィリピンでは、1月に新学期が始まります。フィリピンの大学にはゼミがありませんから、交流をするために特別の科目を設定してもらいました。

ゼミ生は2年生の11月から交流学習に向けて活動を開始します。フィリピン人との交流ですから、英語でコミュニケーションをとらなければなりません。1月から、毎週テーマを決めて、自己紹介をしたり、互いの文化を紹介したりするビデオ会議を開きます。ゼミでは英語コミュニケーションの時間を特別に設定して、アメリカ人の先生に担当してもらいました。

4月に入るとすぐにキックオフ合宿に参加します。この合宿は、新しいゼミ生と上級生との初顔合わせの場になります。大学院では、わたしを含め3人の教員が「課題研究」という大学院ゼミを担当しているので、大学院生と三つのゼミ、そして外部からの参加者も含めると、総勢で80人程度になります。合宿では、4年生は卒業論文、修士2年生は修士論文の構想を発表すると同時に、論文執筆の心構えや、1年間活動を共にする仲間づくりとしてゲームやインプロなどのアクティビティを行います。ゼミ活動の他にも、プロジェクトと呼ばれる自主的な活動があるので、ちょうどサークルの勧誘のような形で、プロジェクトメンバーの募集なども行います。

図2・1　デ・ラ・サール大学での学生たち

３年生になり、正式にゼミが始まります。ゼミの時間は、ゼミテーマに沿った活動をします。最初のゼミでは、自己紹介を兼ねて「人生の川」というアクティビティをします。生まれてから、現在、そして死ぬまでを川に見立てて描いてもらい、１人ずつ自分の人生について語ってもらいます。中学・高校時代にはクラブ活動に熱中したこと、いじめに遭ったことなど、これまで体験した出来事についていろいろ話をしてくれますが、卒業後の自分の未来については明確なヴィジョンを説明できない学生がほとんどです。日々の生活には関心が向くものの、自分の将来像を明確に描くことができません。そこで、人生の川を描くことによって、「いまの自分」を見つめてもらいます。そして、「いまの自分」の場所から自分の将来の姿としての「なるだろう自分」が見えてきます。そのうえで、「なるだろう自分」は「なりたい自分」と重なるのか、考えてもらいます。しかし、学生は10年後、自分が何をしたいのか想像することができません。自分の将来を意識的にとらえ直すことで、いま大学で何を学びたいのか考えてもらいます。「なりたい自分」になるには、いま何をすることが大切なのかを考える時間をゼミの最初にあてています。

ゼミの目的は、生涯学習の方法論としての「学び方を学ぶ」ことです。しかし、「学び方」は、あくまでも方法(手段)です。学ぶ内容が魅力的でなければ、自ら学ぼうという気持ちは生まれません。自分の学びたいことと将来の自分とを結びつける必要があります。そのためには、ゼミでの人間関係をしっかりとつくり、そこで安心して活動できる環境をつくらないといけません。

そこで最初にインプロを学びます。インプロとは、一言でいうと「即興劇」のことです。もちろん演劇を専攻しているわけではありませんが、インプロをとおして、相手を否定せず、相手のオファーを受け入れることを学びます。内気だ、コミュニケーション力がないと自分自身を規定して、その枠から出ようとしない自分を見つめ直し、これまでにない自分を演じることで、新しいスキルを身につけていきます。

ゼミというコミュニティにおいて、まわりを気にしながら活動しても緊張するだけです。互いに相手を受け入れる姿勢をもたないと本気で向き合うことはできません。もちろん、それは簡単なことではありません。一緒に活動をしていると、どうしても意見の食い違いや力関係による圧力などが生まれます。そういうコンフリクトを避けるのではなく、そのような事態に対処できるスキルを学ぶのです。

ゼミ活動のもう一つは、輪読会をすることです。ゼミ内で共通の本を読んで、互いに感想を述べ合うことは、ほとんどの学生が初めて行う学習活動です。まず、学生はあまり本を読みません。新書版の本でも、読み進むのに苦労するようです。もちろん、本の内容に興味のもてない学生もいます。学生は、本について学ぶだけでなく、輪読会の運営の仕方も同時に学びます。輪番に担当を決め、司会をしていきます。参加者から意見を引き出し、どのように内容を深めていくことができるか、全体をコーディネートすることを学びます。

これらのゼミ活動に加え、外国の大学との交流があるので、そのための英語コミュニケーションや、交流のテーマについて議論を深めていきますが、これらの学習はサブゼミという、ゼミの時間以外に行う活動になります。学生の大学生活のほとんどは、ゼミを中心に回ることになります。さらに、「プロジェクト活動」と呼ばれる、ゼミとは別の活動にも学生は参加するので、これまでの2年間の大学生活とは違い、忙しい毎日をこなしていかなければなりません。

▼プロジェクト活動

ゼミは大学で制度的に保障された教育活動ですが、それ以外に学生たちが自主的に行うプロジェクト活動があります。これは、現実社会で解決しなければならない課題を、学生がチームを組んで取り組むものです。最初は学生が教員に相談をもちかけたり、教員がおもしろそうな活動を提案したりして、プロジェクトが始まります。特定のテーマに興味関心を示す学生がプロジェクトに集まり、定期的に会合を開き、外部の人たちと協働するなかで活動を展開します。長く運営されているプロジェクトは、20年近く継続しています。授業外のインフォーマルな活動ですが、必要に応じて教員からサポートを受けたりもします。また、学生自身がいろいろな助成団体から資金を得て、機材や交通費などにあてたりもしています。

プロジェクトは、授業のようにカリキュラム内に位置づけられていませんので、参加しても単位を取得することはできません。あくまで学生自身の興味関心に基づいて参加する活動です。地域社会と連携したサークルに近い活動といってもよいかもしれません。それでも学生はプロジェクトに参加し、２年間にわたって熱心に活動します。大学院に進学する学生は、さらに２年以上プロジェクトを継続する場合もあります。

いくつかのプロジェクトを紹介しましょう。「Meet the Globe」というプロジェクトは、国際理解教育を支援しています。海外ボランティアと子どもたちが交流し、インターネットや本ではわからない、現地のホットな知識を子どもたちは学びます。学生は、インターネットのサポートに加え、小学校や高校を訪問し、自身の途上国での体験などを話したりします。

アジアの国々を定期的に訪問し、現地の学校を支援するプロジェクトもあります。カンボジアのプロジェクトでは、農村部における小学校の図書室を整備するために、本を寄贈し、教員に図書室の管理の方法や読み聞かせに関する研修を行なったりしました。

同様な活動はフィリピンの小学校でも行われています。このプロジェクトは、２０１３年にレイテ島をおそった大型台風の復興支援として始まりました。レイテ島では高潮による大きな被害を受け、沿岸部の町は壊滅状態になりました。このプロジェクトでは、小学校の建物を再建するために、クラウドファンディングで資金調達をし、屋根の修復や図書室の整備をしました。その後、この地域の小学校で活動している青年海外協力隊のボランティアと連携し、ＩＣＴを活用した授業に関する教員研修を実施するようになりました。

海外との活動だけでなく、国内の地域で活動するプロジェクトもあります。たとえば、近隣の高校と連携する情報科サポート・プロジェクトでは、情報科の授業支援をしています。情報の授業は実習が多く取り入れられていますが、教員1人では十分に指導することができません。学生と教員は、話し合いを重ねて授業計画をつくり、実習の時間にはチームティーチングという手法を取り入れています。

病院の院内学級で情報教育を担当するプロジェクトもあります。長期入院をしている子どもたちは、長い間病院から外に出ることができません。入院中の子どもたちを継続的に支援しようと、このプロジェクトが始まりました。学生が院内学級を訪問し対面での情報学習を行なったり、動物園や大学のキャンパスなどから病室の子どもたちに、テレビ会議システムを使って映像を送り、外の世界を紹介したりする活動を実施しています。

京都の山村の活性化を支援するプロジェクトでは、山村に訪れる人を増やそうと、山村の地図をつくったり、イベントを企画したりして参加者を募り、山村の自然を楽しむ活動をしています。

他にも小学校理科で利用するビデオ教材を作成したり、アクティブラーニングを取り入れた授業の導入に向けて、教員と一緒に授業をデザインしたりするプロジェクトもあります。プロジェクトを運営している学生は、自分たちのプロジェクトに多くの学生に参加してもらおうと、プロジェクト説明会を開き、仲間を増やそうと働きかけます。しかしプロジェクトに熱心に取り組むだけでは、活動がたこつぼ化してしまう恐れがあります。年に1回、各プロジェクトがそれぞれの活動を紹介し合い、

図2・2　レイテ島の台風被災地にて現地の小学生と防災マップづくりのワークショップを行う学生たち

広い観点からプロジェクト活動の成果を評価することも行います。プロジェクト活動報告会では、それぞれのプロジェクトの立場から互いに評価し合い、今後の活動に生かしていきます。

▼チームティーチングで行う授業

わたしが担当する学部授業には、ＴＡ（teaching assistant）が配置されています。一般に、ＴＡは教員の授業を補助する役割を担い、プリントを配布したり、プロジェクターなどの機器をセッティングしたりします。しかし、わたしの授業では、ＴＡはたんなる授業のアシスタントではなく、授業で十全的な役割を担ってもらいます。

ＴＡを導入した当初は、前述したようなアシスタントとしての役割を担ってもらいました。しかし、たんなる授業のお手伝いではＴＡの学びにつながらないだけでなく、おもしろくないのではないかと思いました。ＴＡ自身の学びにつなげるためには、ＴＡも「教えと学びの当事者」として参加する意識をもつことが必要です。そこで教員とＴＡがチームを組んで授業の準備をし、ＴＡが中心となり授業を進行する形態に変えてみました。ＴＡができる部分はＴＡにやってもらい、わたしは授業全体を俯瞰的にとらえながら進行を調整することにしたのです。

また、教室で行う授業に加え、学習管理システム（ＬＭＳ）を導入しました。このＬＭＳを用いて、授業後に感想を書き込んでもらったり、課題を提出してもらったりします。普通の授業ですと、教員が一方的に話し、それを学生が聞きノートをとるという形態ですが、わたしの授業では授業中に受講生の発言を促し、意見交換をしたり、授業後に受講生からＬＭＳへの投稿を受け付けたりして、双方向のやりとりを促します。

ＴＡは、当初、３００人の受講生を前に恥ずかしそうに発表しますが、慣れてくると自信をもって説明できるようになります。一つの授業に対して4、5人の3年生と4年生がＴＡとして参加します。4年生は、すでに1年間ＴＡとして活動した実績がありますから、3年生を指導して、一人前になるようにアドバイスをします。ＴＡは多くの時間を教材の準備にあてるので、アルバイトやサークルをしているＴＡにとっては大きな負担になります。それでもＴＡを続けるのは、この活動に大きな意義を見いだしているからだと思います。今では、授業のほとんどをＴＡが担うようになりました。わたしの役割は、時折コメントをするくらいです。受講生は、年齢の近いＴＡのほうが発言しやすいし、ＴＡが頑張っている様子を見ることで授業に真摯に取り組まないといけないと思うようになります。そしてよい授業をつくるには、受講生も協力しなければと真剣に考えるようになります。

ゼミ生は、ＴＡ活動をプロジェクトの一つとしてとらえています。プロジェクト活動をとおして、自己の成長を実感しているので、後輩にも力をつけてほしいと推奨し、継続してきました。大学のＴＡ制度では、講義科目には普通１人しかつきませんが、わたしの授業では、３人から５人、多いときには７人くらいがＴＡを担当します。これは、大学のなかで制度化されたＴＡ制度とは違い、あくまでもボランティアとして活動しています。

▼国際交流学習

前述したように、海外の大学との交流は、２年生の秋学期から始まります。その後、１月から交流相手の大学と週１回のビデオ会議を開始します。まずは、自己紹介です。双方の学生は、スマホを使って自己紹介ビデオを作成し、フェイスブックにアップします。スカイプ、グーグル・ドライブ、フェイスブックが交流のツールになります。互いに自己紹介し合うアイスブレイキングのあとは、それぞれの国の文化や環境に関する情報を、ネットを介して共有します。

２０１８年３月にはフィリピンの学生８人と教員２人が来日しました。まず、三重県多気郡にある自然学校を訪問し、里山や河川などの環境について学びました。森林の保全、環境に配慮した生活など、都市に住んでいる学生にとって、最初はつながりを感じにくいですが、実際に山村を訪問し、体験することで自分自身の問題としてとらえ直すことができるようになります。

フィリピンの学生とは、10日間共に暮らします。その間、英語でコミュニケーションをとらなければならないだけでなく、お風呂や寝床も一緒になるために、最初はフィリピン人の行動を予測できず、いろいろなトラブルが起きます。それでも、しだいに、英語を十分に話すことができなくても、フィリピン人の振る舞いを理解できるようになります。環境学習プログラムで共に活動することで、環境についての話だけではなく、家族のこと、宗教のこと、大学のことなどさまざまなトピックに触れ、しだいに親密な関係をつくりあげていくことができました。

その後、定期的にビデオ会議を開き、今度はゼミ生のフィリピンへの訪問に向けて打ち合わせを始めます。そして8月には、フィリピンを訪問して、ゴミの廃棄場であるスモーキーマウンテンに行き、そこで生活している人びとにインタビューをしたり、漁村でマングローブの保全活動に取り組んでいる大学の研究者から話を聞いたり、有機農業の畑の様子を見学したり、フィリピンの環境に関する調査を現地の学生と一緒に行いました。

1年間の活動のなかで、ゼミ生は英語を使ってコミュニケーションをとり、ＩＣＴを駆使して情報を集め、編集し、発表します。たんに海外から学生を受け入れるだけでなく、互いに相手の国を訪問し、一緒に活動することは、互いの理解を深めるうえでとても重要なことだと思います。加えて、日常的にＩＣＴを使って報告し合うことで、テクノロジーも使いこなせるようになりました。

この交流学習では、ゼミの仲間同士の結束を高め、外国の大学生と協働していくことで、異質な人たちとどのように関わり合うことができるかを学びます。そして、1年間の長期にわたり、環境学習のプログラムをどのように運営していったらよいか、自律的に取り組むようになります。

▼国際学会・ワークショップ

ゼミ生はゼミでの活動を国際学会で発表します。ICoME（International Conference for Media in Education）という国際会議は、日本、韓国、中国、米国の4か国の研究者が協同し、持ち回りで開催されます。この国際学会では、学生が発表できる場があり、研究への動機づけになっています。院生や学部生がラウンドテーブルやポスターセッションで発表し、優秀な発表をした学生には表彰状が授与されます。ICoME2018は、２０１８年8月に韓国の忠北大学で開催されました。ここでは、ゼミ生が三重県の山村で学んだ環境学習についてポスターセッションで発表しました。

国際会議での発表の他にも、ゼミ生は、子どもたちに対してワークショップを開いて学習の成果を伝えていきます。学術振興会が助成をする「ひらめき★ときめきサイエンス」という子ども向けの教育プログラムを利用して、２０１８年11月に交流学習の総仕上げの活動を行いました。環境学習を子どもたちにわかりやすく学んでもらうには、さまざまな工夫が必要です。大学院生と相談しながら、子どもの興味を引くような教材をそろえたり、ゲーム感覚で環境について学ぶことができる工夫をしたりすることで、子どもたちは楽しく学ぶことができました。

国際学会やワークショップなど、外部の人たちと交流することは、学生にとってとても刺激的な経験になります。大学院生に対しては、中国・韓国・日本の3か国、4大学が参加するASSERT（Asian Students' SEminar and Round Table）という研究発表会を開いています。英語を母語としない国の学生が集まり、英語で研究発表する場です。つたない英語で発表をし合いますが、そこを出発点として国際学会での発表に備えます。その他にも、インプロを学ぶワークショップ、NGO活動に関するワールドカフェなど、他大学の学生や外部の人が参加する活動が盛り込まれています。それによって学生たちは、これまでにないものの見方や考え方に触発され、新しい自分を見つけることができるようになります。

▼学習環境をデザインする

ここまで、わたしのゼミの活動について説明をしてきました。ゼミ活動をするうえでまず土台となるのが、「学びのコミュニティ」をつくることです。これは、同じゼミの仲間として互いに協力し合いながら、ゼミの目標を達成するという意識を共有することです。もちろん、最初はさまざまな争いや行き違いが生まれます。「学びのコミュニティ」をつくるには、ゼミ活動をとおしてそれらを一つずつ解決していくことから始めなければなりません。

そしてしだいに、ゼミに所属していることが居心地よくなってきます。何でも話せる相手ができてきます。3年生の秋学期からは、卒業研究のテーマ設定が始まります。自分の関心はどこにあるのだろうか、4年間の集大成としての卒業論文にどのように取り組んだらよいか考えるようになり、そして、4月のキックオフ合宿で卒論構想を発表します。

最近の卒論テーマ設定の傾向として、大きく二つの流れがみられます。一つは、ゼミやプロジェクトでの活動と学びの関係に関する研究です。塾に通い、大学受験のためにさせられる勉強をしてきた学生が、ゼミやプロジェクトに参加して、学ぶことのおもしろさを実感するようになります。自分自身の興味関心に基づいて学ぶことと、まわりから強制されて学ぶことの違いに気づくようになります。学ぶことのおもしろさを感じ、主体的に学ぶことやまわりと協働して学ぶことの意味を実感するようになります。

もう一つは、これまで他者に話すことができなかった自分の体験や経験を振り返る研究です。これまで人に言えなかったことをゼミ生に対していえるようになったという思いは、ゼミのなかで自己開示をしても大丈夫だという安心感が生まれてきたからなのでしょう。性同一性障害に悩んでいた学生は、ゼミ生の前で自分の悩みを語り、自身のライフストーリーを卒論に書きあげました。もう1人の学生は、児童虐待に関するテーマです。自身の子どもの頃を振り返り、親から受けたことは児童虐待にあたるのではないかと、卒論のテーマとして研究しています。また、韓国籍の親をもつ学生は、大学に入るまでそれを知らなかったことに疑問を感じました。なぜ親は黙っていたのか、自分が韓国と日本の親のもとに生まれたことに対するアイデンティティの揺らぎについて研究したいと考えました。当事者研究あるいは一人称研究という観点から研究をすることで、自身の生き方を探っていくことの重要性を知るようになったといえます。

学びの環境をデザインするには、まず自分の興味関心をしっかりと見つめて、それに取り組むことが大切であるという意識をもつことです。それらのテーマは1人では取り組みにくいけれど、まわりのゼミ生からの支持を得て、安心して取り組めるという思いをもつことです。おもしろいテーマを見つけ、研究してみたいという気持ちをもつことから、学びは生まれます。そして、自分から積極的に動きだし、ゼミ生やまわりの人たちとの新しい関係性を築きあげていくことをとおして、これまでの自分よりも一回り大きな自分を見つけ出すことができるようになるのです。

3 学習環境づくりのプロセス

山本 良太・岩﨑 千晶・
黒上 晴夫・久保田 真弓

第2章ではゼミの概要について説明しましたが、デザインを実際につくりあげるプロセスとはどのようなものなのでしょうか。本章では、第1、2章を執筆した久保田賢一先生と協働し、大学院ゼミや、各教員が担当するゼミを超えたプロジェクト活動をつくりあげてきた2名の教員（黒上晴夫先生、久保田真弓先生）に対するインタビューを、山本良太および岩﨑千晶が編集し、学習環境づくりのプロセスを紹介します。

構成主義に基づくゼミの学習環境のなかで、学生はフィールドに出て現場の人たちとの関わりのなかから活発に学びます。一般的にゼミは専門教育として位置づけられ、学部の基礎教育課程をとおして学んだ知識や技術を動員して研究に取り組むことが求められます。構成主義に基づくゼミでは、特にフィールドのなかから自分がこだわりをもつ研究課題を見つけ出し、探究することを重視します。研究は、フィールドでのさまざまな経験から一般的な知見を取り出す営みであると同時に、フィールドでの体験や目にした現象を自分なりに解釈したり、意味づけたりして、これからの自分の生き方を見いだしていくことも期待できます。

また、第2章で紹介したゼミの学習環境とそこで求められる行動は、高校までの学習をとおして習慣化してきたものと大きな違いがあります。高校までの学習では、学習目標や学習内容は基本的に教師が決定し、生徒はそれに従うことが求められます。つまり、教師が目標と内容に関して責任を負います。一方で、構成主義に基づく学習環境のなかでは、目標や内容に関する責任は学生にあります。教員はあくまでも環境を提供し、必要に応じて助言するだけです。学習の主体は学習者であり、自ら目標を設定し、そのために必要な行動を自分で起こしていく態度が求められます。こうした学習環境のなかで主体的に学ぶ態度を形成することは、社会のなかで生きていくうえで重要であると考えられます。

しかし、このような学習環境は一朝一夕でできるものなのでしょうか。また、一度環境ができてしまえば、問題となるようなことは起こらず教員は学生を見守るだけで済むのでしょうか。本章では、構成主義に基づく学習環境はどのようにつくられているのか、そこでの課題は何か、どのように課題を乗り越えられるのか、という問いに答えることをとおして、学習環境づくりの具体的なプロセスに迫り、デザインする際のポイントをまとめます。

なお、本章では第2章で紹介した久保田ゼミに限らず、黒上晴夫先生と久保田真弓先生の2名が担当する学部ゼミや、久保田賢一先生を含めた3名で協働して指導にあたっている大学院ゼミにまで範囲を広げ、学習環境づくりについて考えます。

▼担当する学部と大学院ゼミの概要

総合情報学研究科では、複数名の教員が一つの課題研究科目（博士前期課程）および研究領域科目（博士後期課程）を担当します。これらの科目は、いわゆる大学院ゼミに相当するものです。研究科内には、14の課題研究科目と、五つの研究領域科目が設定され、それぞれの科目を担当する教員たちが日々大学生を指導しています。3名（久保田賢一先生・黒上晴夫先生・久保田真弓先生）が担当する課題研究と研究領域はそれぞれ、「情報通信技術（ＩＣＴ）と新しい教育」、「マルチモーダルコミュニケーション」です（大学院のシステム詳細については、引用・参考文献中に示している大学院のウェブサイトを参照）。このように、3名の教員の協働による大学院ゼミ運営を拡張させる形で、各教員の担当する学部ゼミ生が大学院生とつながりをもち、協働してプロジェクト活動を行なったり、研究を行なったりできる仕組みを整えています（図３・１参照）。

３名が担当する大学院ゼミの博士前期課程には、年度によって増減はありますが平均して毎年４、５人程度の院生が入学します。また、博士後期課程には１、２名程度が進学します。学部ゼミは３、４年生の２年間で、各学年に12、13名程度の学生が在籍しています。これらの学生を合計すると、およそ１００名となります。３名の大学院ゼミ、学部ゼミの学生たちは、各ゼミの活動や、ゼミや学年を超えたプロジェクト活動に日々取り組んでいます。

▼学習環境はどのようにつくられているのか

◉教員・大学院生・学部生がつながる場所づくり（黒上晴夫）

大学院ゼミの研究室は、研究棟の１フロアをすべて使っていて、そのエリアを仕切って、学生のスペースと教員の執務エリアを設けています。そこには久保田賢一先生（以下、賢一先生）とわたしのデスクがあり、そこで研究ができるようにしています。関西大学に赴任した当初は、大学院ゼミの研究室内に教員の席はなく、別の棟にある個人研究室と隔てられていました。そこで、まず賢一先生がデスクを設け、次いでわたしのデ

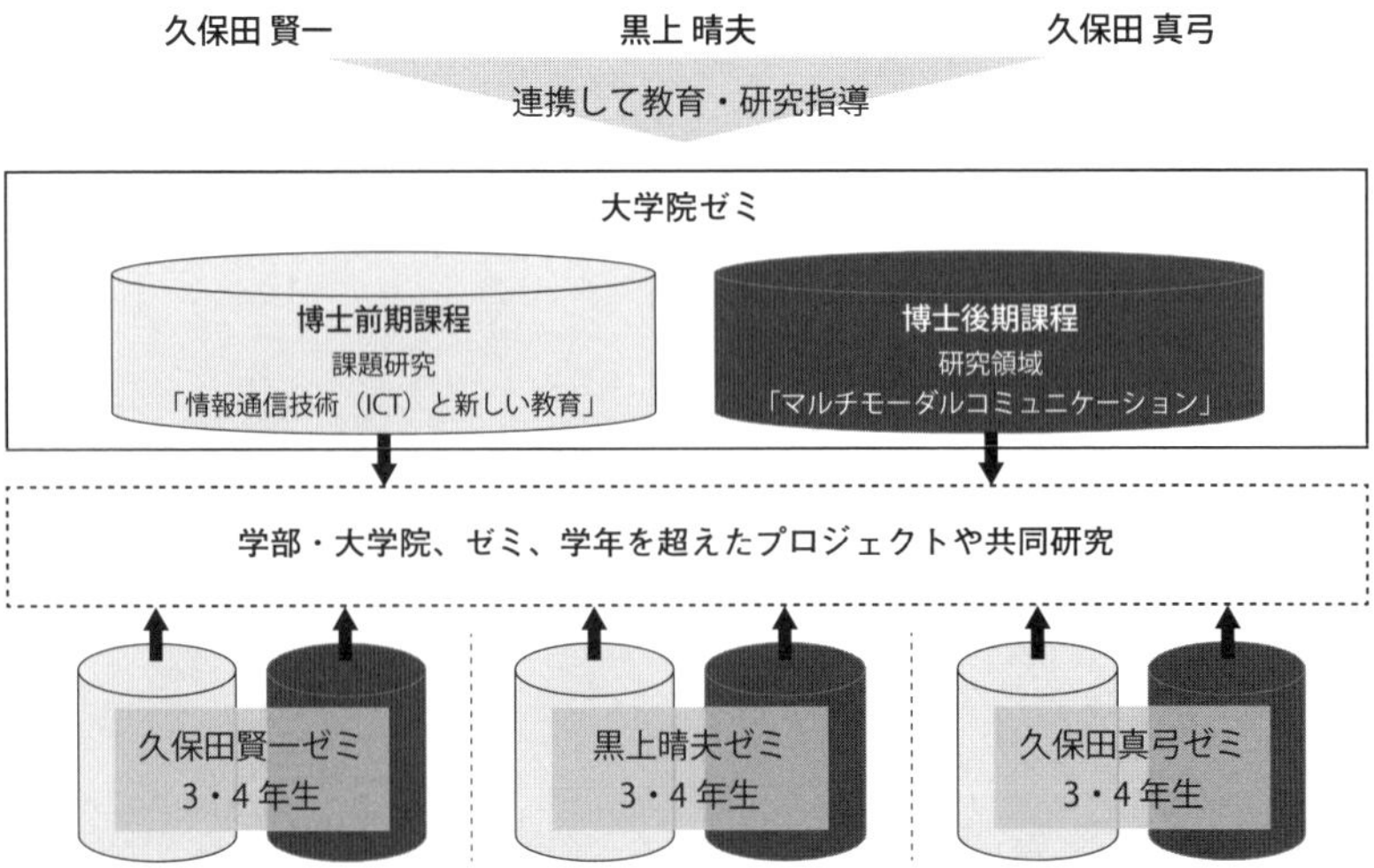

図３・１　３名の教員が連携して運営する大学院ゼミと学部ゼミの仕組み

スクも置くようにしました。このスタイルは、わたしたちにとっては当たり前のことでした。私立大学では一般的ではないかもしれませんが、国立大学では研究室のなかに、教員、大学院生、学部生の座席があります。

このように教員、大学院生、学部生が同じ空間を共有する環境のメリットは、上下関係のなかで学生が学ぶことができるという点です。しかし当初、関西大学ではなかなか上下関係をつくりあげることが難しい状況でした。というのも、ゼミは3年生と4年生、その上に大学院ゼミがありますが、それぞれがつながるような場所が当時は準備されていなかったのです。大学院ゼミの研究室はありましたが、スペースには限りがあり、学部生と共に活動したり、学部生の居場所として利用したりできる空間はありませんでした。

そんなとき、キャンパス内に新しい学舎としてネットワーキング研究センターが建てられることになりました。学部内のさまざまな研究室を横断して、ネットワークを活用したさまざまな研究を融合的に行う拠点としてつくられましたが、そのなかに学生が活動できる場所として、大きな部屋を確保することができました。そこを、教員と学生が共同して論文を執筆したり、モノづくりをしたりするために活用しました。

この部屋を確保できたことは、学生の成長に大きな影響を及ぼしたと思います。学生は、この場所があることで、大学での過ごし方や学習に対する気持ちを変えていったように感じています。たとえば、ここにＵＮＩＸのサーバーを設置しましたが、その設定などはゼミ生が担当しました。担当の学生たちは、サーバーを設置するための知識や技術を磨くために、空き時間や放課後にこの場所へ集まり、作業に没頭していました。この頃ぐらいから、時間割で決められたゼミの時間だけゼミ生が集まって議論するというスタイルから、ゼミ生同士が日常的に集い、そこでの活動をとおしてつながりを深めていく、というスタイルができあがっていきました。

またその数年後に、大学院の研究棟の利用に関する見直しのなかで、他の大学院ゼミのスペースと、われわれの学部ゼミの部屋を交換することで、それまでよりも広いスペースを利用できるようになりました。この拡張によって、一つのフロアに学部生のゼミ3年生から博士後期課程の大学院生までが集う場所をつくることができました（図3・

2）。さらに教員・大学院生・学部生のつながりが深まっていきました。

◉イベントを企画・運営する機会を途切れずにつくること
（黒上晴夫）

学生は、さまざまなイベントを企画して運営すると、大きく成長します。ですので、一度経験から学んだことが、思い出になって消えてしまわないうちに次のイベントを実施するようにしていました。賢一先生は、補助金を獲得してこうしたイベントを実施するようにしていました。たとえば、科学技術振興機構から「さくらサイエンスプラン（日本・アジア青少年サイエンス交流事業）」の助成金を得て、中国から学生と教員を受け入れて交流事業を行うこともそうです。他にも、日本学術振興会の「ひらめき★ときめきサイエンス」という補助金を得て、小学生や中学生、高校生向けのイベントを行えるようにしています。その企画や計画、運営、実施、評価という一連の流れは学生に任せています。そうすることで、イベントに参加する海外の学生や教員、子どもたちの学びとともに、大学院や学部のゼミ学生の学びの機会になっています。時に、学生は失敗することもありますが、賢一先生はそのリスクを負って学生を育てています。

こうしたイベントは当初は国内のみの取り組みでしたが、しだいにそれが国際化していきました。現在大学院ゼミ

図３・２　大学院ゼミの研究室
（手前はプロジェクトなどのためのミーティングスペース、奥は大学院ゼミ生の個人デスク）

では、韓国や中国の大学院との国際研究会（ASSERT: Asian Students' SEminar and Round Table：関西大学、韓国・漢陽大学、中国・北京師範大学、中国・華南師範大学で教育工学を学ぶ大学院生が毎年集まって開催される研究会で、毎年各大学が持ち回りでホストを担当する）を毎年実施していますが、その準備も学生が行なっています。たとえば、ホスト校になれば参加者のリストづくり、ビザ申請のための資料作成、会場の手配、宿舎の手配、研究会当日のプログラム作成、学校見学などの手続きがあります。訪問する場合でも、航空券の手配やホスト校との連絡調整などは発生します。こうしたことすべてに、院生たちが中心になって取り組みます。そうすると、みんな度胸がついてきます。英語に関しても、文献講読ではうまく解釈できなかった学生も、外国の方と話をしなければならない状況に置かれることで、徐々に言いたいことを伝えられる力がついてきます。現在は、ICoME（International Conference for Media in Education：日本・韓国・中国・ハワイの教育工学者が主に参加する国際会議）やASSERTが毎年各1回あります。博士前期課程の院生だと2年間で4回の国際会議に出席することになります。

この大学院ゼミにいると、外国が近くなります。関西大学に赴任するまでも、海外の研究者と共同研究をし、発表することはありました。しかし、海外の研究者とコンタクトをとって、やりとりを積極的にし、交流をするようになったのは、関西大学に来てからです。学生と同じように、わたしも学びました。だから、イベントという学習機会は大事なのです。

他にもイベントが学習の機会としてよいと考える理由に、イベントに参加する人への責任が伴う機会だということがあります。学生にその責任を全うさせることで、育つのです。学生は、イベント成功のために、自分のもっている力をぎりぎりまで出しきって、頑張って進まざるをえません。しかしそれでもできないことはあります。賢一先生は、そういうときに学生を怒ります。怒ることはすごくエネルギーがいることです。わたしは学生に対して「頑張ったね、仕方ないね」と言いますが、賢一先生は「お前がちゃんとやらねえからなんだよ」と学生を追い込みます。これはすごいことです。とにかく、人を怒るというのは大変なことなのです。そこで悔しいと思って、さらに頑張った子たちは、ひとかどの人物になっています。賢一先生の教育とはこういうことか、と思います。この怒るということをどこまで本気で怒っていて、どこまでを演じているのかはわかりませんが、人が育っていることは事実です。学者になった学生も、学者以外の道に進んだ人たちも本当に自律的にいろいろな活動に取り組んでいます。すべての教育者がそうあるべきだとは思いませんが、教育者というのはこういうものだと思います。そして、そうした教育が活きるのは、学生が自ら企画、運営、評価をするイベントという機会があるからなのです。

▼学習環境デザインの課題は何か

◉プロジェクトでの経験と研究目的の切り分け（黒上晴夫）

大学院ゼミ、学部ゼミのいずれでも、最終的にはプロジェクトなどでの経験からなんらかの研究成果を出させたいと考えています。しかし、それは学生が自分でしないといけないことですので、とにかく主体的に学問的なことも学ぶ必要があります。そのために「いつ頃、何を学ばせるのか」ということを考えないといけないと思っています。

しかし、質の高い卒業論文や修士論文がなかなか出てこないという課題もあります。学生の能力が低いわけではないと思いますが、前述したイベントのこともあって、学生はとても忙しくしています。それが原因かも、と思うこともなくはありません。一方で、活動することと、文章を書くことは異なるのだとも思います。文章を書く力は、個人によってまったく違ってきます。プロジェクトの活動から、ロジカルに文章を書くということに頭を切り替えるのは大変です。プロジェクト活動をしていくなかで、関心をもったことを深めてほしいとは思っています。ただ、活動そのものに没頭してしまうと、論文にならないのです。つまり、研究の目的だと思っているものが、実はプロジェクトの完遂という目標と重なってしまうということです。プロジェクトでの経験から、研究的な目的に発展させるという点が難しいところです。

フィリピンでプロジェクト活動をしている学生たちを例にしてみましょう。学生たちは、プロジェクト活動をとおして、日本の子どもとフィリピンの子どもは違うと感じたとします。そこから、日本の教育を調査していくとなると、学生は日本にいるので研究としてはやりやすいわけです。しかし、学生がフィリピンの教育を研究しようとなると、一気に難しくなります。現地に滞在できる期間は、せいぜい1、2週間程度で、多くても年2回程度しか渡航できません。その期間のなかで、現地の教育事情についての経験と知識を深めることは、不可能ではありませんが、そう簡単ではありません。プロジェクト活動に取り組む学生たちには、フィリピンの教育や現地の子どもたちを助けたいという強い思いがあります。しかし、それが卒業論文や修士論文の目的になるかというと、そうではありません。それをテーマにしたとしても、どのような方法がよいのか、ある方法はなぜうまくいったのか、そもそも助けるとはどういう意味かなど、プロジェクトの成果にコミットした関心をもたなければなりません。多くの場合、そこには目が向かず、プロジェクト活動を通じて学生が何を学んだのか、というところで関心がとどまってしまいます。

プロジェクト活動やスタディツアーはいろいろな意味をもっていて、学生もまたそこでの経験から意味をつくり出します。必ずしも研究に発展させたいという意味だけがつくり出されるわけではないので、卒業論文や修士論文とプロジェクト活動を直接つなげるばかりがその成果ではないのです。わたしのゼミ生たちも「プロジェクトで取り組んでいることをテーマにして卒論を書くんです」と言ってきたりしますけど、そこから現代の日本やグローバルな教育問題など、卒業論文として深めてほしいテーマにつながる道もあると思います。でも、そこをつなげるのが難しいのです。

◉自己満足で終わる活動（久保田真弓）

プロジェクトなど、フィールドでの経験に基づいて研究することも重要です。それに加えて、常に目的意識をもって、活動の状況をモニタリングしながら取り組むことが大切です。しかし、現場の状況は日々変化し、それに対応しながらも活動を続けなければなりません。そうすると、常に活動に追われ、立ち止まって活動の意義を考え直すことがおろそかになりがちです。そうならないように気をつけなければなりません。

学生のなかには、いろいろなことをやりたい、いろいろな場所に行きたい、いろいろなものを見たい、という気持ちばかりで焦っている者がいます。ですが、実際どうしたらよいのかわからない、途上国にも行ったことがないという状況です。ポジティブであることや好奇心をもっていることはとてもよいことなのですが、そうした自分の気持ちを中心に動きすぎてしまうと、それではちょっと困ったことになるかと思います。自分が取り組んでいるプロジェクトの目的がみえなくなってしまいます。つまり、準備のためのミーティングや、外部機関とのやりとりが、自己満足的なものになってしまいます。相手と連携をしっかりとれているのか学生に問いかけてみると、実際には連携が希薄になってしまっていることがあります。こうした状態では、学生の活動の意義は薄くなり、そこから得られるはずの経験も限られるように思いますし、たとえ活動を振り返ったとしても自己中心的なものになってしまうおそれがあります。相手側の視点が欠けてしまい、自分たちがしたいことだけにフォーカスしてしまうのです。それではプロジェクトの目標を達成するには不十分です。

もしプロジェクトを立て直すことが難しいようであれば、一度プロジェクトの活動を止めて、違う方向からもう一度やり直すのもよいでしょう。そのとき、教員が介入して、なんとか相手側とつないで活動を仕切り直させたりするなどしてもよいかなとは思います。

◉相手次第の学校関連プロジェクト（久保田真弓）

学校関連のプロジェクトは相手があるので運営が難しくなります。このようなプロジェクトは、外部の組織や機関と連携して行う必要があり、学生やわたしたち教員が意図したとおりにすべてを計画できるわけではありません。連携する機関の先生方の考えや状況に応じて、共に活動をつくりあげていくものです。たとえば、小児科病棟内の院内学級に在籍している子どもたちの学習支援を行うプロジェクトであれば、病院や院内学級の先生方がプロジェクト活動の連携相手になります。

実際の現場の方々と連携して取り組むからこそ学生は本気になれるのですが、学習環境づくりという観点からはいろいろと難しいことが生まれてきます。現場の状況によって、学生がプロジェクトとしてどこまで関与できるかを見極める必要があります。たとえば、先ほどの院内学級でのプロジェクトでは、現場の教師から学習支援は「あと何回だけでいいです」と言われてしまったら、学生が、どれだけ支援の必要性を感じていたり、意欲的に関わりたいと思っていたりしても、それ以上関わることはできません。また、小学校の国際交流学習を支援しているプロジェクトでは、「来年度から総合では別のことをやるから」、「英語をやるからもういい」と言われてしまったら、プロジェクトの継続は難しくなってしまいます。もちろん、そう言われたとしても、そのときに踏ん張って別のアイデアを出したり、他の学校の事例を紹介したりして説得できれば、継続に向けた突破口になる可能性もありますが、それも相手との交渉次第です。

いくらプロジェクト活動の重要性や意義を理解していたとしても、相手側の状況次第で活動は変化していくということを心にとどめておく必要があるでしょう。

◉学生主体の学びを体得することの難しさ（久保田真弓）

伝統的な学習と構成主義に基づく学習では、学習環境も異なりますが、学習方法も異なります。その意味で一番混乱することが多いのは留学生です。過去にたくさんの留学生がわたしたちのプロジェクトにもいましたが、ここでのやり方になじむまでみんな苦労していました。

もちろん日本人の学生でも同様に戸惑う者もいます。たとえば、修士の1年生と2年生が合同で学ぶ「課題研究」という2コマの授業では、他の学生の発表とみんなとのやりとりを見て、自分の発表に活かすことが重要だと思うのですが、なかなかそれができない人や、その重要性がわからない人がいます。自分の番がきたときだけ頑張るのですが、他のときは、自分に無関係と決めつけてしまい、自分のテーマに引きつけて考えられないのです。これは、学習環境を整えることとは別の要因であるようにも考えています。大学院生はもう大人ですから、自ら輪のなかに入っていく人と、あえて距離を置く人がいます。そこを見抜いて、どう指導するかがわたしたちの課題かもしれません。

わたしの場合は、個々の学生への対応をしながら、今この学生のチームでどのような学習環境をつくりあげたらよいのか、と考えるときがあります。学生の学びのプロセスを水の流れに例えてみましょう。普段はまっすぐ水は流れていくのですが、その流れのなかに大きな石、つまり学生を揺さぶるなんらかの学習経験があるとします。通常、水の流れは、石にぶつかると、左右均等に分かれますが、その後、石のうしろからまた一つになり、まっすぐに進んでいきます。このように、たとえ石という障害物にぶつかったとしても、きれいにまっすぐに進めばよいのですが、大学院ゼミにはいろいろな学生が入ってきます。そうすると、石にぶつかるとまた別の小石に邪魔され、まっすぐ行かず曲がったりはみ出たりします。もとの流れに引き戻すことが大切というよりも、個々の学生を見極めて、それぞれの流れを別の小石で変えたり、さらに加速させたりして様子をみる、そういう役割が必要なのだと思います。

ただ、それでも留学生の場合は、理解しにくいところがあります。他の学生から学ぶのではなく教師から直接学びたいと思っていますから、「あ、教えてくれない先生」と思えば研究室から離れていくことがあります。「1対1で教えてくれないんだ、じゃあもっと他の大学院に行ったほうがいいんじゃないか」などのように。まだ入学していない学生であれば、この大学院ゼミに入るか迷ってしまうこともあります。たとえ、「この大学院ゼミでは構成主義に基づく学習をしているんですよ」と説明したとしても、なかなか理解できないところがあります。もちろんそれは、留学生だけではなくて、日本人の学生でも同じです。わたしたちの大学院ゼミでは、物理的な環境においても学生は基本的に開かれた研究室にいます（図3・2参照）。そこになじめる人もいれば、1人でコツコツ勉強したいタイプの人もいますが、この環境をどう活かすかは、学生がいかに主体的に他の学生と関わって学び合っていくかにかかっているのです。

▼どのようにしたら課題を乗り越えられるのか

◉実践と研究を結ぶ指導（久保田真弓）

この大学院ゼミの学生は、自分が所属するプロジェクトを研究対象として論文にしようとすると、なかなかまとまらないという問題に遭遇します。プロジェクトを研究対象にすることがだめだということではありませんが、プロジェクトを対象にしようとしたときの難しさがあります。というのも、プロジェクト活動は、自分が研究目的を立てる以前から進められているからです。

通常の大学院では、1年めで文献を読み、取り組む問題を設定してからフィールドに入り、2年めでデータ収集と分析、そして論文執筆になるかと思います。ですが、プロジェクトは問題を設定する以前に進行していますので、その活動からどのようなデータをとって論文として成立させるかが難しいといえます。というのは、その力がまだつかないうちにデータをとってくるので、そこからどう研究目的と整合性をつけるかで苦労する人が多いようです。本当は、プロジェクトの実践と同時に先行研究の論文を読む必要があるのですが、どうしてもプロジェクトを運営することに一生懸命になってしまうのです。

でもこのことは、よいか悪いかの問題ではなくて、この大学院ゼミの特徴なので、しっかりと研究できる力をつけさせるしかないと思っています。プロジェクトは、社会と結びついた活動であるという点でとてもユニークです。ですから、力量のある学生は研究につなげられるけれど、力がない人はそこでアップアップするので、形を整えてあげる必要があります。それには、まず研究目的をはっきりと文章で書けるか、先行文献にあたるという習慣が身についているか、文献の検索の仕方などをみています。論文執筆に関わる基本的な知識や能力をどこまでもっているか、授業中に院生とのやりとりで把握しようと思っています。博士前期課程の後半の指導は、個々の学生が収集してきたデータの分析をみますが、前半の指導はあえて基本的なところを取りあげて、論文に結びつけるための指導をしています。

また、わたしは授業中、学生にいろいろと厳しい言葉も投げかけていますが、それは意図的です。このままズルズルと夏休みに入ったら修士論文が書けないな、と思ったときなどにです。もちろん、学生はみんな必死だというのはわかっています。ですが、ある段階で何が書けていて何が書けていないかとか、あと3か月しか時間がない状況ではどうかとか、全体のスケジュールを念頭に脅して(!?)います。学生たちは初めて辿る道ですが、こちらは毎年指導しているので、取り組みが遅れがちな場合は、厳しめな指導になることもあります。

◉立ち止まって考えさせる機会の提供（久保田真弓）

学生がプロジェクトに集中するあまり、そこから意義を見いだせずにいたり、修士論文や卒業論文が進まず、活動することと自体が目的化してしまったりする場合は、教員の介入が必要になるかと思います。そのために教員は、やはり現場に入ってプロジェクトの活動を見ていることが大切だと思います。現場もどんどん変化しているので、場合によっては何回も行くことが必要かなと思います。やはり現場の状況を見て、相手側の人たちと関わって、そのうえで何をするか考えていかないといけないでしょう。

プロジェクトの数が多いと、すべてのプロジェクトに教員が関われないこともあります。学生側も、継続しているうちに活動に慣れてきますし、さらに歴史の長いプロジェクトだと学生たちが自分たちでやりたいことを見つけ出し、教員の助けなしで動けるようになっていきます。それはそれで嬉しいことではありますが、学部ゼミ生もさながら、特に大学院生はそのフィールドでの経験をどのように修士論文の研究につなげていくのかという視点があるはずなので、そこをどうもたせていくか教員は考えなくてはいけません。院生は、修士論文の研究にしていくという視点でプロジェクトの活動をみないといけません。

学生がプロジェクト活動を行うことだけにとどまらないように、プロジェクト間でお互いに横の連携をとったり、会議や発表会を頻繁にしたりすることで，互いに活動だけにならずに済むと考えています。さらにそこに教員が参加すれば，より充実すると思います。学びのための活動と，研究にしていくための活動は，少し違うので，それをどう両立させるかを教員も考える必要があると思っています。ですから，ある程度のところで教員がテコ入れをするなり，支援するなり，活動をどう論文につなげるかを考え導いていくなりして，見守っていかないといけません。プロジェクトはサークルではないので，サークルとの違いは何かということは常に考えさせなければなりません。

◉主体的に学ぶ態度育成のための見守り（久保田真弓）

通常とは違う学習環境へ学生をなじませるために，さまざまな方法で支援をしています。ですが，学生が積極的に他の学生の輪のなかに参加して，そのなかで学習しようとするかしないかは，最終的には本人の行動次第であり，本人の興味関心のもち方次第かと思います。

大学院ゼミの授業やいろいろな学内での発表会，研究会，読書会，さらにはシラバスには記載されていないインフォーマルな研究会や勉強会でも，構成主義に基づいた学び方を学ぶ機会はたくさんあります。そこで，「この大学院ゼミで学ぶとは，こういうところだよね」，というように具体例を示して，理解を促すための話を極力するなどしています。

それでも学生のなかには，自分の論文指導のときだけ集中し，他の学生が学んでいる姿勢から学び方を盗み取るようなことができない，あるいは苦手な者もいます。そのような学生に対しては注意やコメントはしますが，強いて環境になじませたりすることはありません。それは本人次第，本人が気づかないと，または理解できないと身につかないことだと思われるからです。人によって理解するのにとても時間がかかる人がいるのです。もちろん，大学院ゼミの全員で取り組まなければならない，フォーマルな取り組みに関連して問題が起きているなら，教員がアドバイスを頻繁にしますが，基本的には，あまり細部にまでは入っていかないようにしています。先ほども述べたように，大学院生の場合は、学部生と違い学びに関しては大人ですし、自分の学習に対しては自分で責任を負う態度を求めているからです。

▼学習環境づくりに向けたポイント

大学院ゼミでの学習環境づくりに取り組むお二人の先生から得たインタビューに基づき、そのプロセスや直面する課題、さらにはそれを乗り越えるためのヒントを整理しました。そのなかから、以下３点を、学習環境づくりに向けたポイントとして提示します。

◉複数の教員による協働的学習環境づくり

プロジェクトのような、大学外の組織や機関と連携した取り組みをとおして学習させようとすると、いろいろな問題が生じます。そうした問題は学生だけでは解決できないことがあります。たとえば、連携先の状況変化に伴ってプロジェクト活動が継続できなくなるような場合や、学生がプロジェクト活動に没頭してしまい、研究や振り返りが行われなくなる場合などです。一つのプロジェクトだけが行われている場合であれば、１人の教員で対応が可能かもしれませんが、関西大学の大学院ゼミや学部ゼミのように、複数のプロジェクトが同時並行で行われている場合、各プロジェクトの状態を１人の教員がすべて把握し、適切に介入しようとすれば、大きな負担になってしまいます。

学生の関心はさまざまです。海外の教育問題に取り組みたい学生や、国内の教育環境に関心をもつ学生、生涯学習、特別支援教育、国際交流学習などに興味がある学生などがいます。これら多様な関心に応じて学習環境を提供しようとすれば、おのずとプロジェクトが増えていきます。

プロジェクトの運営やそこに参加する学生の指導や指導のためには、複数名の教員による協働が欠かせないでしょう。

◉活動だけに没頭させない仕掛けづくり

プロジェクトなどの活動は、日々変化する状況に対応することが求められるため、学生は活動に没頭して、参加すること自体が目的化してしまうおそれがあります。本章冒頭で述べたように、ゼミには専門教育としての位置づけがあり、その意味でフィールドでの経験を基礎とした研究に発展させ、それをとおして意味を見いだすことが重要です。

本書第7章では、著者が卒業論文の執筆をとおしてスタディツアーで湧きあがってきた感情を消化し、次に自分が取り組むべきことが明確になっていく様子が示されています。このように、研究をとおして自らの経験が省察され、そこから新たな意味が形成されます。

大学院ゼミでは、教員が学生に対して研究のための基礎を指導し、そのことをとおして研究に目を向けさせる仕掛けを講じています。また、研究会や国内外の学会に参加し自分の研究内容を発表させることも、研究に向かわせるための一助になるでしょう。このように、研究という営みをとおして、学生を活動に没入させないための仕掛けを講じることが、特にゼミでは必要になってきます。

◉主体的な学習者としての責任ある態度形成

構成主義は、あくまでもメタ理論と呼ばれるものであり（第1、14章参照）、具体的な教育方法を規定するものではありません。あくまでも、学習とは外部から知識や技能を注入され、ため込むことによってなされるものではなく、学習者が他者を含む環境との相互作用によって自ら意味を構築していくものである、という考え方を示すものです。したがって、教育者ができることは、学習者が意味を構築するための環境を整えることまでであり、そこから学習者がどのような意味をつくり出し、行動するかは完全に制御することはできません。この考え方に基づけば、学習環境に適応できないことやしないことは、決して不適応なのではなく、学習者は学習環境との相互作用の過程でさまざまな意味を発見し、自分なりの意味づけに従って行動している、とみなすことができます。

もちろん、学生の適応を阻害したり、参加できないように学生を排除したりする環境要因がある場合は、教員は積極的にそれを取り払い、学生を支援する必要がありますし、まったく異なる環境から新しい環境に飛び込んできた学生に対してはガイドすることが求められるでしょう。しかし、そうした支援を行なったうえで、参加しない、適応しないという決断をした学生を、無理やり同じ方向に従わせることはできません。そうした介入は、学生を苦しめることにもなるかもしれません。教員も学生も、自分の学習の責任は自分にある、という基本的な考えを共有し、そのうえで学生が満足できる方法は何かを考える必要があるでしょう。

［付　記］

本章は、黒上晴夫、久保田真弓両先生へのインタビューを編集し構成したものです（聞き取り・構成・編集：山本良太、岩﨑千晶）。

第2部

卒業後のわたしとゼミ

4 ゼミ生がとらえた学習環境とそこでの学び

卒業生・在学生のエピソードから

山本良太
小森嵩也
科 瑶

▼大学ゼミで得たものとは

構成主義の学習環境では、「どのように教えるか」という教育方法ではなく、「どのように学ぶか」という学習内容に重点が置かれます。言い換えれば、学習場面の主語が、教師ではなく学習者であるという特徴があります。どれだけ称賛された教材でも、どれだけ学力を伸ばすことができた方法でも、目の前にいる学習者がその教材や方法によって得られる経験に意味を見いだすことができなければ、学習としては不十分です。その点で構成主義の観点では、学び手が学習することにどのような意味を感じ、どのような成果を認識し、それに基づいて次にどのような学習に向かっていくのかを問うことが重要です。

本章では、構成主義の観点に基づいてデザインされたゼミの学習環境において、ゼミ生たちがどのように学んできたのかを探索します。第1部にて、久保田ゼミの学習環境が示されました。しかし、そのゼミの学習環境が学生に対して等しく影響を与え、同じ学習成果へとつながっていくわけではありません。右記のように、同じ学習環境であっても、何を、どのようにとらえ、意味づけるのか、そしてさらにそこから何を学習成果として認識するのかは、個々人によって異なります。そこで、構成主義に基づく学習環境のなかでゼミ生はどのような経験を学習の機会としてとらえ、そこで何を得たのか、その実情を確認していきたいと思います。

久保田ゼミの学生の経験と学習成果を確認するために、わたしたちはゼミ生たちに自由記述のウェブアンケートフォームを配付しました。その結果、56名の回答がありました（在校生16名、卒業生40名）。アンケートフォームでは、氏名や在籍していた年代のほか、左記を質問し、久保田ゼミでの経験をどのように意味づけたのかを尋ねました。なお、回答には同じ構成主義の観点に基づいてデザインされた大学院にて学んだ卒業生も含みます。

●現在の仕事とその内容
●久保田ゼミで印象に残っている経験（できるだけ具体的に）
●経験が自分の生き方にどのように関連しているか（できるだけ具体的に）

次節より、卒業生の進路、学生がとらえた久保田ゼミの学習環境、そこでの経験とその学習成果を紹介します。

▼卒業生の進路

まず、ゼミ生たちの卒業後の進路について紹介します。なお、本節で紹介する卒業生の進路は、アンケートフォームより回答を得た56名のうち、卒業生40名に、第2部のコラムを含む執筆者11名を合わせた51名分のものです。したがって、すべての卒業生の進路を網羅的に示すものではないという点は留意しなければなりません。また、これまで、あるいはこれから転職をする可能性もあるため、２０１９年下半期時点のものになります。数や割合ではなく、進路先にどのようなものがあるのかに注目することがよいでしょう（図4・1参照）。

最も多かった進路は、「初等中等学校教員」（11名：21・6％）でした。これは、久保田ゼミが主に教育やグローバルイシューを専門として取り扱うことに関係すると考えられます。もともと教育に興味をもつ学生が集まっていたり、ゼミの活動をとおして教育現場に深く関わり、そこから教員という職業に関心をもつようになった学生が多かったりすることが推測されます。一方で、一度教員以外の職に就いたのち、教員になるという卒業生もみられ、さまざまな経験を積んだ結果、最終的にゼミ時代に知ったり学んだりした教育にたどりついたと思われるケースもありました。

２番めは、「団体職員」（９名：17・６％）として勤務しているという結果となりました。所属している団体は、国内のＮＰＯ法人、社会貢献を主な目的とした法人のほか、国連機関（ユニセフ）、国際協力機構（ＪＩＣＡ）なども含み、多種多様となっています。しかし、卒業生が勤務している団体の共通点として、一般的に企業が取り組むことの難しい社会的な問題解決に焦点を当てたものが多く、その意味で、自分の問題関心に基づいてそれを仕事にしようとする卒業生が数多くいるという特徴がみられました。

次に、「情報通信業」（７名：13・７％）や「金融・保険業」（５名：９・８％）です。これは、関西大学総合情報学部全体の就職状況で情報通信業が最も多く、また金融・保険業も比較的多くの学生が選択する進路先であることから、その傾向が反映されたものと考えられます。

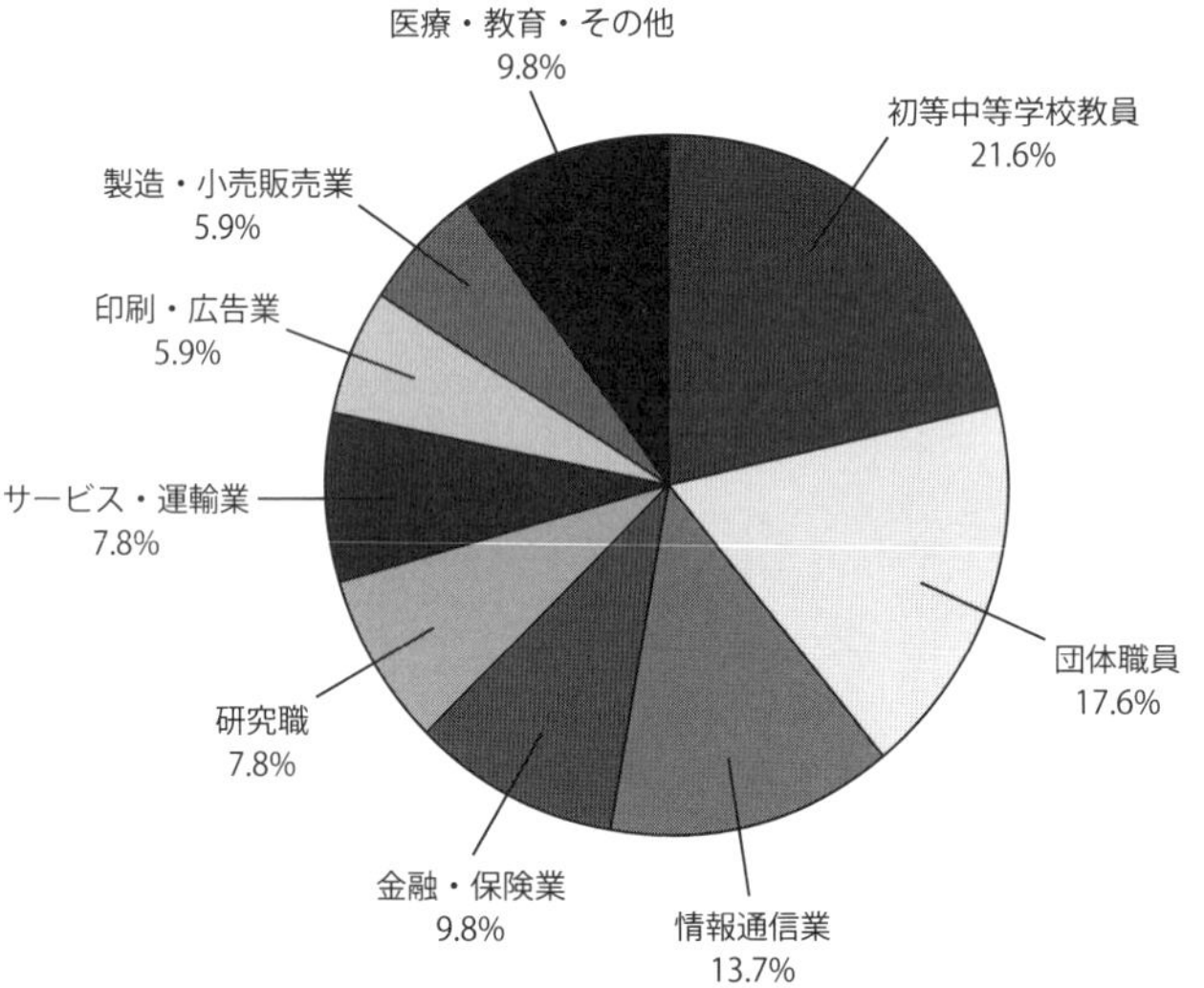

図４・１　卒業生の進路の割合

研究大学であればそれほど珍しいことではないかもしれませんが、「研究職」（4名：7・8％）に就く卒業生が一定数いることは注目すべきことだと思われます。この4名はいずれも第2部の章を担当していますので、どのように研究職を志したのか確認できます（第5章、第9章、第10章、第11章）。「サービス・運輸業」（4名：7・8％）、「印刷・広告業」（3名：5・9％）、「製造・小売販売業」（3名：5・9％）が続き、最後に、「医療・教育・その他」（5名：9・8％）となります。医療では、現在歯科医として勤務する方（第7章）や、音楽ディレクターとして活躍されている方（コラム7）などがいます。

この内訳を眺めてみると、さまざまな分野に進む卒業生がいることがわかります。次節では、それぞれの卒業生が、ゼミでのどのような経験から、どのような学習成果を獲得していたのかを紹介します。

▼学生がとらえた学習環境

では、構成主義に基づいてデザインされたゼミのなかで学生たちは何を学習環境としてとらえていたのでしょうか。卒業生・在校生のエピソードをもとに確認してみます。エピソードをまとめると、学生たちは主に〈学生が参加する特徴ある活動〉と〈教員による働きかけ〉という2種類の学習環境をとらえていました。それぞれについて詳しく確認してみましょう。

◉学生が参加する特徴ある活動

まず、〈学生が参加する特徴ある活動〉という学習環境について紹介します。学生が参加する活動には、主に三つの特徴がありました。一つめは、**【オーセンティックな活動】**です。オーセンティックとは「本物の、真正な」という意味です。学生たちは、教室という枠を飛び出し、オーセンティックでかつ社会と関わりの深い活動のなかでさまざまな経験をしており、その活動について多くのエピソードを記していました。特にゼミで印象に残っている経験に関するエピソードに多く記されていた活動には、以下のようなものがありました。

・フィリピン、ハワイ、マレーシアでのスタディツアー（フィールドスタディ）
・教員研修のプロジェクト活動
・授業実践のプロジェクト活動
・地域活性化のプロジェクト活動

学生は３年生の夏休みに、海外にスタディツアー（現在は、フィールドスタディと呼んでいます）に出かけます（ただし、その実施や参加は強制ではなく、実施しない時期があったり、参加しない学生がいたりします）。そのスタディツアーで学生は、現地の子どもたちや大学生との交流や、ホームステイなど、現地でしか体験できないことに取り組みます。また、スタディツアー以外にも、同じ興味や関心をもった学生が集まって組織されたプロジェクト活動に参加し、国内外の学校やＮＰＯなどと協働し、社会的な問題の解決に取り組みます。たとえば、フィリピンの現地教師に対してＩＣＴの教育利用に関する研修を行なったり、国内の情報科担当の高校教師と連携し授業づくりに取り組んだりしていました。他にも、ティーチングアシスタントとしてゼミ教員が担当する大学の授業づくりに関与する機会などが印象に残る活動として語られていました。

「［印象に残っていることは］フィリピンプロジェクトで教員研修を計画、準備、実施した事。スタディツアーのフィリピンで異文化に触れた事」。（ゼミ12期　井上玲奈）

「［フィールドスタディで］フィリピンで学校を訪問し、英語で自己紹介をしただけで大盛り上がりしたこと。フィリピン渡航前にテロがあり、活動をスケジュール通り行うのか［ゼミ生同士で］ミーティングをしたこと」。（ゼミ21期　山本のどか）

「僕が一番印象に残っているのはハワイでのフィールドスタディです。ほんとうにたくさんの人と関わり、様々な考え方に触れ合えたことで自分の考え方も変わったし、成長できたと思います」。（ゼミ22期　中村柊斗）

「フィリピンでのフィールドワークでごみ山を訪れた際に、幸せの形は人それぞれであると肌で感じたことが大学生活で一番の出来事」。（ゼミ23期　東真彩）

「スタディツアーもさることながら、特に印象に残っているのは情報科のプロジェクトや情報科教育法に久保田先生と共に取り組み、作り手側の立場を経験した事です。授業の空き時間や夜遅くまで授業の方針を練ったり、実際に授業に関与する機会を頂いたり貴重な経験で、その後の人生における基礎を形成できた経験だったと思います」。（ゼミ11期　魚住東至明）

誰かによってつくられた仮想的な課題に取り組むのではなく、実社会や現実にある問題や自分事の課題に取り組む【オーセンティックな活動】を、学習成果につながる学習環境として認識していたのです。

二つめは、【さまざまな人たちと関わることができる活動】です。構成主義の観点に基づいてデザインされたゼミでは、さまざまな人と関わりながら活動が行われます。たとえば、先に紹介したスタディツアーでは、現地のガイドをお願いする方との打ち合わせや連絡調整、現地の子どもたちや学生との交流などです。印象に残っているエピソードとして、次のような内容が記されていました。

「[国際的なイベントに参加し、韓国など]他国の同じ世代の学生と毎日寝食を共に過ごしたことで、自分自身の生き方や自国の文化や制度について考え直すことになった[特に兵役の話が印象深い]。モヤモヤした気持ちと不安を抱えていた渡航前に比べ、充実した経験を経たことに喜びを感じ帰国した」。（ゼミ18期　関本春菜）

「プライベートでは関わらない人たちとの交流は印象的です。難民であるシリアの方。銃が身近であるフィリピンの方。自分とは年齢も生き方も違う教師の方。全ての方々と仲良くできたわけではありません。特に小学校のプロジェクトを行ったとき、教師の方と相容れず、苦手意識がぬぐい去れなかったことは強く記憶しています。それでもプロジェクトを遂行しなければならない。とても苦痛でした。悩みましたが、真正面から向き合うのではなく、それなりに相手を気遣いながら、ほどほどに接する。割り切って接することで滞りなく進めることができました。相手を１００％理解できなくとも「違う」ということを認識することがどれだけ大切か、に気づくことができました」（ゼミ12期　荒井良子）

このエピソードを紹介してくれた2人は、【さまざまな人たちと関わることができる活動】が、自分の考え方や生き方を問い直すきっかけとなっています。違う国で学ぶ同世代の学生や、今まで出向いたことのない国に住む人びと、自分と世代も生き方も異なる人たちとの関わりは、学生たちに驚きと刺激を与え、自分の価値観を揺さぶられる経験になっていたようです。

三つめは、【学生がイニシアチブをとる活動】です。ゼミでの活動は、学生が中心となって企画から実施・評価まで行います。学生たちは主体的に自分たちの活動に取り組み、その活動に意味を見いだし、それぞれの学習成果を認識していました。学生たちのエピソードには次のようなものがありました。

「様々なプロジェクトやハワイ・フィリピンの活動で環境を作っていただき，自らどのように動きどのように次の活動に生かすのかをしっかり考えながら活動できたことが本当に良い経験になりました。その中で得たことは本当に大きなことでした。コミュニケーションや本質を考える力など様々なことを賢一ゼミで得ることができました」。（ゼミ21期　岸田敦司）

「活動の中で様々なことを学生だけで意思決定する場面が多かったので「考える」ことが身についた」。（ゼミ23期　木村優作）

「ゼミや研究室，プロジェクトに関する活動をする中で，久保田先生からよく「任せたぞ」，「おまえに懸かってるんだからな」，「頼むぞ」と声かけされ，出来るかどうか不安だったり，自分には責任が大きすぎると思った活動でさえも，自分でやりきらなくては…と責任を持って活動したことです。時には，

図４・２　ハワイでのスタディツアー

「えっ、この場面、先生が意思決定しなくていいの?」と思う時もありましたが、先生が私たち学生に任せてくれたことで、「自分で出来るんだ」という経験をさせてくれたと思います」。（ゼミ8期　吉田千穂）

このエピソードを紹介してくれた学生は、自分たちで考えて行動したり、自分たちだけで意思決定したりする活動を学びの機会としてとらえていることがわかります。自分たちだけで活動を先導し進めていくという経験は、おそらくこれまでになかった経験だと推察されます。【学生がイニシアチブをとる活動】だからこそ、ゼミ生はその活動での経験に意味を見いだし、自分の学びへとつなげていくのではないでしょうか。

◉教員による働きかけ

ゼミ生がとらえた学習環境は、活動やそれをとおして得られるさまざまな背景をもった人たちとの関わりだけでありません。エピソードを読み進めていくと、学生たちは、教員の言葉や態度、すなわち〈教員による働きかけ〉も学習環境としてとらえていることがわかりました。それは、ゼミ担当教員が発する言葉や、学生に示す態度、そしてそれによってつくられる雰囲気などです。では、それらは具体的にどのようなものなのか、エピソードを紹介しながら説明します。

まず【手助けをしてくれる教員の言葉や態度】があげられます。先ほど学習環境としてあげた【オーセンティックな活動】や【学生がイニシアチブをとる活動】で学生はさまざまな問題や課題に直面します。もちろん、そういった活動だけでなく、自分の将来への不安ややりたいことがわからない、やりたいことがあるけれども現実を前にしてあきらめてしまいそうになる場面もたくさんあります。このような壁に直面した学生たちがエピソードとして多く取りあげたのが【手助けをしてくれる教員の言葉や態度】です。その具体例をあげてみます。

「情報科のプロジェクト活動を来年度以降も継続するのかどうか、学生の間でもめているときがあった。院生の先輩からは「研究のフィールドとして学生が関わらないとプロジェクトの意味がない。現場の教員のお手伝いプロジェクトならやめるべき」と言われた。しかし、参加している学生の中では、「研究のフィールド」という意識は低く、どうしたらよいのか分からない状態になっていた。そのような中、久保田教授に相談したところ「お前たちがやりたいかどうかだよ！」とのシンプルなアドバイスをいただいた。いろいろと先輩から言われたが、今活動している自分たちがどうしたいのか改めて考え、プロジェクトの活動を継続していくこととなった」。（ゼミ10期　田中徹）

「「英語の教員になりたいと考えていたが、総合情報学部では英語の免許を取るのが制度上不可能なので夢を諦めて一般企業で働こうと思う」と話したところ、卒業後に科目履修生になれば取得可能なので「夢を追いかけてみたらいいじゃないか。卒業生にもそうしている人がいるよ」と久保田先生がアドバイスをくださいました」。（ゼミ12期　長瀬勇輝）

【手助けをしてくれる教員の言葉や態度】によって、学生は、その言葉に後押しされたり、再度考え直すきっかけを与えられたりしています。こういった後押しをしてくれる場面をゼミ生は学習環境としてとらえ、自分たちの学びにつなげていました。

学生が問題に直面したとき、学生はいつでも教員にアドバイスを求めたり相談したりできます。先のエピソードを紹介してくれた2人も、自分ではどうしようもない、どうすればよいのかわからないときに、ゼミ担当教員に相談しています。そして大切なことは、いつでも相談できる先生の態度や雰囲気、日頃の関わりです。気になること、知りたいことをインターネットでいつでも調べて情報が得られるように、ゼミ生は困ったときには教員と話をして、【手助けをしてくれる教員の言葉や態度】という学習環境から、悩みを解決するためのヒントを見つけ出しているのです。

二つめは、学生を悩ませ、壁に直面させるきっかけをつくる【意味を問う教員の言葉や態度】です。この「意味を問う」とは、たとえばこれから先をどう生きるのかという問いや、なぜその活動をするのか、なぜそれを選んだのかという問いなどがあげられます。学生は【意味を問う教員の言葉や態度】から自分が取り組んでいる活動の意味や、自分の生き方を問い直すきっかけを得て、それを学習環境であったと感じていました。具体例として、次のようなエピソードがありました。

「何といってもクボケンの二言目には「だからどうなんだ?」、「10年後どうありたいんだ?」、「就職したくなかったらしなくていいんだぞ」、「何になりたいか? ではなくどう生きたいか? なんだよ」という、とりあえずとてつもなくスケールのでかい問いを、問い続けてくれた。それによって自己と向き合ってこられたような気がします」。（ゼミ４期　大塚立子）

「先生からは直接何かを教わるではなく、まず自分のやりたいことについて、なぜといつも問われました。最初はほとんどのゼミ生が答えられない、もしくはきちんと説明できないが、それがきっかけにみんな考えるようになります。先生はゼミ生がやりたいこと［プロジェクト、卒業論文のテーマなど］は基本本人で決める方針だが、考えずにやるのは許してくれない」。（ゼミ21期　柏文佳）

構成主義の学習環境において教員は常に学生に問い続けます。このような、何も考えずに行動することをよしとしない言葉や態度が学習環境の一つになっているのです。【意味を問う教員の言葉や態度】は、学生からすると少しおせっかいに感じたり、自分の本当の考えを示さなければならないことに恐怖を感じたりすることもあるでしょう。しかし、いつの間にかその言葉や態度によって、自然と自分のこと、自分のまわりのこと、これからのことなど、さまざまなことを深く考えて次の自分の行動を決められるようになっていくのではないでしょうか。次のエピソードはまさにそのことを表しているように思います。

「［教員の］口癖は「おめえはどう思うんだ」、「いいんじゃねえか」。結局、気付けば自分で考えて行動させられている」。（ゼミ7期　名手智紀）

◉学生それぞれにとっての学習環境

構成主義の観点に基づいてデザインされたゼミにおいて、ゼミ生が何を学習環境としてとらえていたのか、エピソードをもとに確認しました。その結果、〈学生が参加する特徴ある活動〉として、【オーセンティックな活動】、【さまざまな人たちと関わることができる活動】、【学生がイニシアチブをとる活動】という三つが、〈教員による働きかけ〉として【手助けをしてくれる先生の言葉や態度】、【意味を問う教員の言葉や態度】の二つが、学生にとって重要な学習環境として浮かびあがってきました。

おおまかな傾向としては、学生が自分で学ぶ意味を常に問う機会や場、教員からの働きかけが、学生にとって重要な学習環境だったことは間違いなさそうです。

▼ゼミの学習環境のなかで得たものは何か

これまでに述べてきたように、構成主義の学習観では、教員が主体となって何かを教えることではなく、学習者自身が学習環境のなかで学ぶことを強調します。つまり、同じ学習環境でも、それぞれが何を学んだのか、何を得たのかも異なります。そこで本節では、ゼミの学習環境から学生が何を得たのかを説明します。

◉〈学生が参加する特徴ある活動〉をとおした学び

スタディツアーやプロジェクトなど、【オーセンティックな活動】を自らが成長する場ととらえていた学生は、その場のなかで【さまざまな人との関わることができる活動】をもちます。そのような学習環境は学生に次のような学習成果をもたらしました。

①多角的に考えることの大切さへの気づき

ゼミでは、年度の開始時に、他のゼミに所属する学生が集まってさまざまなアクティビティを行うキックオフ合宿や、スタディツアーの準備のためのミーティングがあります。ここでは、ただ会って話したり、交流したりするだけではなく、アクティビティや活動の成功に向けてそれぞれが真剣に、深く関与する必要があります。そして、その深い関与によって自分の意見をしっかりと発するとともに、他人の意見にしっかり耳を傾けることができます。こうした経験をとおして、多角的に考えることの大切さを実感した学生が多くみられました。いくつかのエピソードを左に示します。

「僕が参加したキックオフ合宿は僕に「違うコミュニティに飛び込むことで得られるものがある」ということを教えてくれました」。（大学院ゼミ生　大福聡平）

「一つの物事に対するいろんな人の意見を聞くことの面白さを知り、幅広い人と話すのがより一層好きになりました。いろんな人と出会う中で、その人の考えかたや感じ方に触れたい気持ちがより強くなりました。一角だけを考えるのではなく多角的に考えて、いろんな立場の人に自分を置き換えて考えるようになりました」。（ゼミ21

期　松田果歩）

②自分の理想の生き方を問うこと

先に示した「多角的に考えること」と少し重なりますが、さまざまな人と関わるということは、多様な価値観をもった人と出会うことでもあります。スタディツアーやプロジェクトでは、協働相手である初等中等学校やＮＰＯ、海外の協定校など、大学のゼミという枠を超えた他者との関わりがあります。さまざまな場所で、さまざまな思いをもった人たちと関わるなかで、学生は自分にとっての「理想の生き方」を問い直していました。たとえば、京都市の最北端にある久多という限界集落の活性化を目標として活動するプロジェクトや、フィリピンでのスタディツアーで出会った人たちとの関わりなどでの経験がこのような問いを生んでいました。

「［過疎地域の活性化を目的とした］久多プロジェクトに参加したことで「生き方」の選択肢が広がりました。「いい会社」に入って、時間をお金に変えて過ごすことだけが人生でないと思えたことがきっかけです。今は金銭的な豊かさとはかけ離れていても、田舎で持続可能な生活を行い、広げる野望があります」。（ゼミ21期　佐藤尚功）

「他国の事情や現地の人を知る機会は違う視点で物事を見ることによって、日本にいることだけが自分にとって正解ではないと考えるようになりました」。（ゼミ23期　ティーズ信嘉）

③相手と協働するマインドとスキルの獲得

スタディツアーやプロジェクトなどの活動で学生はさまざまな状況に直面します。その状況の一つに、たとえ問題が起こったとしても必ず活動を完遂させなければならない、というものがあります。たとえば、短い時間で高校生を対象とする英語のワークショップを企画・実行しなければならなかったり、学校で行うプロジェクトで教師の協力を得なければならなかったりする状況などがあります。このような状況に置かれた学生は、解決策として他の学生と協働することの大切さを実感したり、うまく協働するための方法を自分なりに編み出したりしていました。

「主体的に考えて、成功のために周りを巻き込むことの必要性を顕著に感じることの出来た活動だった」。（ゼミ21期　高段玲奈）

プロジェクトがうまくいかない問題があったとしても、必ずプロジェクトは成功させなければならないという難しい状況だからこそ、学生は相手と協働することが重要だというマインドをもち、うまくプロジェクトを完遂させるための協働スキルを獲得していたと考えられます。

④問題解決力の獲得

ゼミの活動において学生は、自分自身で意思決定し、行動することが求められます。つまり、【学生がイニシアチブをとる活動】へと放り込まれます。「③相手と協働するマインドとスキルの獲得」にて述べたように、学生はスタディツアーの完遂やプロジェクトの成功のためにさまざまな努力をします。その過程で教員は基本的に指示や直接的な指導をしません。学生たち自身に問題を発見させ、その解決のための努力を求めます。そして、このような試行錯誤の過程をとおして問題解決力を獲得できた、あるいは問題解決自体を楽しむような考え方をもつことができたと感じている学生が多くいました。

「先生は一言も口出しする事がなかった為、学生だけでプロジェクトを実行することの難しさとやりがいを感じ

ました。自ら自分で問題を見つけ出し、行動する力を身につけることができました」。（ゼミ23期　樋口奈峰）

「「支援とは何か」、「相手の目線に立つとはどういうことか」、「相手のニーズをどう捉えるか」などなど、基本的かつ答えの無い問いに対して、ベストであったかは別として、自分たちなりのアクションを起こしていくこと、そしてそのアクションに対する反応を見て次のアクションを考えること。このサイクルは国際協力だけでなくビジネスの世界やＮＰＯの世界でも通ずることなのかなと感じています」。（大学院ゼミ　大福聡平）

「様々な地域活動に参加する中で、何が良い活動なのか考えれば考えるほど分からなくなる経験を多くしました。しかし、目的や目標を定め、求められていること、やりたいことを話し合い、少しずつ形にしていったことは、私の自信となり、力となっております。これからも考えることを常に忘れず、考えることを楽しめるようにしていきたいと思っております」。（ゼミ21期　蔵本直哉）

「いつまでに何をやるのか、なぜするのか、その活動をして相手に何がメリットなのか、など目的を考えるのが、このゼミでは重要だった。目標管理は、生きていく上でとても

図４・３　プロジェクトに取り組む学生

重要なこと。意味のない事はないというが、プロセスも大事。まなびのゴールは何なのか、結果が違ってもなぜ違ったのか、検証することもしたし、これは社会では教えてくれないがとても大事なこと。プロジェクトや、ゼミの活動での傾聴や、事前のアンケートで相手が何を欲しているのか確認、また、いる／いらないなどの取捨選択、など、今までの活動はいきている」。（ゼミ18期　藤原志穂）

◉〈教員による働きかけ〉によって得られた学び

ゼミではプロジェクトをはじめ、正解のない問題にアプローチする活動のなかで学習します。そのなかで、【意味を問う教員の言葉や態度】は、学生が自分自身や、活動において直面する問題と向き合う姿勢に強い影響を与えていたようです。

⑤自分にとっての意味を追求する態度の獲得

ゼミ担当教員は常に学生に「なぜ？」、「どうして？」という問いを発し続けます。学生は、これらの問いへの回答を考えることをとおして、自分たちの活動にどのような意味があるのかを反省し、漫然と活動することや、漠然とした考えではなく、しっかりと自分なりの考えをもって行動することができるようになります。

「なんで？　という言葉が恐怖でしたが、学びが多く成長を感じる事ができました。この言葉にどれだけくらいつけるかが勝負でした」。（ゼミ23期　田中彩絵）

まだ漠然としか考えることができていない考えでも、ゼミ担当教員の「なぜ？」、「どうして？」という問いをきっかけに、深く考えることが促され、自分自身で意味を追求し続けることができるようになる学生が多いようです。

⑥どう生きたいかを常に自分に問い続ける態度の獲得

ゼミ担当教員の問いかけは活動に対してだけでなく、生き方に対しても行われます。特に、大学卒業後に「自分はどう生きたいのか」ということを常に考えさせる問いを学生に投げかけていました。こうした問いは、在学中だけでなく、卒業後にも常に学生のなかに生き続けます。次で、卒業してからも「自分はどう生きたいのか」を常に問い続け、それを実際の行動につなげようとしているエピソードを紹介します。

「私は小学校での外国語活動にＩＣＴをどのように導入するかというプロジェクトに所属しておりました。どのように小学生に英語を楽しくＩＣＴを使って、自ら学びたいと思う環境を作るかをテーマに卒業論文を書きました。この卒論をテーマにしている中で自分自身の中で教員という職業に興味を持ちましたが、教職課程を受講していなかったので大学卒業後は通信会社に勤めました。３年間、通信会社の営業をし、その後3年間人事の仕事をしている中で私は新入社員に指導をしている中で、英語の教員になりたいという夢を思い出し、賢一先生に相談しに行った事があります。その際に、賢一先生は、「いいんじゃない？　やってみたら！　どうせやりたいと思ってんだろ」と言って当時の職場をやめ、科目等履修生として、英語の教員免許取得の為、教職課程を受ける事へ背中を押してくれていました。私は教職課程を学習しながら、現在在籍している外資系ＩＴ会社に勤め始めました。教育実習をしている中で、私は教員になるよりも現在の職場でＩＣＴ環境をどのように子ども達に提供出来るか微力ではあるが、伝えていく事の方が自分自身に向いていると感じました。そのように感じる事が出来たのは、賢一先生が、私が相談しに行った際に挑戦してみる事を応援し、自分自身でやってみた結果だと思います。この夏、私は現在の職場で小学生の子ども達にＩＣＴの機器を使って、プログラミングや芸術や音楽を学ぶ時間を設け、サポートをします」。（ゼミ14期　坂本陽香）

「社会人を5年ほど経験してから青年海外協力隊へ参加しましたが、その決断もゼミでの経験なしでは下せなかったと思います。企業では社内でどうキャリアを構築していくか、結婚は、家はなど多くの「成功例」といえるモデルを示され、その達成にむけての努力が求められていました。もちろん、キャリアデザイン、ライフデザインをする上でそういったモデルは大事ですが、当時の自分にとってはそのモデルが虚ろのようなものに感じられました。それよりも、自分が人生をかけて学びたいこと、取り組みたいことに対して積極的にアクションしていくことの方が大事だと思うようになったのは、久保田ゼミでの先生や他のゼミ生がそれぞれ学ぶことを続け、活き活きと活動している姿に強く刺激されたためだと思います。学びたいという欲求に素直に従い、アクションを起こした結果、また更に学びたい「問」が見つかる。そして、同じ問を持つ新しい人たちとの出会いがあり、その出会いから社会に対しての理解が深まる。今自分の人生でこのサイクルに身を置けているのは、「3年生のゼミ開始前の春休み中にあった」プレゼミでの課題をはじめ、他者と関わりあいながら学ぶことを久保田ゼミで学ぶことができたおかげだと強く思います」。（ゼミ11期　三浦良祐）

図4・4　青年海外協力隊員として働く卒業生

「旅行会社に7年ほど勤めている間には、やっぱりゼミ活動で興味をもったフェアトレード関係の仕事に携わりたい！　と思い返し、先生に相談したこともありました。転職活動したものの、自分の覚悟がなくてその世界に飛び込めず、諦めてしまったのが恥ずかしい思い出です。現在は退職し、結婚をして子育てをしています。子育てが少し落ち着いたら、興味を持った国際協力やフェアトレードに何かしら関われたらなぁと漠然としていますが、小さな夢はあります」（ゼミ9期　澤優美）

▼学習者それぞれの意味づけと学び

本章では、学生個々人がどのような学習環境のなかで、どのような学習成果を得ていたのかを紹介しました。そこでは、学生はさまざまな久保田ゼミでの活動のなかから、それぞれ自分自身に重要だった学習環境を見いだし、また学習成果を認識していました。

もちろん、すべての学生が学習環境を意味づけ、そこから学習成果を得たわけではないでしょう。卒業までに学びたいことを見つけられなかった学生もいるでしょうし、構成主義の観点に基づくゼミに納得し、すすんで学習したいと思えなかった学生も少なからずいたのではないかと推察されます。しかし、たとえそうであったとしても、何かを見つけ出そうとする姿勢や、自分が納得できるものとできないものを発見する機会だった点において、まったく意味のない学習経験ではなかったはずです。

このような学習環境をデザインすることは容易ではありません。通常、教育のデザインでは、何を学ぶのか、どのように学ぶのかはデザインする側である教員が行います。一方で構成主義の観点に基づくゼミのデザインでは、学生がさまざまな活動に参加する機会を用意するものの、そこから何をどのように学ぶかは学生に委ねられます。つまり、教員の思い通りに学生が学ぶかどうかはわからないのです。こうした考え方は、ともすれば教育放棄のようにもみえかねません。しかし、「何を学びたいと思うか」という、学習者が自分自身について問い、その実現に向けて行動できること、できるようになることが、教育で最も重要で本質的なことではないでしょうか。

［謝　辞］

最後に、本章執筆のためにアンケートに協力してくださった56名（お名前の掲載許可をいただいた54名のみ記載）の方々に深く感謝申しあげます。すべてのエピソードを取りあげることはできませんでしたが、本章を構成する過程で多くの示唆をいただきました。

石橋　真子	大塚　立子	小西　雄希	名手　智紀	吉田　千穂	谷川　裕哉
澤　優美	田中　徹	魚住　東至明	廣谷　光希	三浦　良祐	長瀬　勇輝
井上　玲奈	荒井　良子	森島　亜也子	熊谷　涼花	坂本　陽香	関本　春菜
藤原　志穂	井上　彩子	科　瑶	佐藤　尚功	松田　果穂	柏　文佳
高段　玲奈	原　優花	木村　彩音	岸田　敦司	山本　のどか	蔵本　直哉
中島　怜汰	羽原　沙耶	松浦　実奈	西田　綾斗	浦　文乃	久保田　真衣
中村　柊斗	松本　一樹	ティーズ　信嘉	高木　駿	林　璃里子	中野　祐希
髙木　駿	木村　優作	田中　彩絵	谷垣　美歩	堂園　樹貴	仁木　琢真
樋口　奈峰	葛城　雅治	東　真彩	田原　俊哉	大福　聡平	出田　貴大

5 なりたい自分を実現するためのデザインを描く ゼミナール教育

岩﨑 千晶

▼「大学における教育の質向上を目指す」大学教育センター教員としてのわたし

わたしは関西大学総合情報学部の1期生です。2019年5月に総合情報学部は25周年記念事業を終えましたので、わたしが入学してからすでに四半世紀の時が過ぎました。現在は関西大学教育推進部の教員として勤務し、10年の月日が経とうとしています。教育推進部は全学における教育の質向上を目指してつくられた組織で、わたしは大学教員向けのＦＤ（Faculty Development）研修会の実施、アクティブラーニングや評価方法に関する教員用テキストやｅラーニング教材の作成などの教授支援を行なっています。また、学生の書く力を育むためのライティングセンターの運営やライティングチューターの育成、学生の学びを支えるＴＡ（Teaching Assistant）、ＬＡ（Learning Assistant）の運営や育成などの学習支援も担当しています。他大学の教員対象のＦＤ研修会や中学校や高等学校の教諭を対象とした研修会の講師も務めております。

大学の授業では教職を志望する学生を主に対象とし、教育目標を達成するためにどのような方法を用いるのが望ましいのかを検討する「教育方法技術論」や、メディアを活用してよりよい教育を設計する「メディア教育論」を担当しています。他にも大学1年生向けの授業である初年次教育では「スタディスキルゼミ（プレゼンテーション）」や「プロジェクト学習」を、社会人を対象とした学び直し大学院では「人を説得する論理的なプレゼンテーション」を担当しております。

このような業務を担っているわたしの専門は久保田先生と同じ教育工学です。なかでも「大学教育を対象とした学習環境デザイン」を専門としています。現在は、協同的な学習環境として、大学に設置されているラーニングコモンズや、大学生が自律的に学ぶことを支える学習支援として運営されているライティングセンターを対象とした研究に取り組んでいます。たとえば、ラーニングコモンズやライティングセンターを取り巻く研究動向を分析したり、ライティングセンターで育まれている学びの実態を明らかにしたりする研究です。他にもオンラインを活用したライティングセンターにおけるチュータリングセッションを分析し、オンラインでの指導の効果と課題を明らかにするとともに、より効果のあるチュータリングをするにはどういった要因が影響しているのかを提示するといった研究を進めています。

わたしが「大学教育を対象とした学習環境デザイン」に取り組むきっかけになったのは、久保田ゼミで「大学生の学びを育む学習環境」をテーマにした卒業研究に取り組んだことが影響しています。わたしは久保田先生のゼミで生き生きと学ぶことができ、その結果、自分が成長できたと強く実感しました。こういう思いを抱くことができる学生をもっと増やしたい、そのためにはどんな教育をしたらよいのかという疑問がわき、学習者が成長したと実感できる学習環境にはどういった要因が関わっているのかを知りたくなりました。そこで卒業論文では、関西大学総合情報学部の学部生を対象とした「学生の学び」について取りあげ、その学びを育んだ要因を明らかにし、今後どのような学習環境を構築することが望ましいのかについて取り組みました。その後も研究を継続したいと考え、大学院修士課程へと進学しました。そこから大学の教員になるまでには紆余曲折ありましたが、それは本章の後半でお話しします。まずは、久保田先生との出会い、そこでの学びについて語ることから、みなさんと共に「大学のゼミから広がるキャリア」について考えていきたいと思います。

▼久保田賢一先生との出会い

総合情報学部は１９９４年に新学部として開設しました。その２年前から久保田先生は関西大学ＩＴセンターに籍を置きながら総合情報学部開設の準備をされていました。久保田先生はインディアナ大学で修士号と博士号を取得したため、総合情報学部には、北米では一般的でしたが、当時の日本の大学では珍しかった教育制度がいくつか取り入れられました。たとえばウェブでの授業評価アンケートやＴＡ、ＳＡ（Student Assistant）制度です。ＴＡ、ＳＡ制度は、コンピュータ実習が多い学部の授業をサポートするために活用されており、久保田先生は学部の教育において学生をサポートする学習環境の整備に力を入れていました。

そんな関西大学総合情報学部にわたしは入学しました。バスケットボールサークルに入り、友人もたくさんできました。まじめに授業を受け単位も取得していましたが、２年生の春学期が終わる頃、何か物足りなさを感じていました。当時のわたしは教員と話す機会がないことを不満に思っていました。高校までは担任や科目担当の教員とたくさん話し合いをしていましたが、大学の講義スタイルの授業では教員の話を聞くことにとどまっていたからです。もちろん、自ら教員に話しかければ議論をできる環境にはありましたが、大学の先生は高校の先生と違って話しかけにくい印象があり、わたしはそのようなことをしてよいのかわかりませんでした。唯一、初年次向けのゼミだけは違っていました。出席番号順でゼミのクラスが決められており、わたしは加藤隆ゼミでした。加藤先生やゼミ生と議論をしながらプログラミング言語を学んだ経験は今でもよく覚えており、非常に充実した学びの場でした。しかし２年生になり、ゼミもなくなると、ただ授業を受けることが続き、何か物足りなさを感じ、「もっと何かしたい！」という気持ちが沸きあがってきました。ちょうどその頃、大学の掲示板に貼られていた1枚のポスターが目に留まりました。そこには「ハワイ大学ウィンドワードコミュニティカレッジ（ＷＣＣ）とメールで交流をするプロジェクトに参加する学生募集！」と書かれていました。説明会の会場に出向くと、先生から説明が始まるのかと思っていたのですが、学生がプロジェクトの説明を始めました。なぜ、教員ではなく学生が説明をしているのか意味がわかりませんでしたが、「なんとなくおもしろそう」という理由からわたしはプロジェクトに参加することを決めました。これがわたしと久保田先生の出会いです。今思えば、当時から久保田先生は学生が主体的に学べる学習環境をつくろうとしていたため、学生に説明をさせていたのだと思いますが、そうした学習環境に慣れていなかったわたしは違和感があったことをよく覚えています。

ＷＣＣとの交流は非常に楽しいものでした。最初は、あいさつ程度にお互いの自己紹介から始め、その後、大学で学んでいることなどについてメールを通じて英語で意見交換をしました。ＷＣＣの学生は日本語を学んでいたため、日本への興味関心も高く、それがメール交換を効果的に実施できた要因の一つでもあったと思います。わたしは大学の授業でメールの送り方を学んでいましたが、当時は電子メールアドレスをもっている人自体が少なく、その技術を使えずにいました。また総合情報学部は英語教育に力を入れていましたが、わたしが日常生活で英語を使う機会はほとんどありませんでした。ところが、このプロジェクトに参加することによって、電子メールを実際に使い、英語でハワイの人と話し合うことができました。当時のわたしにとっては大学で学んだことを日常に生かせる「生きた学びの場」でした。その後、わたしは長期休暇の時間を活用してハワイを訪問し、ＷＣＣの学生と直接交流をしました。ＷＣＣの学生もわたしの家に滞在し、今でもそのメンバーとＳＮＳをとおして連絡を取り合っています。

そんな久保田先生との出会いを経て、３年生からは久保田ゼミに入りました。とはいえ、最初から久保田ゼミに決めていたわけではありません。当時のわたしは、家業を継ぐか、関心のある教育分野に進むか悩んでおり、経営学を学べる小松陽一先生のゼミか教育について学べる水越敏行先生のゼミのどちらかにしようと思っていました。久保田ゼミは今でこそ教育について学ぶゼミという印象がありますが、当時は「グローバルイシューとコミュニケーション」をテーマにしたゼミであり、「教育について学べる」という印象はありませんでした。しかし、わたしは久保田ゼミを選びました。理由は簡単です。「何か新しいことをしたい！」と思ったからです。久保田ゼミの説明会では無農薬でミカンを育てる畑に行き農家について学んだり、フィリピンにスタディツアーに行ったりするという話を聞き、行動派のわたしにはぴったりで、なんだかおもしろそうだと思えました。WCCとの交流学習のような経験がまたできそうだという期待もありました。また、当時のゼミへの参加条件として書かれていたことは「どこでも寝られること」、「なんでも食べられること」、「虫を怖がらないこと」であり、わたしはどの条件にも当てはまっていました。最終的に、家業を継ぐか、教育分野に進むかという将来をどう歩むべきかよりも、「今、どう過ごしたいのか」を重視し、ゼミを選択しました。現代社会は能力主義の時代になっているため、資格取得や進路に役立つゼミを選ぶという学生も多いと思います。当時も就職氷河期といわれた時代でしたので、資格取得や就職に有利なゼミを選ぼうと考えた大学生は比較的多かったはずですが、大学生としての時間を大切に、自分の気持ちに正直になろうと思い、わたしは久保田ゼミの一員になりました。

▼プロジェクト学習としてのフィリピンスタディツアーと報告会の実施

◉初めてのプロジェクト学習であったフィリピンスタディツアー

久保田ゼミは、プロジェクトを中心に学習を進めていきます。学部生は大学院生と共に学んでいき、先輩から指導を受けることもあります。先輩の活動や発言は、自分がどう行動したらよいのかを判断する一つの基準にもなっています。院生と学部生の交流が久保田ゼミのプロジェクト学習の特色にもなっています。しかし、当時は1期生しかいませんでした。久保田先生も初めて担当するゼミで、試行錯誤をしながら進めておられた最初のプロジェクト学習がフィリピンへのスタディツアーでした。

プロジェクト学習は、学習者が現実社会に存在する複雑な学習課題を扱い、学習者同士が活動するプロセスにおいて、問題の所在を明らかにし、その解決方法を検討、実施し、振り返りを行い、今後のさらなる展開を考えるという活動を行う学習です。その際、現代社会において役立つ成果物を提示したり、プレゼンテーションやイベントを実施したりします（Jones, Rasmussen, & Moffitt 1997）。このプロジェクト学習が本格的に広まっていったのは、１９９０年代の北米の高校においてでした（松本　２０１３）。当時、高等学校の科学教育においては用語の説明が中心で、複数のアプローチから実際の現象を読み解く教育が不十分だと指摘されていました（Kesidou & Roseman 2002）。科学に関する表面的な理解から深い理解を促すためにプロジェクト学習は推進されました（Thomas 2000）。プロジェクト学習では、扱っている課題に対する理解の深化、動機づけの向上、自律的な学習、成績・出席率の向上といった効果が指摘されており、日本の高等教育で導入されている事例もたいへん多い学習の一つです。

久保田ゼミにおけるプロジェクト学習の始まりはスタディツアーの準備です。当時は久保田先生も初めての取り組みであり、スタディツアーで訪問する場所や宿泊場所などはすべて先生が手配されました（現在ではこれらのスケジューリングや手配はすべて学生が担当しています）。そこで、ゼミ生は訪問施設について担当を決めて下調べをしたり、スタディツアーのしおりを作成したり、スタディツアー後に実施することになっていた報告会で誰が何を担当するのかを決めたりしていました。報告会では、ビデオ、冊子、マルチメディア教材などを作成する予定にしていましたので、ビデオ班のメンバーは撮影記録をどうつけるかなどの話し合いをしました。

スタディツアーは10泊11日の旅でした（図５・１参照）。わたしたちはＪＩＣＡ（国際協力機構）が支援に入っていたPhilRice（フィリピン稲作研究所）で灌漑農業のことを学び、農村開発のＮＧＯであるＰＲＲＭ（The Philippine Rural Reconstruction Movement）に協力を得て、その地域に住む方々の農業や観光業を支援している取り組みについて紹介いただきました。パタヤスのスモーキーバレーも訪問し、スカベンジャーやそこで生きる子どもたちを目の当たりにし、その子どもたちが通うデイケアセンターを支援していた団体ＣＦＦＣ（Campaign for Future of Filipino Children）と意見交換の機会も得ました。また同世代のフィリピン人学生との交流をとるため、フィリピン工科大学へも訪問し、ホームステイを経験しました。盛りだくさんすぎるスタディツアーでした。

◉スタディツアー報告会をとおして、学んだことを精緻化し、生きる意味を考える

スタディツアーを終えたあとは、報告会を行いました。スタディツアーは「訪問して終わり」だとその意味は半減してしまうとわたしは思っています。重要なのは訪問後に、そこで何を学んだのかを自ら把握して、今後にどう活かしていきたいのかを考えることです。学びには外的な側面と内的な側面があります（松下　２０１１）。外的な側面は、議論をしたり、フィールドワークに出たりと外から活動として見えやすいですが、内的な側面は学生が何を学んだのかとか、どう考えたのかといった内的な変容を指しますので、外側からはわかりにくい学びの側面になります。スタディツアーではフィリピンを旅して、現地の方々と出会って話し合うといった学びの外的な側面が強く出ます。一方、報告会の準備では学びの内的な側面が強く、スタディツアーで学んだことの意味をじっくりと考える機会を提供してくれます。わたしたちはビデオ、冊子、マルチメディア教材を作成し、ワークショップ形式で報告会を開催しました。総合情報学部の実習で、ビデオやマルチメディアなどの制作技術を学んでいたため、習得した技術をすべて出し切りました。ビデオを担当していたメンバーは、11日間にも及ぶ旅で何本ものテープを撮影していました。彼らは、見に来てくれている人に何を伝えたいのか、そのためにはどんな映像を切り取り編集し、どう表現したらよいのか、どんな音楽やナレーションをどこに入れればよいのかを考え抜きました。他の班も同様です。そして、報告会で伝えたかったみん

図5・1　スタディツアーの報告書（プリント班作成）

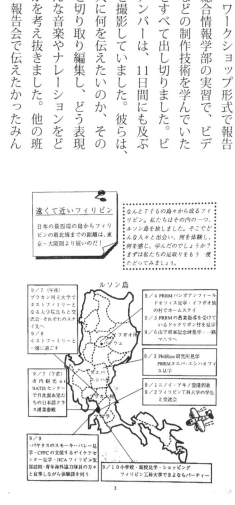

なの思いはビデオ『近くて遠い国フィリピン』の最後のナレーションに表現されていると思いました。それは「みなさんもフィリピンのことを思い出してみてください。たとえば、スーパーで見かけたバナナを手にしたときにでも」というナレーションです。わたしたちにはフィリピンで学んだこと、経験したこと、何よりわたしたちはフィリピンの人とつながっているということを自分たちのなかだけにとどめるのではなく、まわりの人にも伝えたい、まわりの人と共にこれから活動して生きていきたいという思いがあったと思います。

つまり、報告会の企画と運営は、わたしにとってフィリピンで学んだことをどう解釈し、今後どう行動して生きていけばよいのかを考える場になっていました。そして、フィリピンへのスタディツアーと報告会というプロジェクト学習は「自分がどう生きるのか」ということにつながっていることに気がつきました。体に衝撃が走りました。「生きるってこういうことなのか」、「大学での学びは自分がどう生きていくのかということにつながるのか」ということを発見できた喜びに震えました。初めてのプロジェクト学習はわたしが生きていくことや学びに対する概念を大きく変えるものとなりました。

▼プロジェクト学習における駆り立てられる学習課題の設定

プロジェクト学習には五つの特徴があげられます（Krajcik & Blumenfeld 2006）。その特徴は、①駆り立てられるような解決すべき問題（driving question）を扱う、②真正の（現実の）状況に基づいた活動に参加することで解決すべき問いを探求する、③学習者、教員、問題に関連するメンバーは問いの解決策を見つけるために協同的な活動に従事する、④問いを探究する活動に従事する際、学習者の能力を生かすようにＩＣＴを効果的に活用する、⑤取りあげた問題やその解決に関する具体的な成果物をつくる、です（Krajcik & Blumenfeld 2006 : 318）。フィリピンということは、目の前にある現実に対して自分たちに何ができるのかを考え、仲間と共に取り組み、報告会を開いたことはこれらの特徴を網羅していたといえます。特に①の駆り立てられるような課題を扱うことは重要だと思います。プロジェクト学習の学習課題には，自ら計画を立てて進めていける「実行可能な課題」であること，「価値のある（やりがいのある）課題」，学習者が置かれた「文脈や状況に当てはまるような課題」，学習者が関心をもてるような「意義のある課題」，「倫理にかなった課題」が望ましいとされています（Krajcik, Czerniak, & Berger 2002）。しかし，最初からフィリピンへ行くことが価値ある課題であったか，駆り立てられる課題であったかというとそうではありませんでした。フィリピンに行くまでは，先生が企画してくれたからついていくという感覚がやはり強かったと思います。しかし実際にフィリピンを訪問すると，現地の人びととの出会いがあります。特に，スモーキーバレーでゴミと悪臭にまみれて生活をしていた子どもたち，お金がなくて大学に行けなくなってしまった同世代の若者たちと触れ合うことで，何か自分にできることはないのかとわたしは強く胸を動かされました。まさに現地の人と触れ合うことで，フィリピンへの訪問が「駆り立てられる課題」となり，フィリピンの方たちに何かできることはないのかということを考える「価値や意義のある課題」になっていたと考えています。

▼ゼミの仲間づくりとゼミ生と教員との関係性

こうしたプロジェクト学習のなかで，教員はどのような役割を果たしていたのでしょうか。久保田先生は課題を提示し，それに向かって挑戦していく環境を提示してくれましたが，手順についての細かな指示はありません。たとえば，報告会を実施することは決めてもどのような内容にするのかはすべて学生だけで決めました。こうしたやり方は高度なものなので，そのやり方についていけない学生もいました。それをどう解決していったのかというと，ゼミ生同士での議論です（図5・2参照）。仲間同士で学び合うピアラーニングの機会を十分にとり，授業中はもちろんのこと，授業外のかなりの時間を共有しました。久保田先生が詳しいことを伝えてくれないのでゼミ生だけでなんとかするしかありませんでした。なんとかするためにみんなで集まり、議論を繰り返しました。そういうプロセスを経て、ゼミ生同士で何でも話し合える環境が生成され、大学が終わってからもみんなで食事を楽しんだり、誰かの家に集まり、夜遅くまで話し合ったりするというゼミ生同士のよい仲間関係ができてきました。今思うと、これが久保田先生による足場かけだったのかもしれません。

細かな指示を何もしてくれない久保田先生に対してみなが怒りを抱いていたかというと、決してそうではありませんでした。それは、久保田先生が学生との時間を確保することを重視してくれていたからだと思います。学生が質問を投げかけると、先生はどんなに忙しくても、それに対して付き合う時間をいくらでもとって、納得のいくまで話に付き合ってくれました。先生はゼミ活動だけではなく、プライベートな話にも耳を傾けてくれました。人は誰しも大なり小なり悩みや問題を抱えています。毎日悩んで胸が苦しくなることもあります。そういう問題はたいてい大学の授業に関することではなく、恋愛であったり、親子関係であったり、病気であったり、一見ゼミとは関係のないプライベートなことに関連することが多いものです。久保田先生はこうしたプライベートで抱えている課題についても熱心に聞いてくれました。時には喝を入れられたり、力強く背中を押してくれたり、笑い飛ばしたりしてくれました。久保田先生が第1章で書かれているように、ゼミ生は卒業論文で自らのＳＯＧＩについてや、自分と親との関係性をテーマにしていますが、自分の抱える問題を卒業論文で取りあげるよ

図５・２　食堂でゼミの準備

うになるのはこうした先生とゼミ生の関係性があってのことだと思います。この関係性があったからこそ、ゼミが成り立っているのだと思います。

しかし、先生がいくら時間をとってくれても、プライベートな話をしようと思える関係性になるには、やはりそれなりの時間が必要です。その関係性をゼミの授業内だけでつくりあげることは容易ではありません。それを可能にしてくれたのは、先生が授業の外でもゼミ生と何でも一緒に行動を共にしてくれる姿勢をもっていたことだと考えています。わたしが学部生のときの出来事ではありませんが、あるエピソードがあります。久保田ゼミでは毎年国際学会で発表する機会があります。そのときは韓国釜山で学会が開催されていました。大阪から釜山までは飛行機で1時間の距離ですが、久保田先生は学生と一緒に、まず下関まで車で移動し、その後、フェリーに乗って釜山まで行かれました。学生にとっては飛行機に比べて陸路とフェリーで移動したほうが安価だったからです。そのときは海が荒れていて波が高く、釜山港になかなか船をつけることができず、学生も船酔いになり大変だったそうです。その話を聞かされたとき、わたしは「飛行機で行ったら1時間なのに」と言うと、久保田先生は「そういうのが大事なんだよ」とケロッと話されました。きっとそういう旅のなかでは、先生と学生でさまざまな話が繰り広げられたのだと思います。

また久保田先生には破天荒な一面があります。ゼミ生は自分にはないおもしろさを先生に感じていたと思います。ある日、こんなことがありました。わたしが3年生のとき、夕方からゼミ生で久保田先生の家で食事をすることになったのですが、大雨が降ってきました。久保田先生の自宅は山のなかにあったので、予定ではハイキングを兼ねて歩いていくことになっていました。しかし外は大雨です。タクシーを呼ぶのかと思いきや、久保田先生は撮影用のライトを持ち出し、暗い山道を照らし、雨のなかゴミ袋をかぶって、山のなかをずんずんと歩いていきました。そのとき、わたしはヒールを履いていましたが、先生とゼミ生と一緒にどろどろになって歩き、1時間後に先生の家に到着しました。しかし、そういう経験が初めてで楽しくて仕方がなかったことを覚えています。そういう先生の破天荒なところ、学生には思いつかない行動をされるところも、ゼミ生が先生に感じた魅力の一つであったと思っています。

先生から学習課題は提示されるけれど、それに対する手順や細かな指示はいっさいなく、学生同士でなんとかするしかないというなかで深まるゼミ生同士のきずな、学生と行動を共にするという先生の姿勢によって構築される、先生と何でも話し合える関係性という土台があるからこそ、実りのあるプロジェクト学習が成立しているのだと思います。プロジェクト学習には学習者が学びに従事することが求められていますが、ここでの学習者は、個人ではなく学習者同士なのだと思います。学習者同士が話し合い、授業のなかだけではなく、授業外においても気がつくとついついプロジェクトのことを考えてしまう状態です。そして、この状態は教員にも求められていることなのだと思います。ついつい授業外でも、どうすればプロジェクト学習がうまくいくのかを考える、どういうテーマを設定したらよいのかを検討している、そういう教員にこそ本物の、真正のプロジェクト学習を学生とつくりあげることができるのだと考えています。

▼ゼミ活動における真正な評価

大学の授業には評価がつきものになっています。特に今は、18歳人口が少なくなり20年前と比べると半分くらいに減少しています。その一方で、大学への進学率は20年前の倍くらいになっています。学力試験を伴わない入学試験も増え、学習動機や学力に多様性のある学生が大学に入っているといえるでしょう。そうしたなかで、卒業をする段階で学生の質を保証しようという動きが強くなってきています。文部科学省は大学がＩＲ（Institutional Research）をする組織を整備して、学生に対して入学時調査や卒業時調査を推奨しています。大学で学生の能力がいかに伸びているのか、質を保証しているのかを確認しようとしています。このような背景から大学での成績評価はその質保証の観点からしても重要なことだといえます。こうしたプロジェクト学習を行なっているゼミではどのように学びを評価すればよいのでしょうか。

当時、大学の成績は優、良、可、不可でつけられていました（現在は優の上に秀があります）。1、2年生の間は学期が終わる頃に「優がいくつあった」、「不可があった」など、友人同士で騒いでいましたが、そうした評価に対する概念が久保田ゼミに入り、少しずつ変わってきました。ゼミでの成績は優でしたが、成績の意味は自分にとってはあまり大きくなかったように思います。そういう考え方になったのはやはりスタディツアーの報告会をしたことが関係しています。報告会は高槻市の施設を借りて実施していたため、一般の人も多数足を運んでくださいました。そこには高槻市の高等学校の先生も来てくださっていました。それが当時、大阪府立芥川高等学校の教員をされていた出水正一先生です。出水先生は報告会のあと「ぜひ高校でも同じようなワークショップを実践してほしい」とオファーをくださいました。「わたしたち大学生が高校の授業で話ができるなんてとてもすごいことだ」とわたしは素直に思い、とてもうれしく感じていました。そのオファーはわたしにとっての報告会に対する評価だと感じました。評価とは数値や割り当てられた観点で提示される方法もありますが、当時のわたしにとっては成績よりも、目の前にいる人からの言葉がそのまま自分たちの取り組みに対する評価になっていると考えるようになっていました。その後、報徳学園高等学校など他の学校からも依頼をいただき、わたしたちは数校を回って報告会を行いました。また、出水先生には高校での報告会実施後もご縁をいただき、大学のプロジェクト学習の一環として、芥川高校の授業に継続的に参加させていただく機会を得ました。そうした関係性を続けられることが、本物の「真正の評価」であると認識しています。もちろん、大学としてある基準に沿って成績をつける必要はありますが、それだけが学生にとっての評価ではないとわたしは考えています。プロジェクト学習では学習課題を取り巻く人びととの関係性が、そのまま評価として学習者にフィードバックされると確信しています。フィリピンでのプロジェクト学習は「教員から出された問題に対して答え、それに対して解答をもらう」という子どもの学び（ペダゴジー）から「自分の課題を自ら発見して、解決に導いていく」という大人の学び（アンドラゴジー）へのシフトがなされていたのではないかと思います。そのシフトにともない、大人の学びにおける評価はプロジェクト学習に関わる方々との関係性そのものであるとわたしは感じ、評価への考え方も変わったのです。

▼ゼミでの学びを生かしたキャリア選択

ゼミでの活動に没頭し始めてきた3年生の終わり頃から就職活動が始まりました。久保田先生からは「10年後の自分を考えて、今を生きていくのだ」ということを再三再四言われていました。わたしは10年後の自分を考え、国際協力の分野で貢献したいと思っていたのですが、たんに学部を卒業しただけの学生を雇用してくれる国際開発組織はありませんでした。そこでわたしは大学院へ進学し、教育工学の専門性を身につけることを目指しました。大学院では久保田先生の研究室に入りましたが、研究室ではチームティーチング制度を導入していることが一つの特色となっていました。そのため、わたしは水越敏行先生、竹内理先生からも指導を受けることになりました。３人の先生に指導をいただけるとても恵まれた研究室でした。修士課程では、遠隔教育について研究を進める傍ら、FASID（国際開発機構）による大学院生向けフィールドワーク研修に参加し、フィリピンに2週間ほど滞在したり、ＪＩＣＡ（国際協力機構）フィリピン事業所に1か月半ほどインターンとして勤務をしたり、大学院生としての特権を生かしてさまざまな国際協力の取り組みに参加してきました。

学部生の頃は久保田先生が敷いてくれたレールの上で学んでいましたが、自分の方向性を見いだせた修士課程からは、久保田先生の足場かけの段階から飛び出し、自分の決めた方向性に向かって自ら歩んでいく段階にきていたと思います。なかでもフィリピン技術教育技能開発庁（Technical Education and Skills Development Authority：TESDA）の下部組織で、１９９１年には日本政府の援助で設立されたTESDA女性センター（ＴＷＣ：TESDA Women's Center）でのＪＩＣＡのインターンとしての経験は、わたしの進路選択に大きな影響を与えました。わたしのインターンとしての業務は大きく二つあり、①女性センターに勤務しているスタッフ向けのＷＩＤ（Women in

Development）のワークショップの企画、運営をすること、②Audio Visualのワークショップを担当することでした。①に関しては、ＷＩＤ分野における専門家の選定をして、打ち合わせをし、女性センターのスタッフ向けにワークショップを実施し、その評価を行いました。修士1年生だったわたしがこれらのプロセスをすべて英語で進めていったこと、ワークショップが成功裏に終わり、ＪＩＣＡの担当者からほめていただいたこと、いろいろな方にサポートしていただいてできたことではありましたが、今思えばよくやったなと思います。また②のAudio Visualのワークショップはわたしが講師を担当しました。総合情報学部に在籍しているときに、基礎的なカメラ撮影の技術や編集の技術を身につけていたため、それらを活かしたワークショップを運営できました。しかし、インターン先では失敗もたくさんありました。ファックスの送り方、会議を開催したときのはじめのあいさつ、フィリピンの交通事情のことを考慮しておらず渋滞で遅刻をしてしまったことなど、社会人としての基礎力を身につけていなかったわたしは、そのつどインターン先の担当者から指導を受けました。その際実感したのは、やはり企業で務める経験をもったうえで、国際協力の世界で貢献したいということでした。

そこで、わたしは修士号を取得したあとは、企業に就職をすることに決め、プリンターや複合機を販売している大手機器メーカーで働くことにしました。大手企業で働くことで一通りの社会人としての資質が身につけられ、そこでのノウハウを途上国にも還元できると思ったのです。企業人として勤務し、経験を積み、いずれ青年海外協力隊に現職参加をするつもりでいました。しかし働いているうちに、また進路に悩むようになってきました。久保田先生からは10年後の自分を思い描くように何度も話されていたので、自然とわたしも10年後の自分を描きながら進路を選択していたのですが、企業で見えてきた10年後の自分がどうもしっくりこないのです。マネージャーになって今と同じプリンターを販売する部下を指導するという自分の10年後の姿です。当時のわたしにとって、その姿は魅力的には思えませんでした。それより修士課程で研究していたことをもっと深めていきたい、教育工学を極めて大学で研究者としてやっていきたいという気持ちが出てくるようになりました。また年齢も26歳を超えて、結婚をして子どもをもちたいという思いも出てくるようになっていました。そんなとき、大阪にいた母が脳疾患で倒れてしまったこともわたしを悩ませました。当時わたしは東京で勤務をしていたため、倒れた母の介護をどうしていくのかという問題も抱えていました。個人の考え方にもよると思いますが、年齢を重ねると、自分の気持ちだけで進路を判断しきれなくなるということに気づいたのもこの頃でした。

そのとき、10年後の自分がどうありたいのかについて再び考えました。最終的に自分が自分らしく生きていくためには、国際協力の世界には貢献したいけれど海外に行くことはできない、日本にいながら国際協力に貢献したい、そのためにももっと教育工学の分野について研究を進めたいという結論を出しました。その後、約４年勤めた会社を退職して大学院に進学し、教育工学の研究者としての道を歩んでいくことに決めました。

▼母としてのキャリアと支援を得ながらの子育て

関西大学博士課程に進学し、教育工学者としての方向性を定めたわたしでしたが、本当に大変だったのはそれからでした。わたしは27歳で結婚し博士課程に進学しました。そして、博士課程２年めに第１子を授かりました。出産後は、しばらく自分で子どもをみていたいという思いがあり、１歳９か月まで保育園に入れずに、自宅で子どもを育てました。大学の籍はそのまま置いていましたが、ほとんど大学院に行けず、小さな息子を抱えての論文執筆は思うように進みませんでした。博士課程３年めには第２子を授かりました。第２子は３か月から保育園に預かってもらい、研究を進めました。しかし、一度だけ研究者としての道をあきらめようと思ったことがあります。それは第２子が０歳児で入院をしたときです。わたしは付き添い入院をして10日ほど家を空けていました。そのとき、幼い子が入院している姿、また第１子が、わたしが自宅から病院へ行くのを嫌がり泣く姿を見て、このまま大学院生を続けていてもよいのかがわからなくなりました。そんなとき、父が「絶対にやめてはいけない。何でも手伝うので頑張れ」とかけてくれた言葉に救われました。それまでは、わたしは大学院生で働いているわけではないので、1人で何でもしなければいけないと思い込んでいましたが、まわりの方々の助けを素直に積極的に借りようと思えるようになりました。夫、父、義理の母からの手助けを受けつつ、ファミリーサポート制度を利用して子どもを預かってもらったり、シルバー人材センターによる家事サービスを利用して家事を助けてもらったりと、市が提供しているさまざまなサポートを活用しました。

本書の読者には、将来子どもをもつ選択をされる学生もおられると思います。おそらく、今後は今まで以上に男女ともに生涯働いていく時代になるので、母になった女性は、育児とキャリアのことを考える時期があるでしょう。子どもは自分の思い通りにはなりませんし、子育てには休みがなく、本当に大変です。しかし、子どもがいることで日々の生活が愛おしく思えることはまぎれもない事実です。わたしにとって2人の息子の存在はかけがえのない、自分よりもずっとずっと大切な存在です。キャリアと子育てを考えるときは、自分1人で解決しようとせず、家族や保育園の先生に助けを得たり、市のサービスをうまく利用したりしながら、みんなで子どもを育てる環境をつくることができればよいと思っています。第2子が0歳から6年間お世話になった保育園を卒業するときに、園長先生から「お母さん、3人め産み！　わたしらが一緒に育てるから」と言われました。結局、3人めは生まれませんでしたが、いろいろな方に支えてもらうことで、子育てをしながら、キャリアを大事にしていくこともできるのではないかと思っています。実際、わたしは多くの方々の協力を得て、無事博士論文を執筆して、就職先が決まり、現在に至ります。

そして、子どもたちは小学生、中学生へと成長しました。子どもの手が離れてきて思うことは、キャリアにはいろいろなステージがあるということです。この時期は子育ての時期でしたので、思い通り仕事ができるわけではありませんでしたが、子どもたちと向き合えるかけがえのない時期でもありました。いまは子どもたちとの時間を大切に、仕事を少し緩やかにする、まわりからの助けも受け入れるといった具合に、キャリアと子育てのバランスをうまくとっていくことが重要であることを実感しています。同時に、この時期は家族全体でそれぞれのキャリアを考えるステージでもあったと思います。わたしが1人でキャリアを考えると、仕事と育児の両立や家族との関係性はうまくいかなかったと思います。わたしのキャリア、夫のキャリア、育児を手伝ってくれる父母のキャリアなど、家族全体でみて、それぞれが何を成し遂げたいと考えていて、どういったキャリアステージを歩んでいくのが望ましいのかを、長い目で、家族全体で考えることを大切にしました。

▼今後の展望、わたしの野望

久保田ゼミのスタディツアーというプロジェクト学習を機に、わたしは「大学で学ぶこと」、「評価」に対する考え方が大きく変わり、自分がどうなりたいのか、何に向かって生きていけばよいのかがだんだんと見えてくるようになりました。その背景には、プロジェクト学習の学習課題の設定、久保田先生による足場かけ、ゼミ生同士の関係性、ゼミ生と先生との関係性が影響していました。そしてこうした学びに関わるには、まず挑戦してみようという気持ちが大切だと考えています。わたしがハワイ大学とのメール交換プロジェクトに参加した際も、「何かおもしろそう、やってみたい」というちょっとした勇気が今の自分を生み出したと思います。久保田ゼミを選択した際も「おもしろそう、挑戦してみよう」と思ったことがきっかけとなっています。失敗を恐れて安全な道を選択する方法もありますが、大学生には失敗をしてもいいので、ぜひいろいろなことにチャレンジしてほしいです。

そして「10年後の自分」を考えながら生きていくことを大事にしてほしいです。「10年後のなりたい自分」を想像することで、逆算して、今をどう生きるか、これからどんな風に生きていけばよいのかが明らかになってきます。わたしは、教育工学者として生きる道を10年後の自分として設定していました。しかし、今後の10年はどうでしょうか。先日、学生から「先生の夢は何ですか？」と尋ねられました。そして、その質問に即答できなかったことをわたしは反省しました。最近は身近な問題にとらわれて、10年後の夢を語ることができていない状況になっていました。学生からの質問を機に、その10年後を考え、今後はそれに向かって邁進していきたいと考えています。

読者のみなさんに「10年後の自分」が見つかり、これと決めたことがあれば、「自分でダメだと思わない」ことも大事にしてほしいです。わたしは博士論文を書きあげる際に久保田先生から厳しい指導を受け、くじけそうになることもありました。しかし「この道と決めたから自分を信じてやり抜く」と自分に言い聞かせてやってきました。自然と強い自分へとなっていました。個人の性格もありますが、学生のみなさんには自分の可能性を決めつけず、あきらめないで挑戦をしてほしいと思います。以前、息子たちとリビングでテレビを見ている際に、ノーベル賞の発表がありました。わたしは何気なく「ママはこういうノーベル賞をもらうのは無理やろうな」と話しました。それは物理学賞や生理学・医学賞だったので、無理だという意味だったのですが、小学生だった長男は「だめと思ったら、そこで終わり。頑張らなあかん」と言ってくれました。知らず知らずのうちに、久保田先生から学んできたことが、子どもにも伝わっていてうれしい瞬間でした。

こうした久保田ゼミから広がっていったキャリアですが、久保田ゼミの取り組みが制度として保障されているかというと決してそうではありません。学生を海外に連れていく際の保険や大学での制度面からすれば、課題がまったくないとはいえません。今後わたしは、「久保田先生から学んだことを自分なりの表現で広めること」、「久保田先生にはできなかったことを成し遂げること」をしていきたいと考えています。

まずは「久保田先生から学んだことを自分なりに広めること」ですが、現在わたしが関わっているライティングセンターの例をあげます。ライティングセンターでは学部生の抱えるレポートやプレゼンテーションに関わる相談に対し、大学院生であるチューターが相談に対応するという学習支援を提供しています。わたしはプロジェクト学習の経験から、レポートやプレゼンテーションなどで内容が豊かでよいものをつくり出すには、やはり「誰かにある思いを伝えたい、表現したい」という気持ちが重要になると考えています。アメリカのライティング教育ではこのようなことをふまえて、自分が表現したいものを表現するクリエイティブライティングというものが重視されています。教員から指示されたレポート課題やプレゼンテーションであれば、なかには学生が関心をもてないものもあるため、自分が書きたいという思いをもてないために、よいレポートを書くことができない、どう表現してよいのかがわからないということが起こりえます。現在、日本でのライティング教育は技法が中心となっており、テーマについての議論は十分にはされていません。しかし今後は、こうした学習者にとっての意義をライティング教育・学習のなかに導入していく必要性があると考えています。わたしは大学教育の質向上を担うミッションを掲げている部署に所属しています。そのため、これまでの経験や、研究活動で明らかになった事柄を教育現場で生かしていくことができるように努力したいと思っています。

また、久保田先生の取り組みはゼミの範囲にとどまっているといえます。他の学部や大学でこうした取り組みを導入するには、どういったところに気をつければよいのかを検討することなしに、よりよい取り組みを広げていくことは容易ではありません。まったく同じプロジェクト学習を広めるのではなく、その骨子を重視し、定着しやすい持続可能な取り組みを実施へとしていくのかが、わたしに求められている役割であると思っています。わたしは、久保田ゼミで学んだことを活かし、大学教育の学習環境をデザインするプロセスで、今後も、学生が「一生をかけて取り組みたいことを見つけ、そこに向かって全力で取り組んでいくことができる環境」、「壁があろうとも強い志と、たくましさと、勇気をもって人生を歩んでいくことができるちょっとしたきっかけを提供したい」と目論んでいます。

コラム１

自分と向き合うコツを学んだゼミ

大塚　立子

わたしは総合情報学部が設立されて4年めの学生でした。ちょうど1年生から4年が揃った年です。

総合情報学部を選んだのは、大好きな地元である石川県の某テレビ局で、新たな発見や学びをしながら取材し、それを発信したいと思ったからです。学生時代は大阪府内の2局で報道カメラアシスタントのバイトをしたりラジオ局での事務をしたりしていました。といっても、大学のなかで自分の将来に関連することや、実務に結びつくことを学べている実感がなく、当時は退学を考えたこともありました。

ところが、大学2年次のゼミ選択の際に久保田ゼミのことを知り、ここで学びたい、と思いました。フィールドワークと実践を重んじている強烈な印象でした。ゼミの志望欄には第1志望のみ記載し、それ以外を白紙で提出しました。思いが通じ無事に久保田ゼミに入ることができました。

石川県能登半島、輪島から出てきたわたしは、父に「4年かけて師と仰げる師と、友と呼べる友を見つけてこい！」と送り出されていました。3年から始まったゼミでしたが、退学しなくてよかったと心から思います。

毎回みんなでテーマを決めたディスカッション。久保田賢一先生（以下、クボケン）は見守り、掘り下げた突っ込みをくれました。愛のある突っ込みです。答えに詰まることもあるなかで、ゼミ生たちは自身とその思いに向き合う習慣を身につけました。喫煙率が高かったわたしたち4期生は、あるときは「なぜヒトは禁煙が難しいのか」というテーマで議論したのを覚えています。哲学カフェのようです（みんなしっかり社会に出て禁煙しています（笑））。

クボケンは二言めには「だからどうなんだ？」、「10年後どうありたいんだ？」といつも問いかけます。4年生になっても「就職？　したくなかったらしなくていいんだぞ」、「何になりたいか、ではなくどう生きたいかということなんだよ」と言ってくれました。とてつもなくスケールの大きい問いを、問い続けてくれました。それも決して詰めるような口調ではなく、ニヤニヤ笑いながら。クボケンをはじめ、ゼミ仲間との深い対話によって、「自己と向き合う・現実に向き合う」という、人生において大切な軸ができたと感じています。

わたしは、久保田ゼミでしっかり父からのミッションもクリアしました。

「師」と「友」との出会い。見つけようと思って見つかるものではないけれど、この出会いによってわたしは人生で一番大きく成長できたのかもしれません。

久保田ゼミでの経験をとおしてわたしが得たものは、「自己と向き合う問い」であると思います。その思考経路が自然と身につき、今のわたしがあるといっても過言でありません。ゼミでは、この何よりも大切なものを学ばせてもらいました。生き抜く力ともいえます。在学中に休学し、したいことだけした1年間があります。

同じ年に生まれたというだけでみんな同じスピードで歩んでいることに違和感もあり、モラトリアムともいうのでしょうか、点線をひいて実線を引いていくような方法ではなく、散らばった点だったらどうなるのか、試したかったのです。1年間行きたいところに行き、この人に会ってみたいと思った本の著者に会いに行くなど「したいからする!」というシンプルな行動の連続でした。休学したというと、みんな「留学?」、「どこ行ってきた?」と聞いてきます。「コレ!」とまとめて言えることはしませんでしたが、1年間の散らばった点はしっかり線になりつながりました。やりたいことだけしていいんだと思えるようにもなりました。やりたいことにエネルギーを集中できることの幸せも感じました。そのおかげで、就職活動もしぼりきった3社のなかでもダメもとで挑んだ第1志望の地元の放送局に合格しました。マスコミ対策や面接対策などはいっさいしていませんでした。大きな意味があると思えなかったからです。放送局に入社したい学生の多くはさまざまな局に応募していました。そんななか、放送局はそこしか受けませんでした。なぜ放送局で取材発信する仕事がしたいのか、どうしてその局でないといけないのか、自分のなかでは何を聞かれても即答できたからかもしれません。正解ではなく、求めている回答でもなく、自分の思いを伝えるということができていたのかもしれません。クボケンの掘り下げた問いが、完全に身についていたのは確かです。5次まであった面接では、毎回悔いなく自分を出し切れてとても楽しかったのを覚えています。大切な問いをくれ、自分の思いと向き合う習慣をつけてくれたクボケンのおかげです。

その後「どう生きたいか」とまた考え、退職するあたりもわたしらしいと思いますが、生きたい生き方をできていることに感謝しています。なりたい人にはまだなれていませんが、大切な人たちに支えられて楽しく生きています。どんなときも、ベースに流れているものは同じです。それがわたしの思考・行動の根っこにあります。子育てにおいても「どうしたいか、どうなりたいか」ということを尊重し続けられる母親でいたいと思います。クボケンの「何になりたいかではなく、どう生きたいか」という問いは現代最も大事なのではないでしょうか。これは進路を選択する高校生に必要だと思ったことがきっかけで、石川県輪島市の公立高校に提案し、キャリア教育の一環として「かたらんけ（輪島弁で、語ろうよの意味）」という対話の場を3年にわたりつくることにもつながりました。

「かたらんけ」は、いろいろな生き方・働き方をしている熱い大人たちと高校生のざっくばらんな対話の場です。何かに向かうとき、受験を含め「こうしたい!」、「こうなりたい!」がなければ頑張れなくて当然、出し切れなくて当然だと思います。わたしには2人の娘がいます。えらそうなことは言えませんが、「したいと思ったことは必ず実現できるよ」と話しています。娘にも将来、可能なら久保田ゼミで有意義な学生生活を送り、人生の軸を見つけて幸せに生きていってほしいと思うほどです。次の5年、10年どう生きたいか。そろそろまたクボケンに語れるくらい自分と向き合っておかないといけませんね（笑）。

家族と久保田先生

コラム２

たくさんの人との出会い

小西　雄希

今振り返ると驚きいっぱいの久保田ゼミでした。２０００年、大学２年生のわたしがゼミの選択を迫られたときに、海外留学や国際関係に興味のあったわたしが漠然と「グローバルイシュー」という言葉に興味をもち、「どんな活動をするんだろう?」と久保田ゼミの説明会に足を運びました。それが久保田ゼミ、久保田先生との出会いです。その説明会では、先輩たちがフィリピンやタイでのフィールドワークの報告をしていました。その内容はフィリピンのストリートチルドレンやスモーキーマウンテンで暮らす子どもたちの様子を撮影したもの、タイの山岳部の少数民族のことについての取り組みを撮影したものの発表でした。何よりも、鮮明なクオリティの高い映像での報告、堂々と自分たちの言葉でプレゼンテーションをする姿に衝撃を覚えました。そして、その報告をする先輩たちの装いは、発展途上国に行くような感じの服装ではなく、キレイめな格好なのに、その話っぷりは力強いものでありました。そのギャップにも惹かれ、このゼミでいろいろなことを学びたいと思うようになりました。

ゼミへ入るための面談においては、「なぜこのゼミに入りたいのか」、「このゼミで何をしたいのか」などの質問を先輩から受けました。「それで?」、「だから?」と問われたわたしは、しどろもどろになりながらも一生懸命に答えたのを覚えています。そして、２年生の冬に高槻のセミナーハウスで新入生歓迎のようなワークショップを行なったのを鮮明に覚えています。今までの勉強は暗記がほとんどで、そのようなアクティビティを用いたり、ディスカッションをしたりすることには慣れていませんでしたが、アクティビティをとおした出会いのなかで、一緒に話し合ったり、主体的に考えたりする体験がとても楽しかったです。

期待に胸を膨らませて臨んだ3年生第1回めのゼミ。「先生はイギリスへ半年留学されるので、自分たちで勉強を進めてください」との通知。そして大学院生が担当してくださるという形でゼミが始まりました。そのようななか、自分たちでゼミを進め、一番の目標にしていた海外へのフィールドトリップについても、自分たちでいろいろと調べ、人を介してつながっていったこと、「あーでもない、こーでもない」と口論しながらなんとか3年生の夏にフィリピンや東南アジアへ行き、さまざまなリサーチができたことは本当に大きな経験でした。今から思うとよくやったなと思います。そしてフィリピンでの協力隊の方々との交流、ハウスオブジョイでの孤児たちとの交流、地元の小学校での文化交流などたくさんのことを行いました。それだけではなく、いろいろな人との出会いとつながりによってさまざまな学びがありました。

出会った人とのつながりは卒業してからも続いています。他にも、先輩や後輩たちと先生のお宅でのパーティでお会いし、先生が企画したフォーラムをとおして知り合った方々ともつながっています。このような人との出会いをとおして、その人からいろいろな影響を受けながら成長していくことのできる久保田ゼミは、わたしにとって本当に大きな宝物です。家族共々恒例のお芋掘りには参加させてもらい、そこでもたくさんの出会いを与えてくださっています。

6

タテとヨコ、ときどき教授

河野敬子

▼現在のわたし

わたしは現在、東京で開発援助を本業とする企業がメンバーの業界団体で人材育成、広報、人材確保とともにキャリアコンサルタントとして仕事をしています。趣味は旅で、山登りと温泉が好きです。長期休暇中は実家の用事（高齢の母、ひとり暮らし）があるため、海外旅行は年に１回程度。もっぱら旅は国内で、月１～２回程度ちょこちょこ出かけています。現在、ヨーガセラピストの勉強中で、まずは自分がワクワク生き生き過ごせるように、そして、身近な人たちもワクワク生き生き過ごせるよう、生きやすくなるサポートができればと考えています。

まずは、今の生活の大半を占めるわたしの仕事からお話しします。わたしが働いているのは、主に国際協力機構（ＪＩＣＡ）が行う、年間およそ６００件に上る政府開発援助（Official Development Assistance：ＯＤＡ）のプロジェクトを現地で実施する「開発コンサルタント」と呼ばれる人たちが所属する、開発コンサルティング企業の業界団体です。日本には、このようなＯＤＡプロジェクトを手がける民間企業が１００社程度あり、現在その89社がわたしの所属する業界団体に所属しています。いろいろ小難しい言葉が出てきて、この時点で混乱する方もいるかもしれませんが、少々お付き合いいただけるとうれしいです。

「開発援助」は「開発」途上国に対しての「援助」という意味です。開発途上国とは、経済発展があまり進んでいない国や、その途上にある国のことをいいます（すでに発展している国に対して使われる言葉で、個人的には経済のみを指標にしたこの言葉はあまり好きではありませんが便宜上使用します）。具体的には、東南アジア、アフリカ、中南米、東ヨーロッパ、大洋州などの地域に点在する国々で、世界１９６か国あるなかで１５０か国程度が開発途上国に値するといわれています。詳しく知りたい方は、開発援助委員会（Development Assistance Committee：ＤＡＣ）の「援助受取国・地域リスト」で確認してみてください（外務省２０１９）。「開発援助」とは、そのような国々に対して、主に経済発展を遂げた先進国と呼ばれる国々が行う援助のことをいいます。最近、この「開発援助」という言葉は時代遅れなのかなと思うことが多々あります。グローバル化が進み、インターネットが普及した今、途上国のほうが進んでいることもたくさんあります。そのため、一方的に行う援助というよりは双方向で助け合う・学び合う形、援助というより関係性のほうがしっくりくるような気がしてきているのですが、ここでは先進国が開発途上国に行う「開発援助」で話を進めます。

今は先進国となった日本も、一昔前は開発途上国と同じような課題を抱えていました。栄養や医療が行き届いていなかったり、インフラが整っていなかったりした時代です。しかし、さまざまな方たちの努力により、日本は戦後の復興と高度経済成長を果たし、便利で豊かな国になりました。それは、日本の努力だけで成し遂げられたものではなく、先進国からの支援があってのものでした。具体的には、黒部ダムや東海道新幹線、東名高速道路などが有名ですが、このような大規模なインフラ整備には多くの資金が必要でした。その資金は、海外からの支援（借金）によるものであり、その返済が完了したのは１９９０年と最近のことです（世界銀行ｎ．ｄ．）。

便利な生活が当たり前で過ごしていると、交通網が発達していたり、きれいな水が身近にあったり、電気がいつでも使えたりすることにありがたみを感じることはないかもしれませんが、日本が今のような生活ができるようになったのは、つい最近のことなのです。先進国となった日本は、自分たちだけでなく、開発途上国の人たちも便利な暮らしができるように、国として「開発援助」を行なっています。このように、国の公的な資金を使って行う援助を政府開発援助（ＯＤＡ）といい、日本の２０１７年度の支出総額は、約2兆７１０億円、２０１４年度から世界第4位でしたが、最近では久々にアメリカ、ドイツに続き第3位となっています（外務省２０１９）。

日本国内でも解決しないといけない課題は多くあるのに、こんなにたくさんのお金を開発途上国のために使って、けしからんと怒る方もいらっしゃると思います。しかしながら、グローバル社会のなかで、資源に乏しく、多くの国々に依存しながら、今の生活環境を維持している日本にとって、ＯＤＡの事業を通じて、開発途上国の課題を解決することで、国際社会のなかで信頼を得たり、日本ってよい国だねとファンを増やしたりすることは、日本が平和で安定した状態を維持するためにも大切なことなのです（外務省ｎ．ｄ．ａ）。

そのようなＯＤＡ事業の多くは援助実施機関と呼ばれるＪＩＣＡによって行われています。しかし、年間６００件もあるＯＤＡのプロジェクトをＪＩＣＡ職員だけで行うことはできません。そのため、ＪＩＣＡは開発コンサルタントや専門家、それをサポートするスタッフなどと連携してプロジェクトを行なっています。コンサルタントという仕事は、クライアントに対して、技術サービスを提供するのが仕事ですが、ＯＤＡのプロジェクトでは、調査や設計、入札・調達支援、施工管理、人材育成などのサービスがコンサルティング業務であり、開発コンサルタントは、それらの業務を実施する大切な役割を担っています。つまり、開発コンサルタントとは「開発援助」に関わるコンサルティング業務を行なっている人たちのことをいいます。

さて、やっと「開発コンサルタント」までたどりつきました。すでにお話しした通り、わたしが働いているのは、開発コンサルタントが所属する開発コンサルティング企業の業界団体です。海外でのコンサルティング業務を行う企業を対象とした類似の業界団体は他にもありますが、分野横断的な業界団体はわたしが所属する団体のみです。分野横断的というのは、あらゆる分野で開発援助に関わる企業を対象としているという意味です。開発コンサルタントが活躍する分野は非常に幅が広く、ＪＩＣＡのホームページに示されているように「世界が抱える課題への取り組み」です。具体的には、教育、保健医療、水資源、ガバナンス、平和構築、社会保障、運輸交通、情報通信技術、資源・

エネルギー、経済政策、民間セクター開発、農業／農村開発、自然環境保全、水産、ジェンダーと開発、都市開発・地域開発、貧困削減、環境管理、南南・三角協力、気候変動、防災、栄養改善、と人間が生きていくうえで必要となる課題を網羅したものになっています（国際協力機構 n.d.）。開発コンサルタントの多くは、これらの課題に即したプロジェクトに対し、それぞれがもつ専門性と経験で業務を行います。ＯＤＡのプロジェクトは、開発途上国で実施されるものがほとんどなので、開発コンサルタントは数週間から数か月のプロジェクトに参加しながら、日本と途上国を行ったり来たりしており、合計すると1年のうち半分以上をさまざまな開発途上国で過ごしています。

わたしはもともと人材育成が専門ということもあり、開発コンサルタントの能力向上をサポートする人材育成の業務を担うためこの団体に就職しました。しかし、現在は、人材育成の仕事のほか、世のなかにほとんど知られていない「開発コンサルタント」という仕事を正しく知ってもらうための広報活動やこのような仕事に就きたい方々をサポートする就職支援、意見交換会や総務などの事務局業務も担っています。業界団体の主な仕事は、関係省庁（経済産業省、国土交通書、外務省、財務省など）や関係する援助実施機関（ＪＩＣＡ、世界銀行、アジア開発銀行など）との意見交換をとおして、開発コンサルタントのビジネス環境を改善することです。そのため、毎日さまざまな人たちと話をします。多様な業務を並行して行なっていますが、その多くを自分の意思決定で行える今の職場はわたしには合っていて、職場で気がつけば15年めを迎えます。その間、職場では組織変革があったり、プライベートでは家族が亡くなったり、病気になったりといろいろとありましたが、今は、元気に世界中で活躍する開発コンサルタントの人たちと一緒に、楽しく充実した仕事ができているのはとてもありがたく幸せなことです。仕事に費やす時間は、起きている時間の多くを占めます。そういった意味で、仕事が楽しく充実しているということは、日々の生活が満たされていることであり、結果としてわたしは幸せな人生を歩めているなと日々実感する今日この頃です。

▼現在のライフを構成する大学ゼミでの経験

大学のゼミの話の前にさらに少し遡ります。わたしは、高校1年生のときに初めて海外に行きました。わたしが住んでいた市が、姉妹都市であるカナダのモントリオールに高校生を派遣するサマーキャンプに参加した際、世界は広くて自由だということに気がつきました。勉強についていけず、窮屈でつらく息苦しい毎日を送っていたわたしを救ってくれた、教室のうしろに貼られた1枚の募集要項のことは、今でも鮮明に思い出すことができます。英語も苦手で海外志向があったわけではなく、サマーキャンプでいろいろなスポーツが楽しめることに惹かれて応募したのですが、なぜ日本人なのに日本での生活がこんなにつらいのだろうかと息苦しく思っていたわたしが、初めて呼吸ができたと感じた瞬間でした。その体験から、将来はわたしと同じように窮屈で息苦しく感じている人がいるならば、世界は広くて自由であることを伝えられる仕事に就きたいと思っていました。ただし、どんなところに就職すればこのような仕事ができるのかはわかりませんでした。

初めての海外体験がきっかけで広くて自由な海外に興味をもつようになりました。外国人の友達ができ、英語の勉強をし、日本の外国語大学が所有するアメリカの短大に進学しました。ここへの進学理由は、本校である日本の4年制大学への編入率が日本国内の短大からよりもはるかに高かったからです。つまり、わたしは日本の本校への編入を目的にアメリカの短大に進学しました。ところが、編入試験の結果は補欠合格で、最終的に欠員が出ず、不合格、浪人することになりました。当時はすっかり落ち込みましたが、この不合格がなければ、今のわたしはありませんでした。

当時、日本の大学では、アメリカの短大資格では編入学受験資格を与えてもらえないところが多く、途方に暮れていたのですが、関西大学の総合情報学部はアメリカの短大卒業でも受験資格を与えてくれました。また、当時まだ聞きなれない情報学という新しい学問を学べるというのも好奇心旺盛なわたしには興味深く、迷わず受験し編入することになりました。しかし、日本の大学で一般教養も学んでおらず、ＩＴ知識も皆無のわたしにとって、編入してからの1年はとてもつらいもので、この選択は正しかったのだろうかと悩んだこともありました。アメリカ留学で、苦手なこともある程度努力して勉強すれば、わかるレベルに達し、学びが楽しくなることを体得していたこともあって、どうにか1年過ごしてゼミが始まる3年生を迎えることができました。

ここからが本題のゼミの話です。他のゼミと異色の「グローバルイシューとコミュニケーション」をテーマとしたゼミであり、開発途上国に多少関心をもっていたこと、スタディツアーがあること、1期生のゼミ紹介を聞いて楽しそうだなと思ったことなどが理由で久保田ゼミを選びました。当時の志望理由はもっと違っていたかもしれませんが、今ある記憶ではそんなところです。わたしは短大卒業後、浪人して2年次編入したため、すでに同期とは2歳、編入組とも1歳差がありました。もともと面倒くさがり屋で、そこに年上ということが手伝い、仕切ってしまうことも多く、20年以上経った今もその関係はあまり変わっていないかもしれません。そのため、いまだにゼミ同期の仲間には迷惑をかけて申し訳なかったなと反省したりすることもあります。現在も、毎年年末に連絡先名簿の更新を行なっており、お互いの近況報告をしています。人生の起伏に応じて、近づいたり離れたり、それでも細く長く付き合っていける仲間なのは、フィリピンでのスタディツアーで寝食共に過ごした体験から始まった人間関係があるからだと思います。わたしは、このスタディツアーで初めて開発途上国に行き、不便だけどなんだか楽しいこと、貧しいけれど幸せであること、先進国より自由だということを知りました。その頃から、「世界が広くて自由だ」ということを、「開発途上国と関わりをもちながら」伝えたいと思うようになりました。

今回の執筆に際し、久々に卒業論文を探してみたところ、わたしは「スタディツアーのインパクトと参加者の変化——ゼミでのスタディツアーを通して」というテーマで卒業論文を書いていました。後輩である3期生が企画したフィリピンへのスタディツアーをとおして、ツアーの前、ツアー中、ツアー後の心境や意識の変化とともに、1期生と2期生からもスタディツアーについてのヒアリング結果をまとめていました。1期生から3期生までのインタビューの結果わかったことを2点書いていました。1点めは、スタディツアー経験者に外向き、内向きの変化があること、つまり外向きの変化としては、国際協力や国際理解への関心が深まりその活動に参加していくこと、内向きの変化としては、自分と向き合うことで自分の知らなかった自分を発見することのような個人内的な変化をあげています。2点めは、スタディツアーの報告会を行うため、自分たちの体験を振り返ることや伝えることをとおして、自分のやりたいことを発見したり、興味のあるものにさらに熱意をもつようになったりするといった変化をあげており、スタディツアーの企画、実施、報告会が一連の学びと自己成長に寄与するため、自ら企画するスタディツアーを推奨するという内容でした。今読むと、2点めは1点めに内包される内容であり、どちらかというと内向きの変化があるからこそ、外向きの変化が現れるのだと思います。いずれにせよ、これらの体験がゼミ生の結束力を高め、仲間として長らく続いている要因であることは間違いないと思います。そして、この卒業論文を書くことをとおして、スタディツアーが一つの役割を果たせるなら、もっと他にもこのような個人の変化を促す役割が果たせるものがあるのではないかと思い、大学院進学を考えるようになりました。

久保田ゼミは、教授が教えることはなく、主役であるゼミ生自らが考え、共有し、創造する、そして教授はその環境をつくる／サポートする役に徹したゼミでした。課題は与えられますが、それをどう解決に導くか、その手段も方法もゼミ生同士で考えます。ゼミ生は、それぞれ個性豊かで考え方が異なるケースも多くありました。そのようななかで、課題を解決するために、みんなで合意し、意思決定し、行動につなげていく一連の経験は、決められたことを決められたように行う場ではなく、自由度の高いこのゼミの場だったからこそできたのではないかと思います。最終的に解決に至らないことがあっても、そのプロセスは大きな学びであり、その経験は、次の課題解決に役立つだけでなく、小さなことでも計画したことをやり切った達成感を生み出し、ゼミ生自らの自信、自己肯定感の醸成につながったことと思います。そして、そのようなゼミでの体験は、たんなる大学のゼミ活動にとどまらず、その後の仕事や人生の課題解決にも大いに役立っているのではないかと想像します。なぜなら、多くのゼミ生が、悩みながら努力し、自分らしい生き方を選択し人生を歩んでいるからです。違う道を選んでいても、それぞれが頑張っている姿に時に励まされ、自分が頑張る姿が時にみんなを励ますという関係があるからこそ、いまだに付き合っていけているのかもしれません。また、休学して留学やバックパッカーを経験するゼミ生もおり、学生時代から他のゼミに比べて多種多様な選択をしていた仲間たちを見ることで、同じでなくても大丈夫という安心感があったように思います。ぶれない軸をもつことは、人生１００年時代においてもとても重要なことです。それを20代というまだ若い時代に学べたことはゼミ生にとって一生の財産だと思います。

「構成主義」を知らなかったわたしは、「先生は、場はつくるけれど教えないなあ」と常々思っていましたが、今振り返るとまさに構成主義の実験を日々行なっていたのだなと思います。本章のタイトルとした「タテとヨコ、ときどき教授」というのはそういう意味です。「タテ」は年代を超えたゼミ生とのつながりや学び、「ヨコ」は同期のゼミ生とのつながりや学び、そして「ときどき教授」というのは、タテとヨコの学びの場をつくってくれるとともに、必要なとき、必要なサポートを生身の人間として担ってくれる教授がいるということです。教授が建前ではなく、よいところもどうしようもないところも丸出しの生身の人間として存在しているところがポイントであり、それがゼミ全体の安心感をつくっています。ゼミ生と教授が、持続可能な生態系のように作用しながら存在しているのが久保田ゼミではないでしょうか。相互依存で成り立つこの生態系は、どちらかが欠けると壊れてしまいます。

教授は「俺の役割は背中を押すことだ」と口癖のようにおっしゃっています。「背中を押す」行為は、教授にとって「主体的に世界と関わることを支援する」ということだったのだと思います。まさに押してくれる人がいるから踏み出すことができ、踏み出せたから、自分で知らず知らずにつくっている枠を超えることができ、納得いく人生に近づけているのだと思います。押してくれるというのは「受容してもらえている」という意味でもあります。そのように、自分を受け入れてくれている、信頼してくれている、大丈夫と一押ししてくれる人は、他人でもよいような気がしていません。なぜなら、気がつけば、わたしがその一押しをする役割を現在担っているからです。キャリアコンサルタントという仕事柄、進路相談は日常的なものです。開発コンサルタントになりたいとみんな悩んで相談に来ますが、悩んでいるというより、自分のなかでは決まっているのに１ミリの勇気が足りないという方が多いのです。そんなときは、わたしも教授同様、「大丈夫。やったらいいじゃない」と一押しします。すると、おおむねの方は晴れやかな顔で帰っていきます。以前は、そんな無責任なことは言えないと思っていましたが、今は自信をもって一押しできます。なぜなら、誰もがすばらしい能力をもっていると信じられるようになったことと、今できていないのは、それをうまく生かし切れていない、もしくは自分で自分を枠のなかに閉じ込めているからであり、意志がある人は大丈夫と思えるようになったからです。そういうわたしも大学生の頃は、こうあらねばならないという枠のなかで生きており、すぐに止めたものの、気が進まない就職活動を少しばかりしたこともあります。わたしは、大学を卒業後、１年働いて進学資金を貯め、その後、大学院に進学、ＮＰＯやＪＩＣＡで働いたのち、現在の職場に就職しました。ちなみにわたしが教授に一押ししてもらったのは、大学院修了後のＮＰＯに入るときと、今の職場に入るときです。今の職場には15年もいるので、長らく一押ししてもらっていないのが残念です。

▼今後の展望

わたしは、前述したように「窮屈で息苦しく感じている人に世界は広くて自由であることを伝えられる仕事に就きたい」と思っていました。当時は、どんな仕事に就けばそれが実現できるのかはわかっていませんでしたが、今、わたしはそれに近い仕事をしています。わたしは直接開発援助を行う開発コンサルタントではありませんが、開発コンサルタントと世のなかをつなげる仕事をしています。これからこの業界を目指す方に、世界は広くて自由であり、さらにそこで生きる方たちに役立つ仕事として開発コンサルタントを紹介しています。開発コンサルタントの多様なキャリアパスを紹介するだけで、日本社会特有の終身雇用制度や一括採用、転職はいくつまでといった無意識に信じている「こうでなければ」といった呪縛から解放される方も多いです。それは、窮屈で息苦しく感じながらも一生懸命頑張っている方たちが呼吸できる瞬間であり、この仕事をしていてよかったと感じる瞬間でもあります。

今はまだ開発援助に関心のある方たちとのつながりがほとんどですが、近年、持続可能な開発目標（ＳＤＧｓ）（外務省 n.d.b）への関心が高まってきており、これまで社会課題に関心をもっていなかった一般の企業や大学生・高校生などが関心をもち始めてくれており、開発業界以外の方々との付き合いも急増しました。新しい出会いは新しいアイデアを生み出します。今までは開発業界のなかだけでの掛け合わせでしか進まなかったことが、ＳＤＧｓという共通言語のおかげで、業界外の方とつながることができ、新しい掛け合わせが生まれやすくなりました。今まで開発途上国で仕事をしてきた開発コンサルタントの専門性や経験が日本で活かせる時代がやってきたのです。わたしは、日本国内の社会的課題の解決でも、開発コンサルタントが活躍できればよいなと思っています。理由は2点あり、1点めは、開発途上国の課題と日本の地域の課題は共通点も多く、これまでノウハウが十分生かして何かしら貢献できると思えるため、2点めは、日本で仕事ができれば、日本での滞在期間が延び、介護や育児などの家族との時間が今までより多くもてるとともに、今の日本社会の急激な変化を体感でき、その経験がまた開発援助に活かせると思うからです。その結果、開発コンサルタントがより幸せに、活き活きワクワク働けるのではないかと思っています。

条件のよい大手企業の採用が活発な時代にもかかわらず、社会貢献に関わる仕事がしたい方は増えており、そのなかの仕事の一つとして開発コンサルタントに興味をもってくれる方も増えている印象です。開発途上国を支援する仕事＝国際協力の仕事というのは、無償のボランティアのイメージがいまだに強く、民間企業のサラリーマンとして給料をもらいながら働けるということにびっくりされることも多々あります。女性のコンサルタントも増えてきていますが、男性の仕事だと思われていることも多いです。先進国に比べるとインフラが整っていなかったり、治安が悪かったりする開発途上国のきびしい環境のなかで働くのは、楽な仕事とはいえません。それでも、自らの技術力や経験が開発課題の解決に役立つというやりがいを感じてこの仕事を続けている方は多いです。わたしが、今の仕事を長く続けている理由の一つとして、この仕事が好きで働いている方たちがほとんどであることがあげられます。つまり、嫌々この仕事をしている人は少なく、やりがいを感じ、エネルギーを適切に使えている気持ちのよい方が多く、そのような人たちと働くことが心地よく楽しいからです。

　開発援助を仕事とする開発コンサルタントの人たちは、大変な仕事なのになぜみんな幸せそうなのだろうかと常々思っていました。そんなときに、慶應義塾大学大学院システムデザイン・マネジメント研究科の前野隆司教授に出会い、「幸せの4因子」（慶應義塾大学ヒューマンシステムデザイン研究室 n.d.）を知りました。これは、日本人1500人に対して実施したアンケート結果を因子分析することで導かれた、日本人が幸せに感じる指標です。四つの因子とは、第1因子「やってみよう！」因子（自己実現と成長の因子）、第2因子「ありがとう！」因子（つながりと感謝の因子）、第3因子「なんとかなる！」因子（前向きと楽観の因子）、第4因子「あなたらしく！」因子（独立とマイペースの因子）です。この4因子に開発コンサルタントの特性を合わせた図が図6・1です。

開発コンサルタント × 幸福学
──「幸せの四因子」と「開発コンサルタント」──
「やってみよう！」
（自己実現と成長の因子）
「自分の強みを活かせているか」
「自分が成長している実感はあるか」
専門性と技術力を活かして
途上国を支援
「ありがとう！」
（つながりと感謝の因子）
「人を喜ばせているか」
「感謝することはたくさんあるか」
途上国の人たちの
喜ぶ姿がたまらない
日本人の幸福の 4 つの特徴
「なんとかなる！」
（前向きと楽観の因子）
「ものごとが思い通りにいくと
思っているか」
「失敗や不安をあまり引きずらないか」
なんとかするのが生業
「あなたらしく！」
（独立とマイペースの因子）
「自分と他人を比べずに生きているか」
「人目を気にせず物事を楽しめるか」
自立した人が多い

図6・1　幸せの4因子と開発コンサルタントの特徴（筆者作成）

　わたしがなんとなく感じていた「開発コンサルタントって幸せかも」ということを科学的に解明してくれた調査結果でした。それ以来、わたしは自信をもって「開発コンサルタントは幸せな人たちです」と伝えられるようになりました。わたしは、身近にいるこの幸せな人たちが、より幸せに生きていけるような支援をしていきたいと思っています。そして、それがもっと外の世界にも広がっていけば、人生はもっと楽しく、世の中はもっとよい方向に向かうのではないかと考えています。

そのために、最も重要なことはまずは自分が幸せであることです。自分が幸せであるために、自分のエネルギーについて考えるようになりました。ストレスマネジメントという言葉がありますが、「ストレス」という言葉は負のイメージを与えるため、わたしは「エネルギー」という言葉を使い「エナジーマネジメント」と勝手にいっています。自分はエネルギーの塊であり、そのエネルギーを自分が成し遂げたいことに対して効率よく使うことを習慣化することで、その方法としてヨーガの哲学は大いに役立ちました。ヨーガというとアーサナと呼ばれるポーズをイメージする方も多いと思いますが、その他、呼吸法と瞑想法があり、これらを通じて、心の動きを死滅させ、無駄なエネルギーを使わず、よりよい方向にエネルギーを使うことを習得することにあります。その結果、より健康で幸せな人生を送れるということで、ヨーガセラピストはクライアントに対してそのサポートをします。セラピストとしての最初のクライアントは自分自身であり、今まさに、自分が幸せであること、その状態を維持できることを試しているところです。生きているとさまざまなことが起こります。自分ではどうしようもないこと、納得のいかないことも多々あります。しかし、そのようなことに翻弄され、無駄なエネルギーを費やすことなく、エナジーマネジメントがうまくできれば、どんなときも自分の幸せを維持することができるのではないかと期待しています。

少し話が飛んでしまいましたが、ゼミの話に戻ります。卒業して20年経ち、それぞれがそれぞれの道をしっかりと歩んでいます。学生時代にはできなかったことが実現できてしまう、おもしろい時代がやってきたとひしひしと感じています。大学時代、本気で議論し合い、そこからの細くとも長くつながってきた強固なネットワークによる信頼や、人間関係の構築を吹っ飛ばして本題からスタートできる迅速性は、常に成長し続けるゼミの生態系ならではのものです。20年前で時間が止まってしまっている思い出話で終わるのではなく、それぞれが自ら道で成長し、「10年後のわたし」を語れる未来志向のネットワークは頼もしいものであり、このネットワークを通じて楽しいことをこれからもやっていければよいなと思う今日この頃です。

コラム3

成長を促す「放置主義」

貝野 綾子

ゼミの教育方針はわたしの今のキャリアを形成する最初のコーナーストーンとなりました。わたしがユニセフで勤務するという夢を実現できたことも、過去10年間にわたり中東を中心とした紛争地で緊急支援に携わったことも、このコーナーストーンがなければ実現しなかっただろうと思います。

大学3年生のとき、外国人留学生や海外との交流に力を入れていることに興味をもち、わたしは久保田ゼミに入りました。そこで最初に目の当たりにしたことは「放置主義」でした。ゼミが始まった直後に担当教員が海外研修のため渡英、ゼミは卒業生兼大学院生に一任されたのです。右も左もわからないわたしたちゼミ生は先輩たちの指導のもと、数か月後のゼミ恒例のスタディツアーに向けて関係者各位と連絡をとり、計画を進めました。計画中やフィリピンでのスタディツアー中のさまざまなトラブルやアクシデントは無論のこと、その一つひとつを乗り越えていくなかで、わたしたちゼミ生は自立することや自分に負える責任には制限があることを学ぶとともに、やればできるという自信を培いました。また、今解決すべき問題が何であるか、どのような選択肢がありどの選択肢がゼミ生というグループのなかで最もコンセンサスのとれる最適な選択肢であるかを考え、決断するというスキルも、わたしがゼミのなかで得た大きな成長の一つです。

大学4年生のとき、卒業研究のためフィリピンで3週間生活をしました。研究方法や内容、初めての開発途上国での単身生活など多くが未熟だったなか、わたしはさまざまな「違い」にたくさんの戸惑いと葛藤を覚えて帰国。そこでもゼミの教育方針である「放置主義」は、この経験を生かしてさらに成長する機会を与えてくれました。また、たくさんの海外留学生や海外からの教員（ＪＩＣＡ海外研修員受け入れ）との交流を深めるなかで、日本とは違う価値観や環境に身を投じることができました。自分の置かれた環境やよく似た環境で育った仲間としか接触がなかったわたしのなかで、自分の「常識」がとても狭い世界で築かれたものであることに気づくことができたのもこの国際交流をとおしてだと思います。

卒業後、わたしは留学のために渡米し、イエメンとシリアでの協力隊活動後、ユニセフで少年兵の社会復帰に携わるという夢を実現することができました。それは、ここに辿り着くまでにあったたくさんの扉を「やればできる」という自信をもって開くことができたからです。また、紛争地での緊急支援において求められる状況判断力と決断力は、スタディツアーやゼミ教育をとおして築かれた土台に積み重ねられています。

国際協力に関わるなかで、「常識」の違いやそこから生じる対立に日々気づかされます。そのたびに、ゼミ教育で学んだ違いを認め合い尊重する精神を思い出します。「放置主義」とはすなわち、担当教員の生徒への信頼の表れであり、また可能性の詰まった「成長」というフィールドを生徒に与え、自分で考えることを促す教育方針なのだと。

UNICEF シリア事務所での活動

コラム４

挑戦し続ける人生

廣谷　光希

　わたしは学生の頃、将来、自分は国際協力や開発教育に関わる仕事がしたいという夢を抱いていました。その夢は、久保田ゼミに入り、よりいっそう強くなりました。あれから十数年経ち、わたしは小学校で教員として働いています。大学在学中は学校で働くことなど考えてもいませんでしたが、今わたしは、小学校で国際理解教育に携わるという形で夢を叶えることができました。

　わたしは大学卒業後、テレビ業界で数年働き、その後は青年海外協力隊の視聴覚教育の隊員としてアフリカに赴きました。テレビや映像の仕事に興味をもったのは、先生の受け持つ「ＡＶメディア制作論」という講義でのメディア制作がきっかけでした。その講義でチームティーチングをしていたゼミの先輩は、卒業後青年海外協力隊で視聴覚教育の隊員として活躍されることになったのですが、その先輩に憧れ、わたしもいつか協力隊に参加して国際協力の世界で活躍したい、と考えるようになりました。先生をはじめ、久保田ゼミ出身の協力隊ＯＢ・ＯＧの方や国際機関で仕事をしている先輩方の後押しがあり、テレビ業界で働いたのち、視聴覚教育の隊員としてアフリカのセネガルに行くことができました。先生や先輩方に会うまでは、協力隊に行く人は一握りで、何の技術もないわたしには到底できっこないと思い込んでいました。先生や先輩に出会わなければ、きっと協力隊に挑戦するとことすらしていませんでした。今、わたしは小学校で、英語の指導とさまざまな国との交流を手助けする国際理解教育に携わっていますが、協力隊を終えて帰国したあと、わたしを知るみんなはそのまま国際協力や開発教育に関わる仕事に就くことをきっと期待していたと思います。今までは自分のことだけを考えてやりたいことに突き進んできましたが、家庭をもつようになり、夫や両親のことを思うと昔のように思い切った行動をとることにためらいが出てしまいました。今まで培ってきた経験を無駄にしたくない気持ちと、これまで好き勝手に生きてきたわたしを見守ってくれたまわりの友人や両親を安心させたい、という葛藤もありました。このとき、今自分ができる社会貢献とは何かを考えました。

協力隊時代のわたし

　こういうときも、先生やゼミの先輩にたくさん相談に乗っていただきました。いろいろなバックグラウンドをもっている先輩方とお話しすると、いろいろな視点でアドバイスいただけるので、自分のことを客観視することができました。相談しているうちに、今まで自分の職業の選択肢としてなかった「教員」という職業が頭をかすめました。子どもたちにアフリカでの経験を伝えたり、外国の国々と交流学習を行う手助けをしたりすることで、将来を担う子どもたちの視野や可能性を広げることができたらと思い、教員に挑戦しようと決めました。

　時間の流れとともに、置かれている状況やできることも変わります。学生のころ憧れていた国際協力・開発教育に携わる仕事に就くことはありませんでしたが、家庭をもった今、教員として自分なりの社会貢献ができていること、毎日子どもたちに囲まれて過ごせることを、とても幸せに感じています。

7

教えるではなく導く

岸 直子

▼現在のライフ

わたしは口腔外科を専門にしている歯科医師です。

口腔外科とは、簡単に申しますと目から下、首から上（鎖骨あたりから上）の領域の手術を担当している専門家です。わたしはそのなかでも口唇口蓋裂という疾患を扱っています。口唇口蓋裂は唇《くちびる》や上あごが裂けた状態で生まれてくる疾患で、日本人（黄色人種）では５００～６００人に１人の割合で出生するといわれています。日本ではすでに治療体系が確立されており、生後３か月には唇を、１才～１才半に上あごをくっつける手術を行うため、社会に出る頃には目立たないということもあり、周囲に気づかれることもあまりありません。しかし発展途上国では経済的な問題や専門家の絶対的な不足、地理的状況により、治療を受けられずにそのまま成長してしまう患者さんが数多く存在します。審美的問題だけでなく摂食障害や言葉（発音）に問題があるため、家に閉じこもったまま学校に行けない子どもや、就職や結婚をあきらめてしまう人も多く、たいへん悩ましい問題です。

そんな患者さんたちをなんとかしたいと思い歯科医師になったわけですが（詳しい経緯はのちほど）、２００８年～２０１１年はＪＩＣＡの「草の根技術協力事業」でメキシコに、２０１５年からはＮＰＯ法人ジャパンハート長期ボランティアとしての活動でミャンマーに滞在し医療援助活動を行なってきました。現在はジャパンハートに所属しながら日本のクリニックで働き、月1回のペースでミャンマーへ渡って新しいプロジェクトである口唇口蓋裂センター設立に向けて精進している日々です。

▼大学ゼミでの経験

そもそも久保田ゼミに入る気満々ではありませんでした。実際に先輩と面談を行うプレゼミと呼ばれるものにも参加していません。わたしはやる気のない、ことなかれ主義的な大学生だったのです。

そろそろ入るゼミを決めないといけない大学2年生9月のとある日、大学の食堂でお昼ごはんを食べていたところ、友達がやってきて

友　達「ねぇねぇ、ゼミはもう選んだ？　久保田ゼミっていうのがあって、今度フィリピンの報告会するらしいんやけど行かへん？　おもしろそうやで」。
わたし「ふーん」。

その程度でした。

前調べのため、大学から2年生全員に配られていた各ゼミの説明が記載された久保田ゼミのページを見開いたところ、

①好き嫌いのない何でも食べることのできる人
②どこでも眠ることのできる人

このような条件が文章の最後を飾っていました。その他のゼミのレジュメには情報系かつ専門性の高い内容がしっかりと記載されていることが多かったなか、一番ユルい感じの文章が久保田ゼミでした。「おもしろそうじゃん、わたしに合っているかも」と思いました。友達に誘われたこともあり、ゼミが開催するフィリピンスタディツアー報告会にふらっと足を運びました。

そこで出会った先輩たちは何かしらやりたいことを自由に、いわば「ユルく」やっていました（だらけているという意味ではありません）。「こんなにのびのびとしていてよいのか」と不思議に思うほどでした。

関西大学総合情報学部はプログラミングや情報処理といった分野を扱う学部でもありますが、文系であるわたしはそんな革新的な学問に取り組む意気込みはもっておらず、焦りすら感じていた日々だったのですが、久保田ゼミは唯一難しそうではなかったのです。そんな印象を受けたわたしは同ゼミに入ることを決めました。

ここまでみると、なんてダメな奴なのだと思われかねませんので、一つ自分自身を讃えるためにも久保田ゼミを選んだもう一つの理由をご紹介しましょう。

幼少の頃イギリスに4年間住んでおり（幼稚園年長から小学校3年生まで）、さまざまな国籍の人たちと関わることが多かったわたしにとって、国際協力関係の事柄にはとても興味がありました。日本に帰国後、不思議に思うことが時折ありました。「日本人は外国の人と関わることに多かれ少なかれ抵抗があるのはなぜなんだろう？　なぜ閉鎖的なの？　なぜうまくやっていけないの?」。イギリスから帰国後、まずガイジン扱いされました。「ガイジンって何」というのが率直な気持ちでした。少し違うことをしただけで、親の仇をとったかのように言いがかりをつけてきます。「お前、なんで習字の筆の持ち方知らんのや」、「あいつ土足で教室入ってきよった」、「縦笛のふき方知らんのか」――思い出すだけでこれだけあがります。一気に内向的な少女になりました。父の仕事の影響で転勤族だったわたしは、行く学校、行く学校で、「なぜ?」がしょっちゅうありました。多国籍の国であれば、幼少の頃からさまざまな文化や宗教、価値観があるのは当たり前として認識されているため、違うことが当たり前であり、そもそも「違う」とすら認識しないのです。そんな考えをうっすらもち続けていたわたしは、ゼミ説明本に書いてある久保田ゼミのレジュメに「あ、これわたしが考えていることを少し見開くことができるのかもしれない」と本能的に思ったのかもしれません。

さて、なめた気持ちでゼミに入ってはみたものの、いたって面倒くさかった。自分の考えていることを抽出し、みんなに伝えなければならないのです。はっきりいって最初は苦しみでしかありませんでした。自分の意見がまとまらず、言葉に出すことのできない歯がゆさを痛感する日々でした。

ゼミのテーマは「グローバルイシューとコミュニケーション」。世界では何が起きているのか、自分のまわりでは何が起きているのか、パーソナルイシュー（自分自身の問題）からグローバルイシュー（世界レベルの問題）へどうつなげていくのか、そもそもわたしは何を考えているのか、何がしたいのか――大学に入るまでの20年間、おざなりにしていたことです。真剣に自分と向き合ったこともなく、もしかすると他人とも真摯に向き合ったこともないかもしれない。初めての葛藤と自問自答の日々。何から始めれば、何をすればよいかわからず、ただ、みんなの意見を聞き、頭のなかがフリーズし、３日後に自分の意見がうすらぼんやりと出てくるだけでした。はっきりいって情けなかったです。

久保田ゼミでは毎年スタディツアーに行くことが恒例になっていますが、わたしも大学3年生の夏、ゼミ活動の一環としてフィリピンへ行くこととなりました。みんなでいろいろ話し合い、計画していったスタディツアーではありますが、これも正直に申しますと、金魚のフンのように完全にみんなにくっついて行った状態です。「みんなが行くからわたしも行かなくちゃいけない」という感じでした。しかしこのスタディツアーこそ、わたしの人生を左右させたことは間違いないといっても過言ではありません。

フィリピンで出会う子ども、同世代の学生はみな揃いも揃って活き活きしているのです。そしてつくり笑いではない笑顔で接してきます。「何なんだ、このキラキラした目は!?」と、最初はおののきました。そして仲良くなってくると必ず問いかけてきます――「将来は何がしたいの？」。みんなそれぞれ夢があるようで、わたしに質問したあと、必ず自分のやりたいことを熱心に語ってきます。わたしはその場をきり抜けるのに必死でした。「そうねえ、わたしは情報系の大学にいるから情報関係の会社かしら」、「……」一瞬その場はしらけてしまいます。正確にいうとわたしだけがしらけていただけかもしれません。相手はわたしの目を見て真剣に聞こう、話そうとしていました。

非常に情けない想いをしたのと同時に、だんだんと自分を真剣に見つめ直ようすになってきました。「わたしのやりたいことは何？　わたしは将来どうするの？　このまま惰性で生きていていいの？」。

帰国後もそれは続きました。掘り下げて考え抜き、原点に戻ろうとも考えました。そしてかつて自身の障害のために幼い頃から病院や歯医者に通い、歯科医師になることに憧れていた自分を思い出しました。最初から無理だとあきらめ、封印していたことです。そもそも関西大学に編入学で入ったのも、短期大学在学中にもわずかながらに歯科医師になりたいという夢をもっており、歯学部編入のための情報を調べたところ、学士（4年生大学卒業）でなければ受験資格すらないということを知ったためでした。しかし関西大学入学後、サークルやアルバイト、友達との遊びにかまけていたわたしは、自分のこと、将来のことを考えようとせず、ことなかれ主義で過ごそうとしていたのです。つまりフィリピンスタディツアーでの出会いや体験がわたしを変えたのです。

「よし歯医者になろう」、そう心に決めたものの、やはり誰かに相談すべきであろうと考えたわたしは、意を決し久保田先生の教授室の扉をたたきました。入室して一つ呼吸をし、先生に「わたし、就職せずに歯科医師を目指そうと思います。歯学部への編入試験を受けようと考えていますが、どう思われますか」と尋ねると返ってきた返事は「いいんじゃねえの」と、実にあっさりしたものです。肩透かしをくらった気分でした。そしてわたしも単純なタチですので「あ、いいんだ。先生がいいって言うのならいいよね。よしやろう」と悩まず即決しました。

ちなみに後日（歯科医師になってから）、久保田先生にこのときのエピソードを尋ねたところ、背中を押したつもりではなかったらしく、「まさかゼミのなかでも一番ウジウジしている、いじめられキャラのお前が歯医者になるなんてな。ダメだと思っていたよ」と言われ、やっぱり軽く返事されていたのだと再確認した次第です。実に無責任だなあとも思いましたが、久保田先生のあの言葉がなければ、わたしは一歩を踏み出せていなかったし、軽い言い回しのおかげで気負いせずに前に進めたのだと思うようにしています。

時は進み、大学4年生になる頃、卒業論文の季節がやってきました。論文の内容に関しては特にしばりはなく「とにかく自分自身の問題とつなげること」がテーマの一つでした。「何このおおざっぱな感じ、一番難しいヤツじゃない……」、そう感じずにはいられませんでした。しかしわたしも久保田ゼミに入り1年が過ぎ、このような状況にはだいぶ慣れてきたつもりでした。自分とは何なのか、また自問自答する日々が続きました。その頃わたしは歯学部編入試験に向けて準備を始めていたのですが、ふと「あれ、そもそもわたし、なんで歯科医師になろうと思ったのだろう」と考えたのです。それは前述にもありますが自分自身が幼少の頃から成人に至るまで、歯科治療を受ける環境に身を置いていたからです。一般的に「歯医者」という単語を聞くとあまりよい印象をもたない人が多いなか、わたしが出会ってきた歯科医はみな親切丁寧であり、つらかった経験はなく（忘れているだけかもしれませんが）、治療を受けるなかで「こんなすばらしい職業は他にはない」ととらえていたのです。

しかし論文テーマを考える過程で「そもそもわたしはなぜ歯科治療を受ける必要があったのだろう」と思うようにもなりました。新たな疑問が誕生した瞬間です。わたしは母親に聞く前に、まずは自分で調べてみようと、書籍やインターネットで情報収集を行いました。すると衝撃の事実が発覚しました。わたしは口唇口蓋裂という障害をもって生まれたのです。写真を見て「こんな状態で生まれてきたの？」とショックを受けました。2～3日くらい落ち込みはしましたが、比較的あっけらかんとしたわたしは「ま、いっか。ていうか兄弟と変わりなく普通に育ててくれたお母さん、マジ感謝」と思うようになり、すぐに立ち直りました。卒業論文を書くまで、22年間知らなかったという事実に驚かれるかもしれませんが、それはさほど大きな問題ではない気がします。どのように生きてきたか、どのように育ってきたかが重要だからです。母親はわたしには「生まれたときにキズがあって、それを手術したの」と説明しており、わたしはそれを真に受けていました。比較的のんびりした性格であったわたしはさほど気にすることもありませんでした。「キズぐらいであれば絆創膏を貼れば治るはずなのに、なぜ手術なのだろう」と思うこともありましたが、深くは考えませんでした。しかしたまに学校で指摘されたり、唇の形状をまねされたりするなど、いじめを受けたことも正直ありました。わたしは母親にはあえていじめられた事実を告げませんでしたが、常に言われてきたことは「もしもいじめる子がいれば、そんなやつは放っておきなさい。無視しなさい」でした。実際そうしてきました。学校でいじめにあったときもなぜか孤独感はなかったのです。大げさですが、世界中のみんなが敵になったとしても、母親は最後まで味方なのだろうなという意識が根づいていました。それぐらい母の存在は心強かったのです。この経験をふまえ、卒業論文は「口唇口蓋裂をもつ子供たちのために――いじめの対策法」という題目で書くことになりました。資料を集める段階で、口唇口蓋裂に関する情報で信じられないような出来事が過去に起きていたことも知りました。たとえば、「口唇口蓋裂の子供を産んだ母親がそのショックのあまり無理心中した」、「発展途上国ではミルク（母乳を含む）を飲めない、すなわち育つことができないとみなされ、生まれた後に殺されてしまった」などです。特に後者の内容に関しては衝撃が強く、「もしもではあるけれど、わたしが日本ではなく発展途上国で生まれていたら殺されていたかもしれないってこと？」と悲しみを通り越して、そんなことがあってよいのか、といたたまれない気持ちになりました。わたしはこのときすでに歯科医師になるという目標があったわけですが（口腔外科という分野があることはこの時点では知りませんでした）、この事実を知り、「こういった人たちを将来は救えるようになれれば」と考えるようになり、明確なビジョンをもつことができるようになりました。わたしにとって卒業論文を書くという行為は将来へと踏み出すきっかけづくりにもなったのです。

卒業論文も書き終えた頃、わたしは歯学部への編入学試験への準備を開始しました。まわりは就職活動真っ盛りでしたが不思議と不安はありませんでした。なぜならば、久保田ゼミには就職しない同期の方が多かったからです。あるエピソードをご紹介しましょう。わたしが4年生のとき、友達とエレベーターに乗っていたところ、そろそろ入るゼミを決めないといけない2年生2人が乗り込んできました。

2年生①「ねぇ、入るゼミ決めた？　どうする？」

2年生②「うーん、悩み中。あ、でも久保田ゼミはないな。あそこ、就職活動に不利らしいよ。なんか変わってるゼミだし、面倒くさそうだし、あそこはムリ」。

友達と2人で顔を見合わせ、しばし微妙な空気になりました。「あそこのゼミには変わっているヤツ（くせのあるヤツ）が多い」と噂されていることは、うすうすは感じていました。しかしわたしだけかもしれませんが、ゼミに対する誇りは人一倍もっていました。自由に、自分がしたいことをしているゼミに所属しているのだと。その結果の末就職なのだと。

しかし卒業間近のゼミ最終日、久保田先生が「そういえばお前ら、就職はどうなってんだ。このなかで就職するやつ何人くらいだ」と問うと、挙手したのは20名中3～4名くらいでしたでしょうか。さすがの久保田先生もずっこけていました。「おめえら、そんなことになっていたのか」と少し戸惑っていたようにもみえましたが、「しょうがねえな」（これは久保田先生の口癖です）と言って、うれしそうにしていたようにもみえました。みんな、就職活動をサボっていたわけではありません。無理やり働きたくない（やりたいことがない）企業で働くより、ちゃんと5年後、10年後を見据えての選択なのです。この「5年後のわたし、10年後のわたしを考えなさい」ということこそゼミに入った当初から常日頃言われてきたことなのです。わたしたちはつい目先のことを考えがちですが、先を見据え、大きく広い視野で物事をとらえなければなりません。そしてもう一つ言われ続けたことがあります。それは「ダメと思ったらそこで終わり。でもほんの僅かでもイケる、と思えば、その可能性はたとえ0・09％しかなくともイケるチャンスがあるのだ」ということです。わたしはこの言葉を胸に歯科医師になろうと志をもったのです。文系のわたしが歯学部になんか入れるわけない、歯医者なんかになれるわけないと考えてしまうと、そこで試合終了です。しかし僅かな望みしかないにせよ、その小さな望みにかけて、将来自分がなりたい像を想像しながら突き進んでみること、「だめだっていいじゃないか」、「しょうがないじゃないか」、「時に真剣に、時に肩の力を抜いて気楽に」、それが久保田先生の教えてくれたことかもしれません。

　歯学部編入までの道のりは今思い起こせばそれなりに大変でした。今もう一度やりなさいと言われても無理な気がします。歯学部編入学試験は誰もが受けられるわけではありませんでした。4年制大学卒業の他に、大学での数学・化学・物理・生物学それぞれを各4～6単位を取得していなければなりません。関西大学在学中より放送大学に入り、理系科単位の取得を始めたわたしですが、根っからの文系であるわたしが、最初何もわからずに選択したのが「量子力学」でした。久保田先生に報告しに行くと、こっぴどく怒られました。「ばかやろう、これはアインシュタインがやっていた学問だぞ」。教科書が自宅に届き、教科書を開けると見たことのない記号がずらりと並んでいました。煙のような記号（ξ＝グザイというらしい）、長く羅列された数字のあとにビックリマーク（！＝階数というらしい）。数字が驚くことがあるのですかと聞きに行った際も久保田先生には怒られました。そしてすぐさま量子力学で物理の単位を取得することはあきらめました。今まで文系だったわたしがいきなり大学の理系科目を取得するのは無理だと考えたわたしは、出身高校に出向き、いらなくなった教科書をいただけないかとお願いに行ったところ、快く譲ってくれました。高校の数学・理科でさえ怪しいと察したわたしは本屋へかけこみ、中学の参考書を買いあさり勉強を始めました。放送大学の単位数では受験資格を満たせなかったため、総合情報学部卒業後に科目等履修生として関西大学に再度入学し（他学部です）、理系の一般教養を取得しました。大学を卒業後、まわりの友達は立派に就職して働いてお金を稼いでいるのに、わたしは家で黙々と机に向かって勉強している。その罪悪感に苛まれているときも久保田先生の「ダメだと思ったら終わり。少しの望みにかけようじゃないか」という言葉を頭と心のなかで繰り返し唱え続けました。

関西大学卒業1年後、わたしは晴れて歯学部編入学試験に合格することができました。真っ先に結果を知らせたのはもちろん久保田先生です。

▼今後の展望

歯科医師になったわたしはその後大学病院の口腔外科で10年間勤務し、現在は特定非営利活動法人ジャパンハートのもと、ミャンマーに口唇口蓋裂センターを立ちあげるべく日々奮闘しています。

本団体では十数年前からミャンマーで口唇裂の手術を行なってきましたが、ここ数年で欧米諸国の団体も各地で手術を提供するようになってきました。わたし自身は２０１５年から長期ボランティアとして活動を始め、２０１６年からはジャパンハートの拠点病院（ワチェ慈善病院）だけでなく、他の病院でも日本の口腔外科医、形成外科医と協力して現地ドクターに対して技術指導を行うようになりました。その活動のなかで、口唇裂・口蓋裂の手術を受けているものの、発声がうまくできず、家のなかだけでなく外でもうまくコミュニケーションがとれない、歯列不正・反対咬合による摂食障害が散見されるようになり、社会的な生活を送ることが難しい患者さんにも出会うようになりました。今までは口唇裂・口蓋裂の手術（外科的治療）を中心に活動を行なってきましたが、また「これでいいの？」と新たな疑問がわいてきました。唇がちゃんと閉じることができていても、上あごがちゃんとくっついていても、日々の生活でその患者さんやその家族が幸せを感じなければ意味がないのではないか。そのためには日本ですでに行われているような一貫治療を導入する必要があると考えたのです。

口唇口蓋裂の治療は出生から成人に至るまでさまざまな治療が必要となります。出生後すぐに必要なのは哺乳ができるようになることです。唇や上あごが割れた状態で生まれるため、通常の哺乳瓶（ニップル）ではミルクを飲むことができません。そのため専用のニップルを使う必要があります。このようにミルクの飲み方を指導するのが看護師の役目となります。手術後も同様に工夫しながらミルクを飲ませる必要があるため、特別な看護知識が必要となってきます。

口蓋裂の手術は実はたんに上あごをくっつけているだけでなく、言葉を話せたり、ものを飲みこんだりできるように、筋肉もつなぎ合わせています。これをうまく機能させるためにはリハビリが必要です。そのリハビリを行うのが言語聴覚士です。

歯並びやかみ合わせに関しても、審美的な問題だけではなく摂食障害を伴うケースもあるため、矯正治療が必須であることも多々あります。

手術に関しても症例によっては傷跡が残りやすい患者さんもいるため、各年齢に応じて修正手術を行うこともあります。

このように口唇口蓋裂にはさまざまな治療が長きにわたって必要になりますが、そのシステムがミャンマーにはまだありません。このシステムを立ちあげるべく、今わたしはミャンマーに口唇口蓋裂治療センターを立ちあげようとしています。これがわたしの現在進行形の夢です。

海外で活動をする際、よく価値観や文化の違いで困ったことはありませんか、と尋ねられることがあります。困ったことがないといえば嘘になりますが、そもそもみんな違いがあって当然です。自分と同じ人はこの世にいるでしょうか。しかし逆にいえば、わたしたちは同じ人間です。ごはんを食べ、話をし、笑う。時に怒ったり、バカなことをしたりする。それを知らず知らずのうちに気づかせてくれたのが久保田ゼミだと思います。このゼミに入るまで、学校では先生と生徒という仕切りで区切っていました。先生は生徒に対し学問を教え、生徒は知らないことを先生から教わる。その一つの関係性だけしかないと思っていました。しかしゼミで過ごすなかで、久保田先生はわたしを初めて1人の人間として扱ってくれた人だと思います。言い方は難しいのですが、一度も「先生」と思ったことがありません。「師」というべきなのかな、と思った時期もありましたが、最近ではそれも違うような気がしています。人間なのです。たまたまわたしより少し早めに生まれただけです。その人とコミュニケーションをとり、いろいろと学びとっている。もしかすると久保田先生もわたしから学びとっているかもしれません。そのためか久保田先生から「教わった」という感覚があまりありません。知らないうちに「導かれた」と表現したほうが正しいかもしれません。

わたしもミャンマーで数多くの現地医療スタッフと一緒に仕事をしてきました。高校を卒業したばかりの人もいます。通常わたしは教える立場なのかもしれませんが、今思い返すと、彼らから学ぶことが非常に多いのです。教えている意識はあまりないといっても過言ではありません。現地スタッフもわたしも、お互い学び合っている。そして導き導かれているように各々の人生を進んでいます。

それはわたしが身を置いているミャンマーだけではありません。久保田ゼミで共に学んだ同期も同じです。頻繁に会うことはありませんし、進んでいる分野はまったく違います。しかしその原点は一緒で、いまだにお互い刺激し合い、学び合い、そしてそれぞれの道をそれぞれの速度で進んでいます。

机上の学びもとても大切です。しかし日々の生活や人とのコミュニケーションのなかで何気なく得ることのできた経験、体験こそ、人生最高の学びだとわたしは考えます。

コラム5

時が経ってもなお得る学び

魚住 東至明

20代に入ってすぐの時期を過ごした久保田ゼミの2年間は、わたしにとって大きな財産となりました。久保田先生の「教えない」を徹底した体験型の授業は、当時のわたしにとっては刺激的であるとともに、理解できないことも多かったと記憶しています。それから早11年が経過しましたが、当時のわたしには理解できなかった先生の話や与えられた課題について「こういうことだったのか!」と思わされる出来事を多く経験し、その先にはさらに大きな気づきが得られたという経験を何回もしてきたように思います。先生からすると仕掛けが成功して「してやったり」といったところでしょうか。

先生の授業は「教えない」ではなく「種まき」だったのだと今になって思います。

先生の教え一つひとつがわたしのなかに種子となって残り、幾年の月日を経て芽吹き、今なお育ち続けているのではないかと理解しています。そんな経験から学んだことを二つ紹介したいと思います。

◉社会を先どりしたプロジェクト活動

社会人となってすぐに大きな学びにつながったと気づいたのが、プロジェクト活動をとおして実践した計画立案と人に対する指導の経験です。当時教員を目指していたということもあり、プロジェクトAと情報科教育法の活動に久保田先生と共に取り組み、つくり手側の経験をさせてもらいました。そのなかでも半年〜1年間の計画を練り、実際に実践をさせてもらえたことが、現在活動しているIT業界における仕事にも大きく活きることとなっています。

具体的には、授業案を作成する経験がプロジェクト計画を立てることに、教材づくりの経験がマニュアルづくりに、体系立てて物事を伝える手法を学び実践した経験が、仕事で関わる人たちの指導に活かされ、大きな成果を残せました。当時の経験がなければ、今の仕事の形はなかったといえるほど大きな財産となっています。

◉10年後の自分を描くことで得るモノ

ゼミに入って間もない頃、「10年後の自分」について考える機会がありました。当時は「10年後の自分なんてわからない」と思いながら文章化し、無理やり発表しましたが、ふと振り返ると当時発表した事柄の多くを卒業後の10年で経験してきました。当時のわたしは10年後の自分について、家業を継ぐのか自分の道を行くのか迷っていると書きましたが、30歳を過ぎた頃のわたしはまさにその状態でした。

他にもこの経験から未来の自分というのは「描いた通りになるとは限らない」が、「描いていない姿にはなれない」ということを10年という月日を経て身をもって体感したのです。

久保田先生の活動のなかには、それこそ数十年スパンでないと芽が出ないプロジェクトもあったかと思いますが、常に未来の姿を描き、イメージを具体化することで実現してきた経験から、「10年後の自分」をゼミの課題として提示していたのだと今では理解しています。

目の前ではなく「はるか先」を描くということの重要さを学び、現在はおぼろげながらでも未来の姿を描くことを習慣化し、実現に向かって日々を生きています。

8

国際協力における学習共同体の実践

岡野貴誠

▼久保田ゼミとの出会い

◉大学からのドロップアウト

「情報ジェネラリスト育成」、そんなキャッチフレーズを掲げ1996年に総合情報学部が、関西大学の新学部として大阪府高槻市に開設され、わたしは1期生として入学しました。「情報ジェネラリスト」の意味も深く考えず、その他多くの受験生と同じように自分の学力を考慮しつつ、見合った大学を見つけての受験でした。入学後、最新のきれいなキャンパスに心弾んだものの、高槻駅からの混雑したバスでの通学、1年生だけの閑散としたキャンパス、教室と食堂以外に居場所もない生活。これまで「教室」という四方を囲まれた空間のなかで友人たちと高校生活を送ってきたわたしにとって、居場所のない大教室の授業や開放的なキャンパスにはどうしてもなじめませんでした。さらに、大学受験という大きな目標のもと、数学、国語といった教科ごとの学習に慣れ親しんでいたわたしは、「プログラミング言語」や「情報処理システム」などの専門科目にも、「哲学」や「心理学」といった一般科目にも興味がもてず、学ぶことの意味と目的がまったく見いだせずにいました。新たにサークル活動が生まれ、バスの本数が増え、食堂のメニューも増える一方で、半年も経つ頃にはわたしの大学への足は遠のき、アルバイトと必要最低限の単位を取るためだけに授業に出席する、そんな典型的なダメ大学生の1人となっていました。大学生活ってこんなものかな、そんな鬱々とした気持ちはあるものの、だからといって自分から何か行動を起こすわけでもなく、大学に行く意味を見いだせない毎日を繰り返し、気づけば最低限必要な単位さえも取れていない自分がいました。

◉日本からの逃避

ほとんど単位を取らずに迎えた1年生の後期セメスター、忘れもしない阪神淡路大震災のあった1月でした。旅に出よう――とにかく毎日を、生活を、自分を、何かを変えたくて、思いついたのが旅でした。世界を見たい、自分の力だけで道を切り開きたい、英語を話せるようになりたい、異国の文化に触れたい、夢を見つけたい――漠然とした動機はあるものの、それほど高尚で明確な動機があるわけではありません。むしろ、意味の見いだせない大学生活からの逃避でした。1年生の春休み、1人でバックパックを担いで2週間の予定で訪れたのがトルコでした。『地球の歩き方』を片手に安いゲストハウスを探す毎日、同じような旅人を見つけての情報交換、路上の屋台での食事。異文化に驚いたり、だまされて悔しかったり、大自然に感動したり、深夜の移動でドキドキしたり、旅の経験は何もかも新鮮で、まさに生きている実感のある毎日でした。結局、帰国日を延長し、ギリシャ、エジプト、イスラエルと旅して日本に帰国したのは2か月後でした。その後、しばらく大学に通うも、旅での刺激が懐かしくそのまま休学、深夜のアルバイトでお金を貯めてヨーロッパ、旧ソビエト連邦、東南アジア、中東、アフリカを旅する日々を過ごすことになりました。大自然にただただ感動したチベット、夕食を招いてくれるイランの家族、5日間船を待ったイエメンの港生活、ヒッチハイクで旅したナミビア、エジプトのリビア砂漠でのキャンプ。2年間かけた旅での経験はもちろん大きく、かけがえのないものでした。ただ、いつまでもそんな生活を続けられないことはわかっていました。また、いつの日か、キラキラした新鮮な旅の非日常も、気づけばたんなる日常になっていきます。

◉レバノンからのゼミ申請

旅も終盤、日本への帰国を半年後に控えた１９９８年10月、希望ゼミの登録の締め切りが迫っていることは在レバノン日本大使館付で受け取った日本の友達からの手紙で知っていました。安宿のマットレスに転がり、手紙に同封されていた「総合情報学部ゼミ一覧」を何気なく見ていて、見つけたのが「グローバルイシューとコミュニケーション」というゼミのタイトルでした。このゼミだったらおもしろいかもしれない、一気にそのゼミに惹かれた瞬間でした。久保田ゼミはたいへん人気が高く、ゼミへの応募にはエッセイ課題の提出が必要――詳細を知ろうと国際電話で友達にアドバイスを求めたときの回答でした。このゼミ以外に自分の居場所はない、そこまで思い込んだのを覚えています。内戦後の傷跡が色濃く残るレバノンの首都ベイルートの安宿に投宿していたわたしは、レバノン内戦の経緯を調べレポートにまとめることにしました。レポートには、現地で実際に見たこと、聞いたこと、感じたこと、考えたことを綴りました。エッセイには課題となるテーマが設けられていたはずですが、そのときに感じていた戦争の不条理さや、がれき化した建物で今でも生活する人びとの話を伝えることにしました。３日間ほどかけてレポートを作成し、ファックスで友人に送り、代理での提出をお願いしました。合格したかどうか確認できないまま半年後の３月に帰国、事務に出向いて休学していたこと、ゼミに応募したことを伝えたところ、すぐに確認してくれました。「岡野君、久保田ゼミになってるよ」、と言われたとき、「よしっ」と思わず声を上げました。「こんな学生がいてもおもしろいんじゃやない？」――課題エッセイテーマを無視した、ファックス用紙のレポートで受け入れを決めた久保田先生に、のちに合格理由を尋ねたときの回答でした。

▼久保田ゼミの活動――学部生時代

◉教師はもういない

2年間の休学を経て大学に復学したわたしは、3期生と同じゼミに入りました。もちろん、当時知り合いは誰もいません。久保田ゼミのテーマは「グローバルイシューとコミュニケーション」、国際問題や国際協力に関心の高い学生が集まると聞いていたので、どんな学生と会えるのかとても楽しみでした。旅中に長く伸ばした髪をドレッド状に編み込んでいた2歳年上の風変わりな学生だったわたしは、まわりからは完全に浮いていたと思います。今でも仕事を一緒にする機会の多い岸磨貴子（第9章著者）をはじめ、海外志向の強い元気な学生が多く、ゼミにはすぐになじみました。

3年生のゼミは、夏休み中のフィリピンへのスタディツアーを中核として、その実施準備にあたる春セメスターと、帰国報告会を行う秋セメスターで構成されていました。ほとんどの学生は海外経験がありましたが、フィリピンという途上国の経験はみんな初めてでした。

ゼミに入るまでの「先生」の役割は、知識を伝える人でした。数学にしても、歴史にしても、知らないことを教えてくれるのが先生です。大学での講義も、実習授業も基本的には同じです。知らないことを教わり、知識や技術を増やす。問題には答えがあり、正解と不正解が明確です。しかし、久保田ゼミでは、先生がみんなの前に立って何かを教えることはありません。自分たちで考える、自分たちで調べる、自分を見つめる、自分との対話、それが新しい学び方でした。そのため、フィリピンへの航空券や国内移動手配、行った先でのプログラム作成やアポとり、ヒアリング項目の準備、すべて学生自身で考えてつくらなければいけません。なぜそこに行くのか、なぜ行きたいのか、その意味を考えながらの準備過程から学習は始まっています。

そして、夏休みの8月、ゼミ生全員で関西国際空港を飛び立ちました。フィリピンといえば、常夏の南国の国、陽気な国民性とラテンのリズムといったイメージがあります。しかし、飛行機で飛ぶと関西国際空港からたった４時間の距離で、とても近いことに驚きます。フィリピン到着後の前半の１週間、マニラ市やダバオ市での学生交流、スモーキーバレーの訪問、また後半の１週間はダバオ市近郊サンイシドロ町にあるハウスオブジョイ（House of Joy）（以下、ＨＯＪ）という児童養護施設を訪問しました。正直なところはじめの１週間の記憶はほとんどありません。なぜなら、ＨＯＪの印象が強すぎたからだと思います。

◉ House of Joy

ＨＯＪは久保田先生が青年海外協力隊（以下、協力隊）のときに知り合った同じ協力隊員の烏山逸雄さんが１９９７年にミンダナオ島サンイシドロ町に設立した児童養護施設です。フィリピン隊員だった烏山さんは、商社マンとして世界を駆け巡り、社会的地位と十分な給与もある何の困難もない生活を送っていたと言います。しかし、烏山さんはフィリピンで児童養護施設を開設することを決意します。自分たちの子どももまだ生まれたばかりなのに、貧困の幼児や少年を引き取り育てるという烏山さんのことを必死で止めようとしたと、フィリピン人の奥さんのアイダさんは、微笑みながら振り返っていました。そして、家族３人の日本での生活もこれからというとき、烏山さんは商社を退職します。

子どもたちの食事、スタッフの給与、畑の整備など、10年以上かけて商社マンとして貯めた貯金は1年間で底をついたと、烏山さんは笑いながら話していました。そんな烏山さんとアイダさんは、「この子は本当に勉強ができて、学校で1番なんですよ」、「この子はダンスが本当にうまくて、みんなの人気者」、「この子はとても頑張りもので……」、温かい笑顔でＨＯＪで生活する子どもたち一人ひとりをまるで宝物のように紹介してくれました。実父からの性暴力を受け生まれた子、ごみ捨て場に捨てられていた子、両親がいなくなり乳幼児の兄弟を世話しながら生き延びた少女、子どもたちの生い立ちは想像もできない暗い現実しかありません。子どもたちを優しく見つめながら紹介してくれる烏山さんは「見えない愛を、見える行動で表現したい」、それが彼の信念でした。

そんな児童養護施設では、わたしもゼミのみんなも子どもたちと遊んだり、海に行ったり、夜には豚の丸焼きをつくったり、子どもたちと歌や踊りを楽しむ――わたしたちにとってその数日間はかけがえのない経験です。悲惨な環境を乗り越えて生き延び、ＨＯＪにたどり着いた子どもたちと遊ぶことは、何かをしてあげているわけではありません。むしろ、毎日のように訪問してくるわたしたちのような大学生を、子どもたちがもてなしてくれていることに気づきます。それでも難しいことは考えず、今、目の前にいる子どもたちと、そしてこの環境を楽しもうと思いました。何の力もお金もない大学生ができることは限られています。１週間の滞在は本当にあっという間でした。

◉映像制作

フィリピンへのスタディツアー実施後、体験したことを対外発信する帰国報告会を学内外で行います。帰国報告会は学んだことを広く伝え知ってもらうというよりは、むしろ自身が経験したことを改めて振り返り、体系化し、再構成し、発信することを通じた学び直しの場になります。

スタディツアーからの帰国後にわたしが担当したのが映像制作でした。ちょうど小型で劣化のないデジタルビデオ（ＤＶ）テープが出始めた頃で、スタディツアー中も交代で撮影を担当していました。編集はAdobe Premiereなどのソフトウェアを使ったコンピュータでの編集（ノンリニア編集）が一般的になりつつある時代でした。でも、研究室にあったコンピュータではメモリ不足から作業が不安定になり、従来通りの編集機を使ってテープを切り貼りする編集（リニア編集）で映像を作成しました。制作チーム内で話し合った結果、どんな生活環境のなかでも希望をもち続けるフィリピン人の前向きな姿勢をテーマとしました。そして、ＨＯＪの子どもや、日本に住むフィリピンからの出稼ぎ労働者へのインタビュー、そして彼らの生活の様子を通じて表現することにしました。おおよそのストーリーをつくり、ストーリーに基づいて映像を重ね、ナレーションを入れていきます。１か月程かけて『HOPE』というタイトルの20分ほどの短編映像を作成しました。「貧しいけれど目を輝かせた子どもたち」、「日本で出稼ぎしつつ、家族に仕送りするフィリピン男性」、「オルガン演奏する盲目の少女」、そんな映像の上に現状を悲観せず、希望をもちながら前向きに生きる姿が、つたないナレーターによって伝えられていきます。

「なんか、おもしくねえなあ、何が言いたいわけ？」、完成直前の試写会での久保田先生の感想でした。２週間のスタディツアー、外国人のわれわれを受け入れてくれたＨＯＪの子どもたち、初対面の出稼ぎ労働者、一瞬の関係性のなかで「現状を悲観せず希望をもちながら前向きに生きる姿」を表そうという、そもそものテーマ設定に限界があることはわたしたちも気づいていました。しかし、そのメッセージを伝えるために選んだ映像が「目を輝かせた子ども」であり「盲目の少女」であり「仕送りする出稼ぎ労働者」でした。なぜ、これらの映像を選んだのか。これらの登場人物は視聴者に「貧困」を想起させ、彼らの前向きな行動を「希望」に置き換えるもので、それは多くの映像にある安易な表現方法に他なりません。結局、大きな構成の変更はできませんでしたが、自分たちの伝えたいことは何かを改めてチームのなかで議論することになりました。

久保田ゼミでは映像制作への取り組みを推奨しています。映像制作は、自分のもつ価値観と、その価値観がこれまでの社会生活のなかで形成されてきたものであることへの気づき、そのうえで、経験と自身の関係性を改めて位置づけ、真の価値について考えるきっかけになります。時間はかかりますが、自己との対話を誘発する映像制作という作業、今の学生さんにもぜひ取り組んでほしいと思います。

◉青年海外協力隊へ

キャリアも私財もなげうって青年海外協力隊で活動した土地に戻り児童養護施設を開設した烏山さん、そこまで人を駆り立てることにつながる青年海外協力隊って何だろうと考えました。自分が2年間かけた旅を振り返ると、自分はたんに通り過ぎる人でしかありませんでした。今度はどこか一つの場所に落ち着いて、じっくり現地の人と何かを一緒にしたい。烏山さんにとってのミンダナオ、そんな土地を見つけたい。そんな思いで青年海外協力隊へ応募しました。技術といえばゼミで取り組んだ映像制作だけ、強いていえば、健康だけが取り柄でしたが、無事合格。当時新規派遣が始まったばかりの西アフリカにあるブルキナファソ国へ視聴覚教育隊員として派遣されることになりました。2000年3月に大学を卒業、4月からは駒ケ根訓練所での語学研修、7月にはブルキナファソに旅立ちました。

配属先は、青年スポーツ省管轄の国立体育学院、そこで実施される視聴覚教育の授業支援と、青年スポーツ省が行う各種啓発活動などのイベントやスポーツ大会での映像制作が主な業務内容でした。よくある話ですが、赴任当初は仕事がほとんどなく、仕事に行っても職場に誰もいないという状況でした。できることから始めるしかないという気持ちで同学院の秘書さん向けパソコン教室を行ったり、地域の学童施設の手伝いをしたり、自身の存在の意味を問いながらの自問自答と試行錯誤の毎日でした。1年も経過するころ、パソコン教室でつくった新年の挨拶カードが契機となり、スポーツ大会宣伝ポスターや案内書の作成依頼が増えていきました。2年めにはようやく念願であった青年スポーツ省のビル内に部屋をもらい、カウンターパートと徐々にその活動の幅を広げていきます。結局、2年9か月のブルキナファソでの生活の最後には、青年スポーツ省マルチメディア局を立ちあげ、カウンターパートが同局初代ディレクターに任命されるなど、後任の職務環境を整えることができました。

ブルキナファソでの生活も2年めを過ぎた頃でしょうか。イギリスで半年間の研究生活を送っていた久保田先生がブルキナファソのフィールド調査に来ました。1週間ほど先生の調査へ通訳も兼ねて同行、女性組合の活動を視察したり、小学校を見て回ったりしました。「国際協力の道に進むなら、大学院くらい行かないと話にならんぞ」、自身の将来を真剣に考えるきっかけはいつも久保田先生だったかもしれません。

▼久保田ゼミの活動――大学院時代

◉サイバーキャンパスプロジェクト

「大学院でバイトしないか」、２００３年4月に帰国したのち、挨拶に伺った久保田先生に夕食をご馳走になっていたときでした。文部科学省から受託しているeラーニングコンテンツ開発プロジェクト（通称サイバーキャンパスプロジェクト）があり、その制作スタッフを探しているとのことでした。進路も定まっていなかったわたしは、当面アルバイトをしながら今後のことを考えようと引き受けることにしました。このプロジェクトへの参加こそ、わたしのその後の人生を決定的に方向づけたのだと今では思います。

２００３年5月から参加したサイバーキャンパスプロジェクトは、高槻市の総合情報学部の大学院棟の一角で作業を行います。青年海外協力隊への参加が決まっており夏までプロジェクトに参加していた盛岡君、大学院への進学を希望していた当時4年生の猪飼君、卒業後アルバイトを続けていた富田さんは、5～6歳わたしより年下でしたが、参加したてのわたしに作業を説明し、ソフトの使い方や作業手順を教えてくれました。また、プロジェクトの全体のリーダーとして、当時博士後期課程3年生で、大学入学時には同級生だった寺嶋君（現大阪教育大学准教授）や中橋君（現武蔵大学教授）がチームを取りまとめていました。

サイバーキャンパスプロジェクトは、総合情報学部で行われる「マルチメディア実習」授業で使うeラーニング教材の開発が目的でした。すでに教材は完成し導入されている段階でしたが、さらに「映像制作実習」授業のコンテンツをつくることになっており、わたしが担当することになりました。当初、Illustratorでロゴや絵をスケッチしたり、Photoshopで写真を加工したりといった作業が中心でした。しかし「映像制作」はそのような「技術」だけで成り立つものではありません。技術はあくまでも表現のためのものであり、何を表現したいのか、何を伝えたいのか、そのためにどのような技術をいかに使うのかといった観点で学習できる教材、そんなコンセプトの教材制作に取り組むことになりました。そして、教材の設計には理論があり、評価があり、改善があり、評価のための手法があります。プロジェクトへの参加者は、研究者として研究の観点から教材開発に取り組んでおり、自分だけが作業をしていることにある日気づきます。しかし、日常的にプロジェクトのメンバーと一緒に作業をしていると、いつの間にか作業が仕事ではなくなっていました。研究者として教材開発に取り組む自分がいたのです。サイバーキャンパスプロジェクトを通じて少しずつ研究に触れ、そのおもしろさ、奥深さに気づいたのだと思います。11か月後、大学院である総合情報学研究科に進学し、２００４年４月に博士前期課程１年生になりました。

◉梅が丘小学校

青年海外協力隊からの帰国後、サイバーキャンパスプロジェクトで教材開発を行う一方で、大学院生活を通じて継続的に関わっていたのが異文化理解支援活動でした。青年海外協力隊と日本の中高生をつなぐ「Meet the Globe プロジェクト」や、アジア諸国の大学生がオンライン上で交流する「ＡＰＥＣサイバーアカデミープロジェクト」などの研究プロジェクト、また学外では、協力隊ＯＢによる出前講座の講師や青年海外協力協会が実施する異文化理解コンテンツの開発支援などにも関わっていました。

そのなかで最も印象的な実践、それが大阪府寝屋川市立梅が丘小学校での異文化交流学習でした。「梅が丘小学校とナガバングレ小学校のビデオレターでの交流を支援してくれないか」と、ブルキナファソにいるわたしへ久保田先生から依頼されたのがきっかけでした。梅が丘小学校から届いたビデオレターを現地で上映したり、現地の子どもからのビデオレターを作成して日本に送ったりする交流支援でした。ナガバングレ小学校は首都ワガドゥグにあるものの、学校に電気は通っておらず、上映機材や発電機を持ち込んでの上映会で、現地の子どもたちもお祭り騒ぎでした。

日本へ帰国後は、梅が丘小学校を訪問してブルキナファソの話を子どもたちに直接することになりました。ただわたし１人では限界があるので、ちょうど日本人女性と結婚して日本に移り住んだブルキナファソ人の友人であるラズマネ・サワドゴ（愛称ラゾ）にも途中から参加してもらっての学習でした。当時、日本にはブルキナファソ人は数人しかいないといわれており、ラゾの人柄もあってビデオから抜け出してきた「ほんまもんのブルキナファソ人」はたちまち子どもたちの人気者になりました。そのため、ナガバングレ小学校との交流自体はわたしの帰国とともに継続は難しくなりましたが、ラゾとの交流を通じた異文化理解の学習が発展していきました。

わたしが話すブルキナファソは外国人の目を通じた文化であり、社会であり、貧困でした。子どもたちにわかりやすいよう、子どもたちの目線で日本人のわたしが感じた異文化を語ります。しかし、日本に来たばかりのラゾは、毎日の水くみの生活や市場での買い物、わたしたちにとって貧困だと思っていたことも、彼にとっては何でもない日常として語ってくれます。子どもたちは自分たちの物差しで貧困を定義し、勝手にブルキナファソを貧困国とイメージしていることに気づきます。さらに、新幹線で誰も隣に座らない話、仕事が見つからない現実、近所の人との交流がない団地の生活など、子どもたちはラゾを通じて日本社会の異質性にも気づいていきます。当たり前だと思っていたことが、実は当たり前でないという現実です。

「自分がワクワクどきどきする、それが大切なんですよ」、梅が丘小学校で実践を担当されていた百崎先生（現寝屋川市立東小学校校長）と谷先生（現寝屋川市立中央小学校）の言葉が今でも印象に残っています。先生たちは子どもたちと共に異文化に関心をもち、異文化に触れ、本気でラゾの心配をし、本気で感動し、涙を流していました。子どもたちと一緒に憤慨し、社会のありようについて考えていました。教室での授業のあとも居酒屋に場所を移し、真剣に議論する先生方の姿、初めての教育の現場、そして教師のすごさを実感しました。「自分たちが、これは本物や、って思わないことから、子どもが学ぶわけないです」。この２人の言葉は、今のわたしの仕事の根幹にもなっています。この実践は２００５年の外務省が主催する第２回開発教育／国際理解教育コンクール実践授業例部門で外務大臣賞（大賞）の受賞に至りました。

ところで、あのとき一緒に学んだ、当時小学校5～6年生の子どもたちも、今では27、28歳の大人になっているはずです。あの子どもたちにとってのラゾとの出会い、交流学習の意味は、彼ら／彼女たちにどのように記憶され、位置づけられているのでしょうか。15年経った今、一緒に当時のことを振り返る機会があれば本当に素敵だろうなと思います。

◉学会発表

「たかせーさあ、学会発表しない？」。大学院にまだ入学していないときに声をかけてくれたのは、博士後期課程3年生の中橋君でした。当時、梅が丘小学校での交流学習とラゾを交えた異文化理解の授業が進みつつありました。それまで研究の観点から取り組んだこともなく、どちらというと、異文化を紹介したいという思いだけで取り組んできたわたしにとっての初めての研究活動でした。「おお、学会発表、やりゃあいいじゃん。何がダメなの？」と、久保田先生はいつも通りの後押しです。学部時代はゼミというなかでの活動でしたが、大学院では博士や修士の先輩学生が多く、プロジェクト単位で先輩たちと一緒に研究に取り組みます。いわゆる、研究室教育の仕組みがありました。そのような研究室での先輩との共同研究、わたしにとっての大学院での最初の指導者は間違いなく中橋君でした。

インタビュー調査を実施し、結果を分析して、プロシーディングペーパーとしてまとめる。たった4ページの原稿にこれほど苦労した経験はありませんでした。はじめの原稿は感想や自分の思いだけの文章でした。何度も赤を入れ、研究とは何なのか、何が課題でこの研究で何を明らかにするのか、結果は何で、その結果が何なのかを根気よく中橋君が語りかけてくれました。先輩が後輩を指導する、研究室ではそれが当然の学び方でした。中橋君の着実な指導もあり、学会へ投稿したところ無事採択され、10月の学会で発表することになりました。今度は、初めての発表に向けて、プレゼンテーションをつくり、中橋君に何度も発表を見てもらい、またプレゼンテーションを修正しました。夜の10時、11時の帰宅が当たり前でした。学会発表前日の夜も、そして当日の朝もホテルの部屋で練習しました。初めての学会発表、いくつかの質問も受け、研究者としての一歩を踏み出したのでした。そのときのすがすがしい気分、やり遂げたという思い、一方で、またやってみたいという思い……「おお、せっかくだから、まとめ直して査読論文に出せよなあ」、久保田先生のいつもの言葉にも、「よし、やるか」、そんな気持ちになれるようになっていました。

◉チームを率いる

大学院に進学後は、いろいろな研究プロジェクトに参加しつつ、博士後期課程の学生と相談しながら、今度は学部生も含めた研究チームを主体的に引っ張っていくことになります。わたしが関わっていたプロジェクトの一つが、久保田先生の担当する「AVメディア制作論」という授業の設計でした。授業は2年生対象の必須科目で、目的はメディアの制作側の視点を通じてメディアの特性や意味、自身との関係性について理解することにあります。授業は教室だけではなく、電子掲示板での議論を並行して行い、同期型・非同期型学習の連動を意図した実践をしていました。わたしの役割は、電子掲示板でのモデレートを通じて学習参加者の議論を促すことでした。

具体的には、掲示板上での学生の書き込みのなかから、展開が生まれそうな発言を見つけ、その学生の発言を軸とした問いかけを通じて、議論を転換、活性化させ、考えるきっかけをつくり、その議論を通じて気づきを誘発することを意図するものです。必ずしも優等生的な発言だけを取りあげるのではなく、やや投げやりな意見や反対意見も取りあげ、コミュニケーションを促進させていきます。さらに次年度は、活発に議論している現役の学生もモデレート役を担えるようにし、どうすれば議論が活性化し、教室授業と電子掲示板上の議論の間で有機的な連携が可能になるか、学生たちと共に議論していきました。

このとき一緒に取り組んだ学生は2年生でしたが、その後、久保田ゼミに入ったり、大学院のプロジェクトに関わったりしていくことになりました。実際、学生と一緒に学会発表にまでつなげたりもしました。それまでは、中橋君をはじめ先輩に引っ張ってもらっていた立場から、いつのまにか、今度は自分が中核となってプロジェクトを動かす立場になっていたのです。

カナダでの初めての国際学会、査読論文の取り組み、論文賞の受賞、海外フィールド調査、いくつかの研究プロジェクトを抱えながら、充実した大学院生活を送れたと思います。文章を書くこと、考えること、多様な観点から視ること、分析すること、考察すること、そして、チームをつくること、チームで取り組むこと、チームを率いること、そして、チームで学び、チームで成長すること、今の仕事の進め方の基本が大学院にありました。

▼国際協力専門家としての実践

◉大学院修了後

２００４年から3年間過ごした大学院在学時から、漠然と国際協力の道に進みたいという意思はありました。ただ国際協力の道に進むための明確なキャリアパスはありません。そこで見つけたのがジュニア専門員という専門家を育成するＪＩＣＡの研修制度でした。研修制度といっても海外で学位をとっている人、社会経験を通じた高い専門性を有する人、国際機関で働いている人などが挑戦する非常に狭き門でもありました。当時 TOEIC のスコアさえもっていなかったわたしは、英語の勉強からのスタートでしたが、eラーニングや遠隔教育などを含めた高等教育分野の支援要請が増えていた状況もあり、無事合格することができました。配属先は、人間開発部高等技術教育課（当時）、そこでもまたたくさんの学びがあり、すばらしい仲間と友人に出会うことになります。

２０１９年10月現在、わたしはＪＩＣＡの専門家としてマレーシアのクアラルンプールに駐在しています。２００６年にジュニア専門員としてＪＩＣＡに入構、その後、２００７年のベトナムのハノイ工科大学での情報系新学部設立プロジェクトへの赴任を皮切りに、２００７～２００８年にはルワンダでの新規技術短大の設立プロジェクトに従事、２００８～２０１７年には9年間にわたりエジプト日本科学技術大学設立プロジェクトに携わりました。

そして２０１８年より、プロジェクトのリーダーであるチーフアドバイザーとして「マレーシア日本国際工科院プロジェクト」に着任しました。大学2年間、青年海外協力隊3年間、大学院3年間、ＪＩＣＡ専門家としての14年間、気づくと久保田先生にゼミの参加希望をファックスで送ってから22年の月日が経ちました。

◉久保田ゼミの学び

ここでは、大学時代と大学院時代の久保田ゼミでの学びを振り返ってみたいと思います。大学3年生のゼミではこれまで知識を授けてくれる教師はいなくなり、自分たちで考え、自分たちで学ぶ新しい学び方に出会いました。そこでは教室を飛び出し、スタディツアーにおける、不条理や課題の実在するフィールドでの人びととの出会いを通じて学び、映像制作や帰国報告会を通じて振り返り、学びを深めました。それまで受け身であった自分が、初めて前を向いて本気で学ぶことの意味に気づきました。

大学院生活では研究者として多様な観点で事象をとらえる見方と考え方を養いました。それも、梅が丘小学校をはじめとしたフィールドにおける、本気で取り組む生きた人たちとの協働を通じた学習によるものでした。その過程では、学会発表、国際学会参加、論文投稿といくつもの挑戦があり、大学院の仲間と共にチームとして取り組んでいくことになりました。久保田先生は多くの挑戦の機会を提供するとともに、個々の挑戦を自身の今後のキャリアや生き方に意味づけすることの重要性をいつも指摘しました。そして、大学院での実践では、チームの一員から、徐々にリーダーとしてチームを率いていくことになりました。これまで久保田先生が実践していた学習環境を、今度は自分が創造することになります。その経験を通じて、チームで学び、チームで成長することの重要性を改めて認識しました。

実社会をフィールドとした他者との相互作用を通じた学習、スモールステップでの多様な挑戦と、自身の生き方と学びの位置づけの再構成、そして、学習環境のつくり手になることを通じた全人格的成長、それが学習共同体を軸とした久保田先生の学びのデザインだったといえるのではないでしょうか。それでは、わたしの今の国際協力への取り組み方と、久保田ゼミでの学びはどのようにつながっているのでしょうか。わたし自身の高等教育分野での国際協力の実践をとおして、「仕事を通じた学びの重視」、「分野横断型タスクでの実践」、「自身の参画と成長」という三つの実践を紹介したいと思います。

①仕事を通じた学びの重視

国際協力の活動では「研修を提供する」ことが多くあります。参加者にとって研修への参加は、自身の履歴書に記載できますし、参加証明書（certificate）ももらえるので人気があります。研修の提供側も、多くの学習者を1か所に集めて実施することで、費用を抑えられ、効率も上がります。また実施者も「研修実施数」、「研修参加者数」が評価の対象とされるため、説明しやすいという側面もあります。

高等教育分野での国際協力では、教育の質の向上や研究能力の向上、入試制度の改善や大学の国際化の推進、産学連携機能の強化や人事戦略の立案などに取り組みます。人材育成の対象は教職員や技術者で、また組織強化の対象は大学や各部門になります。このような取り組みを行う際、わたしは、研修を開くことより、むしろ日常の仕事を題材にして「仕事を通じた学び」をより多く取り入れる実践を心がけています。入試制度の構築、教育の質の分析、人材育成戦略政策の立案など、実際に存在する課題をテーマとし、その解決を通じた学びの重視です。

その理由として、実在する課題であることがより高い意識をもった取り組み（動機づけ）につながること、状況の改善を共に実体験できること、また試行錯誤のプロセスと成功体験を通じて他の課題への適応力を育成できると考えるからです。もちろん、研修もワークショップや参加型で行うことでより深い学びにつながるようさまざまな工夫もされていますし、研修自体を否定するつもりはありません。ただ、仕事を通じた学びの実践は、現地で常駐して比較的長い時間をかけて、現場の人と一緒に取り組めるＪＩＣＡ専門家であるからこそできるアプローチでもあります。

②分野横断型タスクでの実践

仕事を通じた学びを実践する際には、分野の異なるメンバーから構成されるタスクチームを形成するアプローチをよくとります。途上国の高等教育機関では、各専門に分かれて業務にあたるのが通常です。財務であれば財務、広報であれば広報、人事であれば人事。さらに教員と職員の立場は給与体系から社会的ステータスまでまったく異なります。事務職員は財務、広報、人事などそれぞれのスペシャリストとして大学に採用され働いています。教員は大学の経営について考える機会もありません。つまり、大学者としての意識よりも、それぞれの専門家、研究者としての意識が強い傾向があります。

しかし、大学の抱える課題は、たとえば学生募集にしても、教育の質にしても一つの専門部署や教員だけで解決できるものではありません。問題は複雑に絡み合い、一つの部署で対応することは困難です。また、それぞれの仕事は、大学の果たす教育、研究、社会貢献という使命の上に成り立っています。大学の有する使命において、個々の仕事を位置づけ、多様な観点で取り組む必要があります。人事や財務だけ機能しても、あるいは研究者だけ研究成果を出しても大学自体の発展にはつながらないのです。そのため、各専門家であるという意識や立場の違いから脱却し、教員と職員が共同で実践する場と、大学アドミニストレーターとしての自覚が必要になってきます。もっといえば、高等教育分野での国際協力は、ミドルレベルでの大学アドミニストレーターをいかに育成できるかというところが非常に重要になってくると考えています。そのような人材の育成を目指して課題に応じたタスクチームを、分野横断的にさまざまな部署や教員で形成し、多様な観点と多様な専門性を有する人たちによるチームでの協働を促します。その協働のなかで多様な観点に気づき、大学全体を見通せる広い視野をもった大学アドミニストレーター育成につなげることが期待できるのです。

③自身の参画と成長

国際協力の現場ではチーフアドバイザーとして学長や部門長、相手国政府役人など、管理者層との仕事を進める機会は多くあります。日本側の代表として、大学トップや政府間での交渉を、JICA本部や現地大使館と相談しつつ担います。一方で、このような学内のタスク活動を実践するときは、チームの一員として参画するようにします。1人のタスクメンバーとして、タスクの実践に参画するのです。もちろんファシリテーションをすることもありますが、それよりもメンバーの一員として一緒に考え、相談し、課題を模索します。わたしはJICAの専門家だから、アドバイザーだからと一歩引くことは、信頼関係の構築につながらないだけでなく、上層部との交渉や、外部組織との連携、教職員のパワーバランスの調整、多様な観点での知的貢献といった、外国人であり国際協力の経験を有するからこそ担える役割を果たせなくもなるからです。また、共に課題解決に一員として本気で取り組むためには、勉強は欠かせません。大学の人事制度や経営戦略といったその時々に直面する課題に応じて柔軟に対応し、世界の潮流と社会の変化にも敏感になる必要があります。その際に、タスクチームの面々との取り組みは多様な観点に気づかされ、自身にとっての学習の場になります。タスクでの協働の場は、現地の人たちだけの成長の場ではなく、自身の学びの場、成長の機会でもあるのです。そして、タスクチームでの活動は、課題解決や制度設計にチームとして取り組みつつ、そのなかでしっかりリーダーを育成し、タスクチームの活動をハンドオーバーしていくことが重要です。このようにマネジメント層と仕事をする際の立場と、タスクチームで活動する際の立場という二つの立場での仕事を心がけています。

▼最後に

1998年の久保田ゼミへの参加から、2006年の大学院の博士前期課程修了までのプロセスを振り返るとともに、わたしの高等教育分野の国際協力として取り組む「仕事を通じた学びの重視」、「分野横断型タスクでの実践」、「自身の参画と成長」という三つの実践を紹介しました。いうまでもなく、わたしの実践は、社会に実在する課題を対象として、チームでの協働と相互作用を通じた人材の育成と組織強化という点で、学習共同体を軸とした久保田ゼミでの学びの経験が根幹にあります。

国際協力の分野ではまだまだ「技術移転」という言葉が独り歩きしています。これは国際協力の活動を「技術を有する者」から「技術を有さない者」へという、「技術」の「移転」を基本としてきた歴史があるからです。これまでの久保田ゼミでの学びの観点から国際協力をとらえ直すと、新しい知や経験を現地の人との協働を通じて共創していくこと、自身も含めたチームで学び成長し、個々の育成と組織強化につなげていくことだといえるのではないでしょうか。

今後も、久保田ゼミでの学びを活かした国際協力に取り組んでいきたいと思います。

コラム６

今の自分につながる出会い

森島　亜也子

　久保田先生と初めて顔合わせをした日に「お前は何がしたいんだ」、「敷かれたレールの上を走っているだけでいいのか」と言われたことは今でも鮮明に記憶しています。それまでは特に目標もなく、苦手なことは比較的避けるような（われながら振り返って恥ずかしく、反省すらしてしまうような）人生を送っていた19歳の当時のわたしにとって、初対面でそんなことを言ってくるような人はいなかったので、かなり衝撃で、何がしたいのかを真剣に考える強烈なきっかけとなりました。でもそのときの自分には、自分が何をしたいのかわかりませんでした。約20年間自分と真剣に向き合うことなく生きてきたのだから、今ならそりゃそうだと思います。当時のわたしは、どうせわからないなら何でも挑戦してみて、楽しいと思うことを見つけよう、とりあえずやってみようという気持ちになり、そこからは積極的に大学外や海外の人と関わる機会に参加するようになっていきました。

　そして現在、わたしは開発コンサルタントとして途上国の開発援助に携わっています。このように、仕事として「国際協力」に関わって生きていることは、先生との出会いなくしてはありえませんでした。なんとなく海外に興味はあったけれど途上国については考えたこともなかった、そんなわたしの世界を広げてくれたのは、間違いなく先生のゼミで行ったフィリピンへのスタディツアーであり、その後メンバーとして活動していたフィリピンＩＣＴ支援プロジェクトです。「途上国の人は貧しくてつらい生活をしているから、何かしに行ってあげる必要がある」という自分の固定観念が覆されるとともに、現地の人と一緒に何かを成し遂げることの難しさやその過程のおもしろさにどっぷりはまってしまいました。初めてゼミのスタディツアーでフィリピンに行ったとき、自分の力不足のせいで感じた悔しさ、現地の人から受けた厚意・優しさへの感謝の気持ちが今でも自分の原動力の一つになっています。また、「関わったことに責任をもつ」という先生の言葉は今も胸に残っています。今では当時のＮＰＯやボランティアという立場ではなく、コンサルタントとして派遣されているものの、現地の人にとって支援する側の人としてではなくて、一緒に問題を解決する仲間でありたいという思いをもって仕事をしています。このような関わり方の芯となる思いが形成されたのも、ゼミでの経験があったからです。

農家への聞き取り調査

9

野火的な学びとその学習環境

岸磨貴子

▼はじめに

Non-knowing Growing.

これは、Ｌ・ホルツマン（Holzman 2018）の著書 *The Overweight Brain* にあるわたしの好きな言葉の一つです。経験したことがないこと、やり方がわからないまま成長することです。大学を卒業してからの20年を振り返ると、わたしは、Non-knowing Growing をしてきました。経験したことがないこと、やり方がわからないことを、プレイフルに、創造的／想像的に取り組んできました。いつからそういった学び方をするようになったかと思い返せば、そのきっかけは大学のゼミでした。

「できるかできないかじゃなくて、やるかやらないかだ」。

これは久保田先生の口癖です。わたしたちは、どうしても、何かを始めるときには「できるかな」と考えてしまいます。何か新しいことをするときは、その土台となる知識やスキルがあってそれを適応・応用する形でできるかどうかを考えます。これは、「転移」という言葉で説明されます。ある文脈で学んだことを、違う文脈で活かすことを意味します。学校で学んだことを実生活に生かすこともその一つです。この「転移」という考え方が土台にあると、わたしたちは、何か新しいこと、経験したことがないことをするときには、その土台となる知識やスキルが必要だと考えます。そして、長い学校教育でわたしたちはそう考えさせられてきました。学校では「いつか役に立つから」、「これは社会に出て必要なスキルだから」と言われて学んできました。いつか役立つだろうからと、そのときは意味がわからなくても、必要なときに活用できるように学んできたのです。そういう認識をもっていると、わたしたちは「知らないことはできない」と判断しがちです。実際に、わたしが大学で担当するプロジェクト型の授業でも「教えてもらってないのでできない」、「何をするかちゃんと手順を示してほしい」、「ゴールとやり方を示してほしい」と学生に言われることがあります。そのとき、こう答えます。「大丈夫、やっているうちにできるようになっているから。まずは、やってみなさい」と。

Non-knowing Growing は、経験したことがないこと、やり方がわからないことでも、やっていくなかで人の力を借りたり、貸したりしながら、できるようになる学習・成長です。「今の自分」にできないことも、誰かの力を借りて、頭一つ分の背伸びができることは多くあります。その積み重ねのなかで、「そのときのわたし」には想像もできなかったことができるようになっていくのです。

学ぶということ、成長するということはどういうことか。そのための環境をどうつくり出すことができるのか。これこそが、研究者としての今のキャリアの道をつくった問いでした。

本章では、ゼミから始まったわたしの Non-knowing Growing の経験から、今のキャリアにどうつながっていったのかについて描いていきます。

▼大学でのゼミでの学び

わたしは都内の私立の大学で教員をしています。主要科目は「インターネットと社会」で、他にメディアリテラシー、教育の方法と技術、ソリューションアプローチ、アクションリサーチ、情報関連科目などを担当しています。授業もとても好きなのですが、なかでもゼミには特別な思いがあります。わたしが所属する学部では、ゼミは必修ではありません。また、学生のゼミに対する考えも多様です。自分のやりたいことを見つけるまでの居場所的にゼミに入る学生もいれば、就職活動で忙しくてとても卒業研究なんてできない、といってゼミをやめた学生もいました。

そのため、今ではゼミの募集をする際には、「わたしが退職をするまでの30年間、縦にも横にもつながっていけるゼミのコミュニティを一緒につくれる人を希望する」と伝えています。ゼミの2年間だけではなく、卒業してからも、学生たちにとっての居場所であり、長い人生の変化を確認したり、いつか何かプロジェクトをするときの仲間を見つけたり、自分にできることややりたいことを探せたりできる場所であればよいと思っています。このような考えは、自分のゼミの経験に基づいています。そこで、本節では、20年前の自分のゼミの経験を思い出しながら描きたいと思います。

◉自分の枠を超える

大学時代の授業やゼミで何を学んだのか、正直にいうとあまり覚えていません。ゼミでは、輪読したり、ロールプレイをしたり、久保田ゼミが例年実施していたスタディツアーの準備をしたのを覚えています。何を学んだかではなく、誰と何をしたかについてははっきりと記憶にあります。なかでも、ゼミで出会い、現在にいたるまで大親友であり、ライバルであり、メンターでもあり、相棒でもある岡野貴誠さん（第8章著者）（以下、貴誠）とは、学部の2年間で多くのことを一緒に生み出してきました。自分のキャリアを考えるうえで時折登場してくる人なので、彼のことを少し詳しく語りたいと思います。

当時の彼は、1年半くらいバックパッカーをしていたということで、ロン毛の三つ編み、服もボロボロ、いつも1人で廊下のあたりで新聞を読んでタバコをふかしている変な人でした。一方わたしは、割と勤勉で実直な学生でした。授業にはちゃんと出席し、予習・復習をし、集団行動が得意な学生で、彼とは対照的だったと思います。ただ、わたしたちには共通点がありました。旅が好きということです。わたしは、もともと外国語大学のスペイン語学科も大学進学時の選択肢にあったこともあり、大学では第二言語として英語ではなくスペイン語を学び、大学の長期休暇の際には、スペインや中米をふらふらと自由気ままに旅していました。ですから、バックパッカーをしていた貴誠とはとても話が合いました。当時は、いわゆる途上国に行く人も、自由気ままに旅をする大学生もとても少なかったですし、何より今のようにインターネット上にそれらの国の情報はほとんどありませんでした。Web 2.0 の技術が進み誰もが情報を発信できるプラットフォームが整ったのは2005年頃です。それまでは、Web1.0 といわれ、一部の技術をもった人だけが一方的に情報を発信できる時代でした。メールも Hotmail が流行りつつありましたが、フリーメールをもっている人はちらほらいるという程度でした。海外（特に途上国）についての情報はあまり手に入らなかったので、実際に世界を旅してきた彼の話はとてもおもしろかったです。

久保田ゼミのテーマは「グローバルイシューとコミュニケーション」で、世界規模の課題を学ぶためのスタディツアーが例年夏休みにありました。わたしと貴誠は途上国を旅するのに慣れていましたが、途上国に行くことに不安をもつゼミ生は多かったです。気持ちに余裕がある分、スタディツアーは楽しく過ごしました。ただ、貴誠とわたしでは、現地との関わり方が違っていました。わたしの旅はどちらかというと、ガイドブックで紹介される観光地を訪れ、「写真で見るよりすごいわ！　楽しいわ！」と感動して帰国するというものでした。貴誠はあまり観光には関心をもたず、いつも、気づいたら現地の誰かと一緒にお茶したり、お店に入ってくつろいだり、おしゃべりしたりしていました。そして、必ず「おいでや」と声をかけてくれ、わたしをその輪に入れてくれました。

現地の人と関わることはなんておもしろいのだろうと思いました。観光地に行くよりずっとずっとおもしろいと思いました。フィリピンのスタディツアーのためにわたしたちゼミ生は半年かけて事前勉強をするのですが、そこでもっていたフィリピンのイメージとはまったく違うフィリピンに出会いました。よくよく考えてみると、わたしのこれまでの旅は、事前のイメージと実際のイメージはそれほど変わりません。なぜなら、観光地の写真を見て、「ここに行きたい！」と足を運び、実物を見て「やっぱり実物はすごかった！」と、帰ってくる旅をしてきました。フィリピンではそうではなく、文化の見方、考え方、感じ方、関わり方がどんどん変わっていったのです。

現地の人とのコミュニケーションのとり方も変わりました。わたしは、英語が割と得意だったので、海外でもガンガン人と話すほうでしたが、ある日、貴誠から「完璧な英語じゃなくていいんじゃない。相手の人わかってなかったで」と言われて「はっ」としました。貴誠も久保田先生も、フィリピン人と話すとき、とても簡単な英語で話していました。最初は、英語イマイチなのかな、と思ったのですが、大学訪問で現地の教授と話すときは、わたしの理解が追いつかないくらいの難しい話を英語で流暢に話していました。当時のわたしは、コミュニケーションとは正確な文法でネイティブに近い発音で完璧に話すことだと思っていました。そうではなく、コミュニケーションとは、相手や状況に合わせて、会話を一緒につくり出していくものだということに気づきました。ネイティブに近い英語を正確に話すことがかっこいいと思っていましたが、現地の人と楽しそうに会話する貴誠や久保田先生のほうがよっぽどかっこいいと思いました。

当時の日記にわたしはこんな言葉を書いていました。「当たり前だと思っていたことが実は当たり前ではなかった」。この言葉にはいろいろな意味が込もっています。その一つは、正しくなければならない、正しいやり方でやらなくてはならない、という自分の囚われは、実はそうではないという気づきでした。

◉知る＝関わること

わたしたちは長い学校教育のなかで、知識をゲットする文化に身を置いてきました。知識にもランクをつけていました。図鑑、教科書、辞書、専門書に書いてある知識は価値のあるものとし、できるだけ多くの知識を得ようとしてきました。実際に、これらの知識は海外に出たときに役立ちました。歴史で学んだことはメキシコに行ったときにその文化を理解するうえでとても役立ったし、英語で学んだことは旅を円滑にするうえでとても役立ちました。役立つという実感がまた、知識を多く得たいという欲求となりました。一方、人の意見や考えについてはあまり価値を感じていませんでした。テレビを見ても、授業で誰かの意見や考えを聞いても「ふーん、そうなんだ」と聞き流すことも多く、特に価値づけていませんでした。つまり、専門家が示した知識にこそ価値があり、専門家以外の人たちの意見や考えに関心を向けていませんでした。

フィリピンでの経験はそういった自分の認識を覆すものでした。人びとの語りの豊かさ、関わりのなかでみえてきた現実。それは、メディア（テレビや教科書などを含む広義の）では伝えられていない現実でした。そして、わたしが知っていると思っていた知識は、世界のごく一部であり、誰かによって切り取られ、意味づけられていたことを知りました。関わることで見えてきた現実、関わることで広がった世界への見方、考え方、感じ方、関わり方、そして、メディアでは語られない現実が多く存在することを知りました。

知るということは関わるということだという気づきは、その後の生き方に大きな影響を与えました。わたしはフィリピンのスタディツアーのあと、1年間休学をして海外に出ました。この海外での1年間、それまでの旅とはまったく違うやり方で、多くの人と関わり、語りました。モロッコでは、ベルベル人の村に住み込み一緒に生活しました。エジプトでもヌビアのフルーカーのキャプテンの仕事を手伝いながら、村に招いてもらい、彼らの家に住み込み、彼らと関わりました。深く関われば関わるほど多くを知りました。そこで知ったことは、メディアでは決して知りえなかったことです。そして、関わり方によって知れることが違ってくることもわかりました。親しくなればなるほど、多くを共有してもらえました。旅行者としてのわたしより、友人となったわたしに、人びとは多くを語り、共有してくれました。彼らは、彼らの喜びや悲しみ、苦悩や価値観を分かち合ってくれました。

知れば知るほど、モヤモヤした気持ちが高まりました。メディアでは語られていない現実の多くを知り、なぜそれが伝えられないのか疑問に思いました。特に、少数民族の村を中心に訪れたので、抑圧された彼らのことが、なぜメディアで伝えられないのか知りたいと思いました。その思いをもったまま帰国し、ジャーナリズムに関心をもつと同時に、自分自身が情報を発信しようと決めました。

休学から復帰したのち、わたしはメディア関係の授業を多く履修し、時間を見つけては、映像やマルチメディアを制作しました。わたしはそれまで映像やマルチメディアを制作する技術をもっていなかったのですが、やりたいという気持ちがまわりに伝わると、たくさんの人が力を貸してくれました。コンピュータ室で、1人で編集をしていると、先輩や友達が様子をわざわざ見にきて「どう？　進んでる？」と手伝ってくれたり、編集のアドバイスしてくれたり、「編集に興味あるならスタジオのアルバイトしてみる？」と学部のスタジを管理している職員の方に声をかけてもらいました。このように、いつの間にか撮影・編集技術を専門的に学ぶなど、自分がやりたいことができる学習環境が自然と整っていきました。

◉拡張する学習環境

自分の学びの環境（学習環境）は、自分でつくっていけることがなんとなくわかり、何でも自分から動いていくようになりました。与えられるのを待つのではなく、自分は何がしたいのか、何ができるようになりたいのか、を考え、自分で動けるという学び方はとても楽しかったです。それまでの学校教育では「いつか役に立つから」とそのときは意味もわからず学んできたことが多かったですが、大学の3年生、4年生では、自分が学びたいときに学び、挑戦できました。自分にできることが増えると、次のチャンスを得るきっかけにもなりました。知識や技術を身につけてから挑戦するというより、プロセスと結果が常に同時に起こっていました。

「できるかできないかじゃなくて、やるかやらないかだ」。

まさにその通りでした。自分から動けば、どこまでも可能性は広がりました。次々とやりたいこと、できるようになることが増えました。何かを学ぶプロセスと結果が同時に起こっていました。そして、結果は次のプロセスを生み出しました。それは学校教育における「いつか役立つ何かのために（結果のために）学ぶ方法」とはまったく違っていました。

本章では、これを野火的（wildfire）な学びといいましょう。ゼミには、野火的な学びができる環境がありました。環境とは、学部の設備、人（コミュニティ）、ゼミの活動です。

わたしは学部創立の3年めの入学生です。いつでも使えるＩＣＴ機器、いつでも学習支援してくれる職員や学生のティーチングアシスタント、夜遅くまで居残れるゼミ室がありました。当時パソコンは、30〜40万円ほどする高価なものでしたし、映像やマルチメディア制作のためのアプリケーションも10万円ほどするもので、学生のわたしの手になかなか届かないものでした。これらの環境は、わたしたち学生がいつでも自由に使えるように開かれていました。そして、一緒に悩み、考え、挑戦できるゼミのコミュニティがありました。久保田ゼミは異学年交流がとても盛んでした。大学時代、年が一つ違うだけで、とても相手が大きくみえたり、幼くみえたりしました。しかし、ゼミ室では、学年や年齢差より、自分にできることが可視化されました。たとえば、一つ上の内藤咲英さんや一つ下の桑井大輔さんは、先輩・後輩というより一緒にプロジェクトに取り組む仲間のような存在でした。いつの間にか敬語も砕けていきました。ゼミ室は、先輩や後輩と関わる場というより、同じ関心や問題意識をもつゼミ生が一緒に活動する場でした。それぞれのゼミ生には得意なことがあり、多く助けられました。力を貸してもらうたびに、次は自分が人に力を貸せるようになりたいと思いましたし、そうしました。自分にできることを一つでも増やしたいというギブの思いは今でも強くあり、それがわたしの成長の原動力でもあり続けています。

わたしが尊敬するF・ニューマンは、著書の *Let's Develop!*（『みんなの発達！』）で、人はギブすることでより発達できる、と心理学に新しい観点を示しました（Newman & Goldberg 2013）。まさにゼミでの学びはこれでした。自分にできることをやりながら成長していくのです。学校はゲットの文化です。知識をゲットする、成績をゲットする、推薦をゲットするなど、ゲットが中心になります。ゼミでは、自分が何かしらギブできる活動があり、自分のギブを受け取ってくれるコミュニティがありました。だからこそ、自分が動けば限りなく学びは開かれていたのです。

◉異文化に身を置いて

研究者としてのわたしがメディア（ICT）、文化（国際）、リテラシー（教育）に関心をもったきっかけは間違いなく、学部３年生の頃の西アフリカ、ニジェールでの調査です。当時、久保田ゼミ１期生の藤田由布さんが西アフリカのニジェールで青年海外協力隊員として派遣されており、久保田先生が彼女の現地での活動をバックアップすることになったのです。

なぜ学部生のわたしが旅費を払ってもらってまでニジェールに行けることになったのかまったく覚えていませんが、「お前もニジェールに行くか」と声をかけてもらい、「行きます」と即答して決まったのだけは覚えています。他に、ゼミの先輩２人と合計４人で渡航しました。

ニジェールでの調査は、とても刺激的なものでした。現地での任務は、当時現地で問題となっていたギニア虫撲滅のためのメディアキャンペーンをつくることでした。どのようなメディアキャンペーンがギニア虫撲滅のために効果的なのかを考えるうえで、まずは現状のメディアキャンペーンの課題を明らかにすることになりました。

ニジェールの村落は電気・ガス・水道がありません。村の人は、雨季にボコッと窪んだ土地に溜まった水を汲んでそれを飲み水や生活用水として利用していました。ため池の水にはギニア虫の寄生したミジンコが生息し、村の人はそれを水と一緒に飲んでしまいます。人の体に入ったギニア虫は、体のなかで1メートルくらいに成長し、人の体のやわらかい部分を通りながら膝下まで下り、その人が再びため池に入ったときに皮膚を破って出てきて産卵します。ギニア虫を体から駆除するためには、ギニア虫が産卵のため皮膚を破って出てきたタイミングで棒に巻きつけて引っ張り出すのですが、途中で虫がちぎれてしまい、残りは再び人の体のなかに戻ってしまうことがあります。破られた皮膚から感染症になることもありました。

ギニア虫感染予防のためには、ミジンコを布でフィルタリングすることが推奨されました。ところが、フィルタリングの仕方をうまく村人に伝えることができません。使ったあとのフィルターを逆にして再度使い、前回のフィルタリングで駆除したはずのミジンコをまた飲み水のなかに落としてしまうのです。

村の人が正しく水をフィルタリングできるようになるよう、政府や国際機関はさまざまな啓発ポスターをつくって周知しましたが、なかなか成果は上がりませんでした。わたしたちは、村の人のメディアに対する理解（メディア・リテラシー）に課題があると考え、既存のポスターを使って、村の人が既存のポスターをどのように理解しているか調査をしました。

驚いたのは、村の人はポスターを正しく理解していませんでした。たとえば、横顔の女性のポスターをみて「彼女は病気だ」というのです。その理由を聞くと「顔が半分ない」というのです。他のポスターも同様で、ポスターのメッセージが村の人に伝わっていませんでした。

わたしは、シャノン（Shannon 1949）のコミュニケーションモデルが示すように、情報はメディアをとおして真空管のように伝達されるものだと思っていました。そうではなく、情報とは誰かの視点から切り取られ記号化されたもので、それは再び受け手の視点から解釈され伝わることを知りました。そして、何を切り取るのか、どう記号化するのか、どう解釈するのかは、深く文化と関わっていることを知ったのです。

ニジェールでの調査の経験はのちにわたしが質的研究に関心をもつ原体験となりました。質的研究では、ある事象を、その背景にある社会的、文化的、歴史的、政治的、経済的、構造的側面に目を向けてとらえていく研究方法です(Prasad 2005)。

ニジェールでの調査で次の言葉を久保田先生に言われたのを、今でもときどき思い出します。

「お前が見えているものと、俺が見えているものは違う」。

当時は、「そりゃ先生のほうが知識もあるし、わたしよりニジェールのことをよく見えているのは当たり前や！」と思っていましたが、この言葉は別の観点から解釈できます。同じ経験をしても、同じものを見ても、見る人によって見えてくるものは違うということです。「わたし」は、世界を見る「枠組み」です。何かを見るということは何かを見ないということです。何かを見るためには、知識はもちろん、関心や問題意識、現地の人との関わり方によって違ってきます。40代男性の大学の教授だった久保田先生から見えるものは、20代女性の学生のわたしが見ているものとは違います。どちらが正しい、価値があるということではなく、「わたし」だからこそ見えることがあるのです。実際、わたしは現地で同世代の女性や子どもたちとすっかり仲良くなったのですが、そこでわたしが知りえたことは久保田先生には知りえなかったことです。人によって同じものの見方や描かれ方が違ってくるなんて考えたこともありませんでした。そして、これらの多様な見え方はどれも真実なのです。専門家が言ったからそれが正しいというわけではありません。学生だからこそ、女性だからこそ、アジア人だからこそ、日本人だからこそ、見えてくることがありました。知るということに対する認識が１８０度変わり、世界がもっともっとおもしろいと感じるようになりました。今の見え方、感じ方をもっともっと広げることができると実感しました。それまでは、学ぶというのは、覚えたり、教えられたりするものでした。知るということは、聞く（読む）ことでした。わたしはもっと自分の身体を使って世界を知りたい、感じたい、わかりたいと思うようになりました。それが、卒業後、海外に意識が向いた大きなきっかけになりました。

▼5年後、10年後、20年後のわたし

久保田先生は、よくわたしたちに「10年後どうなっていたいんだ」と詰め寄ってきます。「イメージできません」というと「だからお前はダメなんだ」と言われるのを誰もが経験していますので、久保田ゼミのキーワードの一つは「10年後の自分」です。

学部を卒業した20年前、わたしは「世界にずっと関わっていたい」と10年後のイメージをしていました。当時、自分が大学の教員になっているとはまったく想像もしていません。しかし、学部卒業時のやりたいこととやってきたことは、大きく回り道もしましたが、すべてつながり、今わたしは世界と関わりながら生きています。学部卒業時のイメージは、5年後の道になり、それは10年後、15年後、20年後の今の基盤になりました。

◉大学卒業後の5年――シリアへ

わたしは大学を1年休学したので、23歳で大学を卒業しました。卒業後は都内のインターネット放送局の報道部で働き、その関係でフリージャーナリストが集まり、マスメディアでは報道されにくいニュースを発信するアジアプレスに顔を出すようになりました。そこで、戦争写真家のKさんと出会い、学部の頃のアラブ・パレスチナへの思いがぐんと引き出されました。ゼミ3年生のときに休学した際、わたしはシリアに行ったことがあります。英語がまったく通じない国は初めてだったことに加えて、当時のシリアはハーフィズ・アル＝アサド大統領のもと鎖国のような状態で、隣国イラクはまだ政情が不安定、レバノンはまだ内戦の傷跡が生々しく残っていました。シリアでは、政治的

な話をしてはいけない、政府の批判をいっさいしてはいけない、宗教的戒律に則った行動や服装をしなければいけないなど注意すべきことが多く、あまりにもこれまでと違ったことが、よりいっそうわたしの好奇心を高め、帰国後は、アラブについての文献にあたりました。アラブについて知っていくうちに、パレスチナ問題が常に目に入り、いつしかパレスチナに行ってみたいと強く思うようになりました。

Ｋさんとの出会いによって、大学の頃の思いがぐんと引き戻されました。Ｋさんは、イスラエルとパレスチナの銃撃戦に巻き込まれ失明をしていましたが、パレスチナ問題を世に伝えたいと、再びパレスチナに行く準備をしていました。そして、彼は「俺は戦争の写真を撮るから、岸は難民キャンプの写真を撮らないか。難民キャンプでの生活は女性が中心なので男の自分には撮れない。一緒に仕事をしないか」と声をかけてくれました。Ｋさんはわたしに写真を教えてくれた人で、一緒に仕事ができたらよいなと思っていましたが、失明した彼の姿を見て怖くなり、一歩踏み出すことができませんでした。

報道されない世界の現実を伝えたくて報道の世界に入ったにもかかわらず、そのチャンスを手にとれなかった自分の弱さにわたしはすっかり自信を失いました。そして自分が何をやりたいのかが見えなくなり、いろいろなことを投げやりにしていました。そんななか、国際協力機構（ＪＩＣＡ）の青年海外協力隊の応募で「シリア　パレスチナ難民キャンプの教育支援　配属先　UNRWA（国連パレスチナ難民救済事業機関）」を見つけたのです。

わたしはこれに応募し、シリアのUNRWAに青年海外協力隊員として派遣されることになりました。赴任先は国連機関で、同僚は優秀なパレスチナ難民のスーパーバイザーと国際色豊かな国連スタッフでした。わたしは教育開発センターに配属され、シリアの全国にあるパレスチナ難民キャンプ（ダマスカス、ハマ、ホムス、アレッポ、ラタキア、ダラー）の学校をフィールドとして活動しました。パレスチナ難民の教育環境の改善と、視聴覚メディアを開発することがわたしの仕事でした。

職場の同僚はとても優秀でした。学部あがりのわたしにはとても力が及びませんでした。最初の頃は、なかなか職場で受け入れてもらえませんでした。アラビア語もろくに話せない若い小娘が、アラブの男社会のなかにぽんっと入ってきたのです。何もできないと思われていましたし、実際にできることはほとんどありませんでした。しかし、わたしは、「今の自分」には知識や技術がなくても、「未来のわたし」は絶対にできるようになっていると、そして、関わることで、相手のことを知ることも、わたしのことを知ってもらえることも知っていました。だからこそ、何でもやりました。最初の頃はアラビア語がわかりませんでしたが、とりあえず会議にも学校訪問にも行ってアラビア語を浴びるように聞き、聞きとれた単語や文法を使って少しずつ会話に参加するようにしました。そして、自分にできることを一つずつ増やしました。経験したことがなくても、やり方がわからなくてもなんとかできるのです。

最初の仕事は、英語のスーパーバイザーと一緒に英語の教材をつくることでした。わたしは、映像やマルチメディアの制作技術はありましたが、現地にあるとても古い機材やシステムの使い方を知りませんでした。機材は一部故障していて修理も必要でした。そこで、もちろん「できない」とは言いません。「やります！」と言って、仕事が終わってから、英語ができてわたしに力を貸してくれる人を探しました。そこで出会ったのがユーセフです。シリアで最初にできた友人であり、今でも家族のような関係のパレスチナ人です。ユーセフは、ＩＴショップで働いているオマルとサーメルを紹介してくれました。わたしは何も買わないのに、そのＩＴショップに毎日通い、仕事で必要になりそうなアラビア語とシリアで使われている機材を使うための技術、機材の修理方法を学びました。多くの人と出会い、多くの人に力を貸してもらいました。できあがった教材は高く評価され（賞をもらったのです）、その後は仕事が順調に進みました。そのとき力を貸してくれた彼らは今でも親しい友人です。

活動を生み出すということはすごいことです。活動をとおして、自分にできることややりたいことを知り、相手を深く知り、感謝や尊敬で相互につながり、共に成長ができるからです。同じ活動をつくり出すことはできません。「今、ここ」でしか生み出せないものです。そこには驚きと喜びが常にありました。生み出すことと成長することは常に同時に起こっていました。プロセスと結果も常に同時に起こっていました。

結果は常に次のステージを準備してくれました。少しずつできることが増えてくると、多様なプロジェクトにも関われるようになりました。人権のプロジェクト、演劇のプロジェクト、音楽プロジェクト、ヨルダン本部での映像制作ワークショップの実施など、野火的な活動が生まれ増えていきました。

不思議なことに、当時自分が関わった活動のすべてが、なんらかの形で今のキャリアにつながっています。当時は、よくわからないまま参加した活動も、のちに、そのときの経験が直接的にキャリアとつながることがあるのです。今、わたしが取り組む人材育成、ワークショップデザイン、演劇手法を使った教育の実践や研究はどれも、シリアでの当時の経験や問いが直接的につながっています。そのときには、活動の意味がはっきりとわからなくても、のちに語り直す機会があることで、意味づけられ、それが研究や実践の土台になるのです。たとえば、シリア北部アレッポ郊外にあるネイラブキャンプでのＩＣＴ教育のプロジェクトがそれです。難民キャンプで生まれ育つパレスチナ難民の児童生徒は、移動が制限されます。難民キャンプの児童生徒をインターネットをとおして難民キャンプの外の世界につなげる活動を始めました。それがわたしの専門の一つである遠隔教育の土台となりました。

◉帰国後の進路

シリアにいた頃、わたしは大学院に進学することを1ミリも考えていませんでした。大学院進学のきっかけは、偶然にも公益社団法人 青年海外協力協会の仕事でシリアへ調査にきた貴誠でした。

当時貴誠は大学院の1年生でした。貴誠は、大学卒業後、青年海外協力隊で西アフリカのブルキナファソに赴任し、帰国後に大学院に進学していました。貴誠がシリアにいる間、大学院での研究についていろいろ話を聞きました。驚いたことは、久保田先生の専門は国際開発ではなく、教育工学というのです。しかも、ちょうどわたしが関わっていたネイラブキャンプのＩＣＴ教育プロジェクトと深く関連する研究だったのです。

わたしはシリアでの赴任を終えたあとは、コンサルタントとして働きたいと考えていました。しかし、UNRWA での教育開発に関わり、この領域でもっと自分にできることを増やしたいと思いました。また、シリアも、パレスチナ人も心から好きだったので、この土地でこの人たちと一緒にいれる未来をつくりたいと強く願っていました。ちょうど、シリアでの赴任期間が終わる頃、UNRWAで進めていたＩＣＴ教育の案件に対して日本から予算がついて、職場のあったヤルムーク難民キャンプに、インターネットに接続されたコンピュータラボがつくられることになりました。この企画にはわたしも参加していたので、帰国の際、同僚たちに、一緒にこのプロジェクトをやろうと言ってもらい、就職ではなく、大学院への進学を選び、実践者であると同時に研究者としてもプロジェクトに関わることになりました。

◉大学卒業後の10年——実践ができる研究者に

大学院での学びは、プレイフルで、挑戦的でした。わたしは、年に3回、計2か月ほどシリアへ渡航し、UNRWAと連携してＩＣＴ教育のプロジェクトを進めました。大学院の同期や後輩、学部生、さらには学校の先生や企業の人もプロジェクトに参加してくれました。活動を生み出すことがわたしたちの学びであり、活動をよりよいものにすることが研究となりました。

わたしは研究のことをあまり知らないまま大学院に進学してしまいましたが、活動をとおして多くの問いが生まれ、その問いを先行研究や文献にあたることで深め、読み解いていくことが研究となりました。また、国内外の学会で発表をするごとに多くの研究者からフィードバックをもらい、少しずつ研究ができるようになりました。最初は、学会の抄録2ページを書くのでさえとても時間をかけていました。大学院に泊まり込んで、みんなであああでもない、こうでもないと議論して書いていました。ここでもまた、人に力を借りたり、人に力を貸したりしながら研究や活動をしていました。

大学院での学びもまた、Non-knowing Growingでした。わたしたちにとって、研究とは未完の未来を生み出すことでした。まだ見えていない世界の見えを広げることでした。久保田先生は、仮説を立てるのではなく、仮説を生み出す研究方法を大切にしていました。仮説を立てる研究は、仮説を証明することですが、仮説を生み出す研究は、現実をこれまでと違う枠組みからとらえ、新たな見えを発見していくことです。わたしはこの方法に魅了されました。本当に「見えていなかった見え」を探究することは真っ暗闇をひたすら歩くようなもので不安がいつもありましたが、研究をとおしてわかる喜びは大きく、研究が楽しくて仕方ありませんでした。実践者として人に関わり、寄り添いながら見いだしたことに、理論や先行研究を加え、新しい発見を言語化すること、それがわたしたちの研究方法であり、研究そのものでした。

大学院には、Non-knowing Growing ができる環境がありました。この環境はどういう特徴があるのか、なぜ、この環境のもとで新しい活動が多く生み出されてきたのかという問いが、わたしの博士論文の一部となりました。これは、久保田・岸（２０１２）『大学教育をデザインする――構成主義に基づいた教育実践』にまとめています。

博士を取得後、京都の大学に勤務し、その後、都内の大学へ就職しました。大学で働き始めてちょうど10年めとなりました。

◉大学卒業後20年後――ゼミをもって

２０１９年、ゼミの学生を連れて、フィリピンの児童養護施設ハウスオブジョイ（House of Joy）（以下、ＨＯＪ）に行きました。21年前の１９９８年に、久保田ゼミのスタディツアーで学生として訪問した場所です。21年後の今、わたしは自分のゼミ生を連れて再びここを訪れました。

フィールドワーク中の２０１９年８月10日（土）、ＨＯＪ創立22周年記念祭でした。ＨＯＪ卒業生たちも創立記念日に参加しました。当時７歳だったラブラブ、３歳だったピンピンは母親になっていました。今回のフィールドワークのコーディネーターをしてくれたのは当時５歳だったエリカでした。あの頃はまだ小さな子どもだった彼女たちが、今、わたしの学生たちと同世代です。このフィールドワーク中、自分の目に映る学生たちの姿を見ながら、21年前に学生たちを見ていた久保田先生の立場をイメージしました。

「お前が見えているものと、俺が見えているものは違う」。

久保田先生のこの言葉を何度も思い出しました。教員として学生たちをフィールドワークに連れてきたわたしは、学生たちが挑戦できるようにＨＯＪの環境に広く目を向け、学生たちの状況を見ながら環境を整えていました。学生たちが挑戦できるようなリスクマネジメントにも注意をしました。地域の治安状況を細かくチェックしましたし、ニュースや政治の動向の情報収集もしました。ＨＯＪのある地域の病院も調べました。学校やＮＧＯ訪問の際には、双方にとって意味のあるものにできるように学生たちの議論に耳を傾けながら、必要に応じて情報を手に入れたりしました。21年前学生だった頃のわたしは、目の前の人や出来事しか見えていませんでしたが、教員としてのわたしは、より広い視点で現場を見て、立ち動いていました。逆に、広く見るからこそ見えにくくなってしまった目の前の人や出来事については、学生から多く学びました。「お前が見えているものと、俺が見えているものは違う」からこそ、おもしろいと思いました。久保田先生が、１期生から退職されるまで学生を海外に連れて行ったのは、学生のためもあるでしょうが、きっとご自身がたんに楽しかったのだと思います。今のわたしもそう感じているように。

教員の立場からゼミ生を見ることで多くの発見もありました。Non-Knowing Growing は、暖かい人のコミュニティがあるからこそ実現できるということです。経験したことがないことや、やり方がわからないことをわたしたちはなぜできるようになったのか。それは、誰かがそっとできるように足場をかけてくれていたからです。当事者である学生（わたしもそうだったように）は、自分の力でできたと（よい意味で）勘違いをします。そして自信をつけ、実際に自分１人でできるようになります。そしてできるようになったときに気づきます。ああ、わたしは誰かに支えられてできるようになったのか、と。そして、この気づきと感謝があるからこそ、自分もそうしたいと動くようになりました。このギブの循環は、暖かいコミュニティとなって、人がNon-knowing Growingできる環境となります。久保田ゼミのコミュニティは、誰もが誰かの支えになれる、そんなコミュニティでした。そういうコミュニティには、外からもいろいろな人が集まります。そうして異種混交で多様な人を含むゼミの輪になってきたように思います。

誰かの支えになるとき、それは直接手を差し出すことばかりではありません。存在そのものが支えになることもあります。わたし自身、経験したことがないことややり方がわからないとき、「誰かになってみる」ことをしました。姉御肌でみんなをしっかり動けせる河野敬子さん（第6章著者）のように、いつもはお調子者だけれどいざというときは頼りになる時任隼平さん（第10章著者）のように、安心して頼らせてくる山本良太さん（第11章著者）のように、いつも笑顔で雰囲気づくりが上手な植田詩織さん（第12章著者）のように。そして何より、自分1人では判断ができないときや動けないとき、久保田先生をイメージします。「久保田先生ならどうしていたかな」と考え、イメージして、そこからヒントを得ることも多くありました。Non-knowing Growingには、常に他者の存在があります。直接的に人と関わることもあれば、想像上の誰かをイメージすることが足場になることもあります。わたしにはいろいろな想像上のロールモデルがいます。そして彼らをイメージできるのは彼らと一緒に活動をし、彼らの多様性を自分との関わりのなかで見いだせたからです。わたしのなかの多様性はこれまで活動をとおして関わってきた人と、関わってきた活動の数だけあります。

◉そして、これから　ゼミをつくる

大学の教員として、自分のゼミの学習環境をつくるうえで大切したい五つのことがあります。

第1に、活動を中心とすることです。学びは本来、社会的、歴史的なものです。しかし、わたしたちは、どう生産されたかというプロセスから分離され、商品化（commodification）された知識を学校教育で学んできました。マルクスはこれを「疎外」と名づけました（Prasad 2005）。活動は、本質的に社会的で、協働的で、相互反映的で、再

構築的です（ホルツマン２０１４）。人は活動をとおして、自分も環境も全体的に変化させていくことができます。活動は、変化（発達）し続ける目的であると同時に方法です。活動を生み出すということは、既存の文化を学ぶために世界に関する知識を獲得するのではなく、文化を生み出しながら世界との関わり方を学ぶということです。そのためゼミでは新しい活動を生み出すことを重視します。そして「いかに新しい活動が生まれるのか」をわたし自身の研究の問いとしています。

インターネット社会においてわたしたちはいつでもどこでも情報を手に入れることができるようになりました。こういう社会だからこそ、知識を獲得することを学びの目的とするのではなく、知識を生み出す学びが重要です。それが活動なのです。

第2に、越境の経験をするということです。そのため、ゼミの活動をできるだけ外に開くようにしています。越境をとおして、わたしたちはいろいろな自分を発見することができます。慣れ親しんだ場所に身を置いていると、いつものやり方で、スムーズに物事を進めることができます。ある程度見通しをもつことができるので、そこにいれば安心できます。しかし、自分が快適でかつ安心できる場所からあえて一歩外に踏み出すことで、いつものやり方ではうまくできないことを経験します。こうした葛藤や不安は、今までに気づかなかった自分に気づくきっかけになります。ゼミでは、国内外のフィールドワークをはじめ、地域や企業と連携したさまざまなプロジェクトを実施しています。人に迷惑をかけることも多くありますが、それでよいのです。迷惑をかけたなら、それをどうフォローアップしていくのか考えればよいのです。そのためにゼミを軸とした暖かいコミュニティは必須です。ものの考え方、感じ方、やり方は人によって、場面によって、それぞれの文化によって違います。すべてを事前に予測し、問題を回避する必要はありません。その状況をしっかり見て、即興的に対応できればよいのです。まさに、Non-Knowing Growing ができればよいのです。

また、越境は自分の多様性を高めることにもつながります。多様な人の考え、感じ方、見方、関わり方を知り、それを自分のものにできます。学ぶということは真似ると同じ語源です。真似ることでわたしたちはいろいろな自分に「なってみる」ことができます。Non-knowing Growingでは、わたしたちは、現実の、または想像上の誰かを真似ながら自分のやり方を見つけていきます。子どもは医者のような専門性はありませんが、医者のように振る舞うことができます。子どもに限らず、わたしたちも想像上の誰かを創造的に模倣することで、今はそうでなくても、自分なりの方法でその人のように振る舞うことができます。わたしが「久保田先生ならどうするだろう」と想像しながら挑戦してきたように。多様性は可能性であり、学習・成長のリソースになります。

世界はますます多様で複雑になっています。だからこそ、学生がいつもと違う人と、いつもと違うやり方で、即興的に活動を生み出しながら、自分のことを知り、自分の可能性をもっと広げていけるようにしています。

第3に、遊ぶように学ぶことです。ロシアの発達心理学者であるヴィゴツキーは、遊び（プレイ）は子どもが頭一つ分抜け出たように振る舞えるようにすることだという考えを示しています。それは子どもだけではなく大人も同じです。遊びには、到達目標はありません。どのように遊ぶべきかという方法も決まっていません。遊びながら「次はこうしたい」と次々目標とやり方が立ち現れては変化していきます。長い学校教育に慣れたわたしたちはNon-knowing Growingがなかなかできません。何をすればよいのか、どうすればよいのかについて、指示されることに慣れてきたからです。たしかに到達目標やそのための方法が事前にわかっていれば安心感があります。しかし、何かに向かって学んでいるとき、学びは制限されてしまいます。Non-knowing Growingでは、ああだこうだと試行錯誤をしながらいろいろな方法や可能性を探ることができるため、今のわたしには予測できない（unexpected）方法と結果を生み出すことがあります。しかも、プレイフルに！

わたしたちは自分たちが想像する以上に多くのことができます。わたしたちの未来は無限の可能性に開かれています。しかし、「知っている」ということはその可能性を閉じてしまうことがあります。知ることに頼るのではなく、わからなくても、遊ぶようにやっていくうちにわかるようになったり、できるようになったりする、そんな学びをゼミで経験できるようにしています。具体的には，新しいテクノロジーを用いた学びを実践しています。新しいテクノロジーはその使い方が無限に開かれているため，学生たちは遊ぶようにこれらを使い，いろいろな可能性を探れるのです。

第4に，デザインの視点をもつことです。ある日，久保田先生からヘーゲルの「自由とは，必然性の洞察である」という格言を教えてもらったことがあります。対象の性質や構造を知っていれば，自分がどのように対象に働きかければよいかわかり，自分の望むことを実現できるという意味です。これをわたしの専門領域である教育工学・学習科学では「学習環境のデザイン」といいます。人が力を借りたり貸したりしやすい環境はどういうものでしょうか。机や椅子の配置，さまざまなコミュニケーションメディアの活用，人の配置，役割分担，ルール，安心して挑戦できる雰囲気，多様性が活かされる活動，偶発的，即興的動きが生まれる自由度など，意図的にデザインできる部分があります。そのため，ゼミでは，うまくいったときも，うまくいかなかったときも，学生たちが「なぜ」という問いをもち，その構造に目を向け，意図的にその環境を再構築（再生ではありません）できるようになることを目指しています。誰もが活動に参加し，それぞれが才能を発揮できるような環境とは何か，それをどのようにデザインできるのかが，ゼミの主要な研究の問いです。

最後に，情報の発信です。「つくること」は，一義的にはリプレゼンテーションに関することです。リプレゼンテーションとは，世界を自分の見方・考え方・感じ方で再構成するということです。世界に積極的に関わり，自分が関わる現実に意味を足して，情報を生成することです。「知る」ということは得ることではなく，生成することであることを，情報発信＝つくることをとおして実感できるでしょう。

また，リプレゼンテーションの形は常に変化するものです。わたし自身，これまでにも幾度となく自分の人生について情報発信してきましたが，毎回内容や表現方法に違いがあります。これは真実が違っていたのではなく，いつ語るか，誰に語るか，どういう目的で語るか，どんな気持ちなのかによって，同じことでも，情報発信の内容や仕方は違ってきます。だからこそ、学生たちには「今、ここ」で経験したことを情報発信すると同時に、情報発信の対象や時期を変えながら何度も情報発信し続けてほしいと思います。

情報発信には、メディアの選択も重要です。メディア研究者のマクルーハン（１９８７）は「メディアはメッセージである」という概念を示しています。どのようなメディアを使うかによっても、伝わるメッセージは違ってきます。そのため、伝えたいことをどのメディアでどのように表現するかも実践できればよいなと思います。

わたしがゼミで大切にしていることは、自分のゼミでの経験から生じた問いから生まれ、問いの追究（研究）をとおして見えてきたものです。今のゼミ生が、「今、ここ」でのゼミの経験をもとに、10年後、20年後、どのような知見を生み出していくのか、とても楽しみです。

▼おわりに

大学を卒業して20年、大学の教員になって10年めです。一般的には中堅教員といわれる立場にあります。10年も経つとある程度、授業も研究もパターン化されてきて、やりやすくなるかと思いきや、それとは真逆で、いつも綱渡り状態です。パターンをつくることで楽になる部分もありますが、特定の枠に行動や考えを縛りたくないという思いがあり、ついつい頭一つ分の背伸びをしすぎてしまいます。頭一つ分背伸びすることで、見える景色が違うことを知っているからです。世界はどこまでも美しく、世界には限りない可能性があることを知っているからです。

わたしたちの世界の見方、感じ方、考え方、関わり方は無限です。Non-knowing Growing は既有知識や経験に縛られず、状況的に、即興的に、協働的に学んでいきます。それを支えてくれているのは他者の存在です。互いがそれぞれにとって、そういう存在になれればよいなと思います。

この先の10年後、わたしはどうなっているでしょう。きっと、卒業生や学生たちと一緒にいろいろな活動を生み出していることでしょう。それを考えるとワクワクして仕方ありません。そのためにもわたし自身日々鍛えて、一つでも多く今より何かできるようになっていたいと思います。

コラム７

「挑む」ということ

熊谷　涼花

日比谷野外音楽堂で泣いた。

正式にいえば、日比谷野音の裏入り口で泣いた。

それは決して迷子になったからじゃなくて、虚しくなって泣いた。

東京に来て2年半。わたしは映像の仕事がしたくて東京に来たのに、なんだか自分がとても惨めに思えて泣いた。来月で27歳、高校を卒業して9年位、大学でさえ卒業して5年になる。わたしは一体自分がどうなりたくて、何がしたいんだろうって27歳にもなってまだ考えている。


こんなことを4年前に自分のブログに載せたら、突然久保田先生からリプライがきた。それまでほとんど連絡をとってなかったのにだ。

「大いに悩んで、思いっきりいろいろなことができるのは、素晴らしいことです。まだ、先のことを考えるのは早すぎる。今を精一杯生きることが大切」。大学時代、久保田先生は本当にいろいろなことに挑戦させてくれた。ただ、挑戦はさせてくれたが、面と向かって助けてはくれなかった。困っているわたしたちを見て、いつもケラケラ笑っていた。

大学卒業後、関西の映像制作会社に就職したが、もっと映像の仕事をガッツリとしたいと思い、会社をやめて上京した。正直まったくお金もなかった。同級生がみんな眩しく見えたし、仕事をしていても、美大卒でも何でもないわたしには「向いてない」だ「夢あきらめついたか」だ散々言われた。

そんなときに、日比谷野音に初めて行ったのだ。わたしが好きなバンドたちがたくさんライブをして、数々の映像作品で見てきた伝説の場所。わたしは、そこに撮影の仕事ではなく、バイトで行ったのだ。悲しくて虚しくて、帰り道に大泣きした。泣きながら、ブログを書いた。そして、先生からリプライがきたのだ。先生のあのケラケラ笑っていた顔が思い出されなんだか笑えてきた。まだまだ挑戦したいことはたくさんあるのに、見えない「何か」に負けてらんねえよなと思った。

２０１９年、突然わたしに野音の撮影の話がきた。それはもちろん、ディレクターとして。モニターを見ながらなんだか不思議な気分になった。


〈久保田先生へ〉

先生のリプライがなかったらわたしあきらめていたかもしれません。……いや、そんなんであきらめるわたしでもないですけど（笑）。

わたしは映像の才能は正直ないです。それでも、振り返ってみると「好き」という気持ちだけでここまでやってこれました。

なぜここまでやってこれたのかなと思ったとき、それは「どんなことにも挑戦してきた自分」と、先生たちが与えてくれた「どんなことにも挑戦させてくれた環境」のおかげだなと思います。メディア表現論のＴＡ、フィリピンのスタディツアー、先生が誘ってくれたいろいろなこと。今でも好きなことだけやって生活しています。もちろん、先のことはわからないことだらけです。でも、先生たちに教わった「挑み続ける」気持ちは、年を重ねても絶対に忘れたくないです。

10

高等教育における真正な学びが学生に与えるインパクト

時任 隼平

▼はじめに

「今年の夏に開催される福島県庁主催のスタディツアーに関する案内がここにあります。福島県の現状を一度見に行ってみませんか。わたしも引率教員として参加します」。

わたしはそう言って、スタディツアーのプログラム内容が記載されたチラシを教卓の上に置きました。授業後、数十名の学生がチラシを持って帰りました。これは、わたしが担当している講義で受講生に声をかけたときの言葉です。わたしは２０１９年度現在、兵庫県西宮市にある関西学院大学で教鞭をとっています。この原稿を執筆している時点で在籍５年めとなります。関西学院大学に赴任する前は山形大学で２年間働いていました。７年間の大学教員生活でわたしが一貫して学生に伝えてきたことがあります。それは、「教室での学びを、実社会での活動と結びつけること」です。「教室での学び」とは、文字通り教室のなかで展開される講義やゼミ活動など正課カリキュラムでの学びを意味します。一方、「実社会での活動」とは、サークルや部活動、学外で行われているボランティアなど自主的に参加する活動を意味します。なぜ、わたしはそれを実社会と呼ぶのでしょうか。教室で行われる活動は、実社会ではないのでしょうか。それは、構成主義の知識観と関係があります。久保田先生は、著書『構成主義パラダイムと学習環境デザイン』（久保田　２０００）で日本の教育システムにおける知識のとらえ方を次のように説明しています。

［…略…］知識は実際に使われている状況からパッケージとして切り離され、バラバラにされる。そして、より効率的に教え込もうとすることに力が注がれる。

この本が発売された２０００年当時、わたしは関西大学の学部生でした。いったい何年生のときにこの一文を読んだのかは覚えていません。しかし、この一文は、当時大学の授業で学ぶ意味を見いだすことができず葛藤を繰り返していたわたしにとって、自分の状況を理解するための重要なヒントになりました。当時のわたしは、大学で教授される知識や技術を活かす場所、活かしたいと思う場所をもたぬまま、いつか役立つであろう、あるいは単位を取得するために必要なそれを勉強しているだけだったのです。

「大学の近くの公立高校で、情報の授業を担当する先生がティーチングアシスタントを募集しています。興味をもった人は、授業のあとに集まってください」。

これは、久保田先生が２００２年に担当していた教職課程の授業「情報科教育法Ⅱ」の授業で受講生に向けて言った言葉です。この一言がきっかけで、わたしは「教室での学びと実社会での活動を結びつける」経験をし始めます。そしてそれは、大学教員として学生に伝えたいことの一つとして、現在もわたしの指導に活かされています。

それでは、「教室での学びと実社会での活動を結びつける」ことには、どのような意味があるのでしょうか。本章では、それをわたしの学びのストーリーと結びつけながら説明をしていきます。

▼実社会での活動における真正な学び

読者のみなさんのなかには、スポーツの試合やアーティストのライブを会場に見に行った経験をもつ人がいると思います。インターネットやテレビを使えば無料ないしは安価で見ることができるのに、わざわざ高い料金を払い、時間と労力をかけて会場に赴くのはなぜなのでしょうか。きっとそれは、会場の熱気、音、匂い、あるいは自分の目で直接本物のアーティストや選手を見ることによって生じる気持ちの高まりがあるからではないでしょうか。

「実社会での活動」は、スポーツの試合やアーティストのライブに似た要素をもっています。自ら現場に赴いたからこそわかること、五感で実感できることがあります。そういった実社会での活動に参加するなかで生じる学びを、「真正な学び（Authentic learning）」（Lombardi 2007）と呼びます。

まずは、わたしが学部生時代に体験した実社会での活動を説明し、その次にそこでの真正な学びについて紹介します。

▼公立高校でのボランティア活動への参加

具体的な経験を話す前に、当時のわたしの状況について簡単に説明をしようと思います。２０００年に大学に入学したわたしは、大学の授業に不満をもっていました。主には、授業の受講者数が多いこと、質問をする時間や機会が十分でないこと、興味のない授業を多く履修しなければならなかったことが理由だったと思います。今考えればワガママそのものなのですが、当時のわたしは本気でそう思っていました。特に、三つめの理由はわたしにとって重大でした。心理学や哲学、制作実習など、たくさんの授業を履修しましたが、今一つ自分の今後の人生にとってどのような意味があるのかを見いだすことができませんでした。幸いにも友人関係には恵まれ、授業以外の生活は充実していたため、単位を落としたり成績が人よりも低かったりすること以外は特に気にせず学生生活を送っていました。あまりにも単位を落としすぎて、自分だけでなく実家にまで、このままでは留年する可能性があることを記した文書が大学から届いたのは、大学2年生の春が終わった頃だったと思います。両親が激怒しながら連絡してきて、「面倒くさいなあ」と思ったことを覚えています。それくらい、わたしは大学での学習に価値を見いだすことができていませんでした。

そのような状態にあったわたしが、大学の授業で学ぶことの意義を実感し始めるきっかけとなった出来事がありました。それが、冒頭で引用した久保田先生の「大学の近くの公立高校で、情報の授業を担当する先生がティーチングアシスタントを募集しています。興味をもった人は、授業のあとに集まってください」という言葉を聞いたことでした。当時、友人に誘われたことがきっかけで、わたしは情報の教職課程を受講していました。特に教師になりたかったわけではありません。将来の選択肢が広がるかもしれない、あるいは異性との素敵な出会いがあるかもしれないという漠然かつ不純な思いで受講を続けていました。

教職課程の授業もその他の授業もわたしにとっては特段変わらないありきたりなものでしたが、久保田先生が担当していた「情報科教育法Ⅱ」は少々印象的でした。その理由は、授業の冒頭で久保田先生が「わたしはこの授業で教えることをしません。みなさんが学ぶのです」と発言したからだと思います。たしかに、その授業で久保田先生は講義形式で教えるということはしませんでした。資料を提供し、その内容について学生同士が議論をするのが授業の基本的な進め方でした。受講生は１００名を超えていましたが、それでも講義形式はいっさいなかったのを覚えています。「あの先生は何も授業をしていない」と批判する学生は多く、決して授業の評判はよくありませんでしたが、わたし自身はたんに先生から話を聞くだけでなく自己主張の場が設けられているため、その授業には比較的興味をもつことができました。そのようなかで高校でのティーチングアシスタントの話を聞き、迷わずに参加してみようと思いました。

わたしの参加した実社会でのティーチングアシスタントの活動は、大阪府立A高校で行われている情報の授業に参加し、生徒を支援するものでした。大阪府立A高校は大学のすぐ近くにありましたので、原動機付自転車ですぐに行くことができました。授業には1名の専任の先生と副担当の先生方が2名おり、わたしたち大学生は大学生ティーチングアシスタント（以下、学生スタッフと略します）として授業のサポートに入りました。そこでわたしは徐々にのめり込み、週に3日以上はA高校に通い授業に参加するようになり、気がつけば学部を卒業するまでの約2年間活動を続けていました。この経験が、のちに高校教師として働くこと、そして大学教員として中等教育の研究をする仕事を選択するターニングポイントとなったのです。

それでは、なぜわたしは実社会での経験に惹きつけられたのでしょうか。そして、そこでの真正な学びとはどのようなものだったのでしょうか。以下、4点にまとめて説明します。

◉授業に埋め込まれた教師のプロフェッションを実感・経験したこと

授業を支援する側（教える側）に立って教室に入るのは、それが初めての経験でした。1クラスの生徒数は約40名で、騒がしく教室を出入りしています。M先生は「おい、そこからはボールもって入ったらあかんで！」、「着席する前に自分のファイル取って！」と大きな声で生徒たちに指示をします。教員モニターに映った生徒のパソコンのモニターを確認しつつ、「○○さん、早くログインしてくださいよお、授業始まりますよお」と声をかける。そのようにして、A高校の授業は始まります。授業が始まってからも、巧みな生徒への指導が始まります。「はい、じゃあ次全員ここをクリックして！」、「フロッピーディスクの向きはこのシール貼ってるほうが上向きね！」、「できてない人はすぐに手を挙げて○○先生か学生スタッフに聞くように！　ちょっと時任くん、その子みてあげて！」とテンポよく操作方法の説明をしていきます。「はい、じゃあここからはグループで話し合いスタートや。15分後までにこの資料完成させて提出な！」と言って、グループワークが始まると、生徒たちの話し合いを観察し、話下手な生徒がいるとわたしを呼んで「時任くん、あれや。あれ見てみ。ああやってな、３人集まれば文殊の知恵や言うてるのにな、２人だけであそこ話進めてるやろ。ああいうのをな、見落としたらあかんねん」と言い、「どや、ここ話し合いどうなんや？」と生徒たちにさり気なく声をかけます。授業開始時に雑談が止まらないクラスには、マイクを使って強く指示をすることもありました。「静かにしなさい。君らいつまでしゃべってるんや！」。M先生の声がクラスに響き渡ります。学生スタッフから厳しすぎるのではないかという質問が出た際には、「あんな、僕は数学とかホームルームであの子らが同じようにうるさくしてるの見てるねん。授業のはじめに制圧せえへんかったらな、その後の50分ずっとダラダラしよるねん」と日々の様子とその日の授業が関連しており、授業を成立させるためのはじめの一歩の大切さを教えてくれました。

A高校での活動をとおしてこのような場面を多く見てきたわたしが実感したのは、授業に埋め込まれた教師のプロフェッション（専門家としての技術や信念）でした。授業をすることと、たんに知識を解説したり生徒にグループワークを課したりすること以上の深みがあります。A高校の生徒たち一人ひとりが育ったバックグラウンド、クラスや学年の特徴、担任や部活を担当する先生方からの影響などをふまえながら、M先生は日々指導をしていました。

そして、わたしのそういった気づきをよりいっそう深めることになった要因は、わたし自身が教師の役割の一端を担うことのできる場が日常的に用意されていたことでした。授業を支援すると聞くと、資料配布や生徒への個別対応をイメージする方が多いと思いますが、A高校での活動はそれだけでなく、実際に学生スタッフが教壇に立って授業を進行することや、教材の作成、評価（生徒へのフィードバック）への参画が求められていました。自分自身が教壇に立ち授業進行をするとなると、その準備が必要になります。教材も自作したものを先生方に事前に提出し、印刷前に確認をしてもらう必要があります。時には、学生スタッフに対して厳しい指導が入ることもありました。「こんなんで授業進めたら授業崩壊するわ。今から時任くんの家行くから、直そうか」。M先生はそう言って、夜の10時頃からわたしのアパートに押しかけてきて、他の学生スタッフも呼んで授業案を夜通しつくり直すことがありました。こういったM先生からの指導によって、自分が真正な学校で、真正な生徒に対して授業をしているという実感と責任感が生まれました。それは、これまでに体験してきた学習ボランティアや家庭教師とはまた別の責任感だったように思います。目の前に並んだ大勢の生徒たちが自分の言動を見ており、そこで自分がつくった教材を使って授業を進めるのです。チャイムが鳴ると、別のクラスの生徒たちがまた教室に入ってくる。教室で問題行動があった場合は、クラス担任の先生たちが教室に来て状況について説明をすることもありました。そうした真正な場において、自分が授業の一端を担う経験をできたことで、わたしは「教師に求められるプロフェッション」を実感することができたのだと思います。それは、本のなかに詳細に書かれたどのような解説文章よりも自分にとって説得力のある経験だったと思います。

◉異質な他者との協働の仕方を学べたこと

わたしは、わたし以外にも学生スタッフになることを希望した大学生たち（約10名）とプロジェクトチームをつくり、ミーティングやメーリングリスト上でのやりとりをしながら活動に参加し続けました。それまでのわたしの人生を振り返ると、部活などをとおして他者とのチーム活動には数多く参加してきましたので、他者と協働するということの意味は身をもって実感していたつもりでした。しかし、A高校での他者との協働は、これまでの経験とは異なる学びをもたらしてくれました。その要因を、わたしは「学生スタッフ」と「高校の教師」という異質な集団が一つの目標に向かって協働したことにあると思っています。先の説明で述べた通り、わたしを含めた学生スタッフは授業の一端を担わせてもらっていたため、学生スタッフ同士で会議を開催し、授業で何を話すのか、どのような資料を用いるのか、誰が担当しても中身に違いがでないよう議論を重ねていました。ここでは、三つの異質性が存在していました。一つめは、学生スタッフ内の異質性です。学生スタッフにとって、A高校での活動はそれぞれがもつ自己実現へのプロセスの一部でした（時任・久保田 2013）。しかし、実現したい自己のあり方はそれぞれで異なるため、当然議論で衝突が生じます。自作した教材の利用に強い思いをもつ学生スタッフがいれば、とにかく教壇に立つことを重視するため、さほど授業の中身にはこだわらない学生、教員採用試験に少しでも有利になるようなきっかけを探している学生など、メンバーの考えは多様でした。二つめは、A高校の先生方の間に存在する異質性です。同じ高校の先生といえども、それぞれが教えてきた科目は異なります。A高校の場合、数学、社会、理科の先生方が担当していました。そういった先生方がもつ「情報」という教科に対する考え方や教授方法、生徒観には微妙な違いが生じます。議論中の衝突を見て、自分たちだけでなく、A高校の先生たちのなかでも異質性があることを感じとったことを覚えています。そして三つめは、学生スタッフと先生方の間にある異質性です。学生スタッフとA高校の先生たちは「授業で生徒が到達すべき目標」を共有していましたが、そのとらえ方や徹底の仕方には当然違いが生じます。生徒の作品に対する評価や生徒の言動のとらえ方、授業・教育に対するとらえ方に学生スタッフと先生方の間で大きな違いがあり、議論の末に涙する学生スタッフがいたことを覚えています。議論を含めた協働の仕方は、誰と何に向かってそれをするのかで異なってきます。同質な人とならうまく話が進んでも、異質な人が相手になると途端に議論ができなくなる場合もあります。わたしは、学生スタッフ同士やA高校の先生方との協働をとおして、異質な人たちとの協働の仕方を学ぶことができたと強く実感しました。

社会人となり、さまざまな組織が関わる仕事に従事することになった今では、異質な集団と協働することは当たり前になっていますが、当時、大学という閉ざされた空間にいたわたしは、ゼミやサークル仲間、アルバイト先といった限られたコミュニティの限られた活動のなかで生きていました。そこでは、同質性の高いメンバーが自然と集まり、異質であったとしても、深入りするかしないかは自分で判断することのできる緩やかな空間でした。そのような生活をしていたわたしにとって、高校の先生方という異質な集団と待ったなしに進められ、逃げることもできない学校教育に関する協働は、現在につながる真正な学びになっていたと思っています。

◉教室での学びと真正な学びにつながりがあったこと

わたしがA高校での活動に参加して幸運だったのは、大学で学んでいることがA高校での活動と明確につながっていたことです。もちろん、これははじめから意識していたことではありません。A高校で経験することは、大学で学んだ知識の裏づけになり、また大学で学んだことをA高校で活かすことができました。たとえば、大学で「プロジェクト学習」という教育方法の理論について学んだ際、その解説文に出てくる課題設定や生徒主体といった概念そのものの意味を理解するのは困難でした。しかし、実際にA高校での実践を経験し、生徒が自らの興味関心に基づいて探究するテーマを決定すること（課題設定）や生徒が必要な情報を収集し、自ら取捨選択しながら自分の主張をつくりあげていく姿（生徒主体）をみることで、その概念の理解につながったことを覚えています。その他にも、教育方法に関する授業で授業案のつくり方や評価方法の立案を課されることがありました。その際に印象的だったのは、自分が過去に受けた高校の授業ではなく、そのときに自分が普段接しているA高校の生徒たちを思い浮かべながら授業案や評価案をつくることができたことです。A高校での経験をしていなければ、大学の教職課程で作成する授業案は理想にばかり意識がいき、授業を受ける生徒の状況にまで配慮することはできなかったように思います。

また、学生スタッフ同士や先生方との合同会議では、情報科や教育そのものに関する議論を行いましたが、その際に用いる知識も基本的には大学で学んだことが数多く含まれていました。コンピュータの基礎科目で購入したパソコンやネットワークに関する分厚い解説書は、1年生の授業履修後は埃まみれで本棚に収まっていましたが、A高校での活動でそれが必要になり持ち出したことがありました。授業で取り組むアクティビティを提案する際に、それがうまくいく根拠として授業で使ったプリント資料を持ち出したこともありました。そういったことは、それまでのわたしの大学生活のなかで皆無でした。

そして、それは当時わたしが参加していた教室外での活動と比較しても違いは明らかでした。当時わたしはたこ焼き屋のアルバイトや養護施設で学習ボランティアをしていましたが、たこ焼き屋はもちろん学習ボランティアに比べても、大学で学んだ知識の活用や確認の頻度は、Ａ高校での活動のほうが圧倒的に多かったように思います。

大学で学ぶ内容は幅広く、たとえそれが専門演習などによって深まりをもった学びにつながったとしても、教室外での活動や卒業後の就業活動につながっていくとは限りません。実際に、Ａ高校での活動は教師として働く卒業生にとってはつながりがあったものの（時任・久保田　２０１１）、教職以外の職種においては必ずしもなつがるとは限らないことがわかっています（時任・久保田　２０１３）。つまり、大学の教室での学びは、「つなげよう」と思わなければそれ以外の文脈での活動とつながることは困難な可能性があるといえます。

わたしの場合、偶然が重なり、当時の教室での学びと実社会での学びにつながりが生じ、それにより学びが深まりました。そして、それが卒業後の就業活動（高校の教師、大学の教員）にもつながっています。現在の職種では絶対に体験できないからこそ、当時の活動に価値があったという考え方も認めつつ（時任・久保田　２０１３）、わたしの人生においては教室での学びと真正な学びにつながりが生じたことが、それ以降のわたしのライフヒストリーを構成する重要な要素になったことは間違いないように思います。

◉意識的な自己選択をすることができたこと

最後の項目は、わたしがＡ高校での活動に参加したことについて「意識的な自己選択」をしたと自覚することができていることです。これは、学びというよりかは自尊心に関連しているのかもしれません。

わたしたちは、社会的に構造化された世界を生きています。生まれたときから日本語を学び、話し、義務教育課程として小学校・中学校に進学し、高校、大学などで学び、卒業後は社会人として働いて生きています。学校に入れば当たり前のように部活動やサークル活動に励み、卒業が近くなるとそれ以降の進路について悩み、対策を立て、希望の進路へと進むことができるよう努力します。大学進学の有無や就職先に違いはあれども、このプロセスはわたしと同世代の人びとはほぼ同様だといえます。わたしはそのなかで高校や大学への進学を選択してきましたが、それは熟考し選択に至ったというよりかは、「無意識的に選択した」に近いように感じます。もちろん、進路先の具体的な高校・大学の選択については考えましたが、進学そのものに考えを巡らせたかというと、記憶がありません。大学卒業後に働くことについても、国民の三大義務云々というよりかは、当たり前のように職業選択からスタートしていたように思います。このように社会的に構造化された世界を生きるなかでわたしが重視したいと思っていることは、意識的な自己選択をすることです。

それは、わたし自身がわたし自身の人生を生きることができているのかという自尊心につながります。これまでの人生で、意識的な選択をしてきたことは複数ありますが、そのなかでもA高校での活動に参加したことは特に強い意識的選択だったと自覚しています。そして、それが現在の今のわたしとこれからの未来のわたしを語るうえで欠かすことのできないストーリーとなっています。

▼高等教育における真正な学びが学生に与えるインパクト

この章では、わたしのエピソードを中心に実社会での活動に参加したことによって経験する真正な学びがどのようなものであったのかを、①授業に埋め込まれた教師のプロフェッションを実感・経験したこと、②異質な他者との協働の仕方を学べたこと、③教室での学びと真正な学びにつながりがあったこと、④意識的な自己選択をすることができたことについての4点にまとめて説明してきました。

大学生が参加する実社会での活動には、多様なものが存在しますので、学びのフィールドは学校だけではありません。そこでは、さまざまな学びがあるでしょう。また、わたしのエピソードとしてA高校での活動を説明してきましたが、実際の学生スタッフのなかには参加したものの真正な学びとして実感することができず、活動の場を他に求めていったメンバーが多くいることは事実です。実社会の場で①〜④を促す工夫がなされていたとしても、それが必ず機能するとは限らないと思います。

しかし、わたし自身は大学の教員として学生と関わる際には、どのような実社会での活動に関連していたとしても、この4点を意識するようにしています。最後に、例えとして２０１９年度から担当することになった授業を紹介します。

この授業は大学のある西宮市周辺の企業と連携しながら授業を進めていく形をとっており、２０１９年度はペットショップと焼鳥屋と協働します。22名の受講生の希望に応じて四つのグループに分け、それぞれの企業の活動に実際に取り組みます。全学部対象の授業のため、11学部の学生が学年に関係なく受講しています。ペットショップは支店の猫グッズ関連売り場の業績低下の改善、焼鳥屋は営業利益50万円を達成するための新規事業案作成とその実施が主な取り組み内容です。A高校での活動は授業とは関係のない正課外活動ですが、わたしはそれを正課に取り込もうとしているのです。

この授業では毎週2コマ、連続3時間を確保し、可能な限り各企業の社員と議論や活動をする時間を設けています。これは、わたしがM先生から実際の授業に埋め込まれた教師のプロフェッションを学んだように、学生たちが社員のプロフェッションを学ぶことができるよう意図しています。授業実施教室を、最寄り駅から遠い西宮上ケ原キャンパスだけでなく西宮北口駅隣接の西宮北口キャンパスでも遠隔で受講可とし、企業の担当者が授業中に西宮北口キャンパスに顔を出し、対面で打ち合わせすることができるようにしています。そうすることで、実際の企画担当・営業担当・経理担当などの社員と接する機会が増え、プロの仕事を実感することができるようにしているのです。また、企画立案の際には大学の各所属学部で学んでいることとの関連性を記入する欄を設けるなど、教室での学びとの接続を意識し、取り組んでいます。また、学生側の考えと企業側の考えの相違が整理できるよう、授業をワークショップ形式で進め、学生と企業の異質性が自覚できるように心がけています。

このように、自分のやっている授業や教育活動を改めて振り返ってみると、わたしは学部時代に経験した実社会での真正な学びを、大学教育をとおして学生や社会に還元しようと試みているのだなと気づかされます。

これからも高等教育において実社会の学びへと学生を誘うことが、わたしの大学教員としてのライフワークなのだと思います。

コラム8
久保田メソッド

関本　春菜

フィリピンでのボランティア活動に没頭していた大学4年生のとき、久保田先生から突然電話がかかってきた。

久保田先生「来週から韓国に行ってきて」。
関本「何しに行くんですか？」。
久保田先生「ん？　ちょっと俺もよくわからん」。

こうして、韓国に行って、APEC（アジア太平洋経済協力）参加加盟国から大学生と高校生が集まり、国際交流企画を考えるプログラムに参加することになった。プログラムの期間中は、出会ったばかりの韓国や台湾の大学生と寝食を共にしながら、各国の情勢や学生生活、遊びや就職活動などさまざまな話をした。その時間は、とても濃密だった。自分自身の生き方や自国の文化、制度について考えさせられた。自分のフィールドであったフィリピン以外の国にも目を向けてみたい、自分が行なっている活動の場も広げたいと思うようになった。それから大学院に進学し、ボランティア活動はフィリピン以外の国にも目を向けられるようになった。

現在、小学校の教員として働いている。教員として、久保田先生の指導法を心がけている。久保田先生は「韓国に行ってこい」と学びの機会を提供してくれたが、「こんなことをしろ」、「こんな風にやればいい」などの具体的な指示はなかった。学生が自分の目で見て、その場の状況を掴んで、何をするべきなのか、何ができるのかを考えることを大事にしていた。そして、久保田先生がわたしに提供してくれた学びの機会は、わたしにぴったりなものだった。韓国でのプログラムは、没頭していたフィリピンでのボランティア活動を、より俯瞰してみたり考えたりできるようにしてくれた。当時のわたしは、自分が取り組んでいるボランティア活動に達成感をもっていたが、いつもとは違うフィールド、自分とは異なる考えをもつ他国の学生の意見は新鮮で、自身を見つめ直すことになった。このように、学びの目的や学びの内容をオープンにした学習の機会を設定すること、学生個人の特性に合わせた学習の機会を用意することが重要だと感じている。この久保田メソッドを展開しようと日々努力中である。

APEC 会場にて

さらに、今でも忘れまいと心がけていることが一つある。それは「自分の居心地がよい場所から一歩踏み出すこと」だ。他国を見たり、他人の考えを知ったりすることで、自身の行動や生活を振り返ることができるからだ。物の見方を狭めず、自分が今いるコミュニティから一歩外に足を踏み出すことを意識している。

11

余白のある活動への参加をとおした学びと成長

山本良太

▼大学での正課外活動の支援

わたしは現在、東京大学大学院情報学環に職を得て、特任助教として勤務しています。わたしはここでさまざまな研究プロジェクトに従事していますが、特に継続的に関与しているプロジェクトとして、大学における正課外活動支援の開発があります。

一般的に大学に通う学生は、授業を履修し学習することになります。そこで学生は、学部や担当教員が設定した学習目標と、その到達のために用意された学習内容に従って学習し、その結果として単位が与えられます。こうした教育システムを「正課」と呼び、それ以外の活動を「正課外活動」と呼びます（山内・山田 2016）。

しかし、大学での学習は授業に限定されるものではありません。たとえば正課外のサークル活動や部活動などに参加し、そこで正課のなかでは学べない人間関係や社会性などを獲得したと思われる人は多いと思います。実際に、正課と正課外活動では異なる学習成果が得られるという研究結果もあります（たとえば、山田・森 2010）。正課外活動では、正課のように教職員が目標と内容を決め、そのために必要な道筋を用意してくれません。もちろん教職員は手助けするものの、基本的には学生自身が、自分たちで何のために、何をするのかを考え、その実現のための環境をつくりあげることが求められます。学生は、このような活動をとおして協調性や自己表現する力などを高めていきます。以上の背景から、わたしが参加する正課外活動支援の開発プロジェクトでは、これまで授業（正課）の外側にあるがゆえに学習の機会として重要視されてこなかった正課外活動にスポットライトを当て、より教育的な取り組みとするためにはどのようにすればよいかを、大学教職員や教育関連企業と共同的に考え出すことをしています。

▼研究者という仕事

わたしは現在研究者として仕事をしていますが、おそらく、研究者とはどのような仕事をしているのかイメージがつかめない方もいるかもしれません。研究者の仕事とは、基本的には、これまでの研究の蓄積から新しい知識や技術を開発し社会に還元するというもので、このことはどの学問領域にも共通するものだと思います。ただし、当然ですがその研究者が腰を据える学問領域によって取り扱う内容は大きく異なります。わたしは、人文社会科学、なかでも教育工学を専門に研究をしています。教育工学では主に教える側が「どう教えるか」を研究しますが、久保田先生は学ぶ側が「どう学ぶか」に注目します。これは一見さほど大きな違いではないように思われますが、そうではありません。学び手はいろいろな考えや論理、過去の経験をもっています。また同じ学習状況であってもまったく同じ学習経験をするわけではありません。そうした個別特殊な学習者がよりよく学ぶためにはどうすればよいのかを考えるわけです。後述しますが、わたし自身は学校での勉強に意味を見いだせず、勉強が楽しいと思うことはほとんどありませんでした。しかし、そんな自分がゼミ活動をとおして自ら学ぶようになり、自分自身でその変化を感じるようになりました。この大きな変化を起こした「学習環境デザイン」という考え方に魅力を感じ、久保田先生が取り組んでいる領域で、研究とその知見に基づく実践をしたいと思うようになりました。まだまだ半人前ではあるものの、これから自分らしい研究や実践をつくり出したいと考えています。

なお、他の章でも同じく研究者となった卒業生がその経験を紹介しているため、研究者になることはそれほど特殊なことではないような印象を与えるかもしれません。しかし、学部3年次に久保田ゼミに入りその後研究者になった人は、わたしを含めた4人だけだと思います（それでも一般的には多いほうかもしれませんが）。それぐらい、通常は選択しないキャリアでしょう。

▼「主体性」をどのように生み出し促進するのか

では、もう少し具体的にわたしが現在どのような考えをもって研究と実践に取り組んでいるのかを説明したいと思います。わたしは東京大学の研究プロジェクトでも、他の個人で行なっている研究でも、一貫して「主体性」をキーワードとして教育環境の開発や研究を行なっています。主体性の辞書的な意味としては、「自分の意志・判断によって、みずから責任をもって行動する態度や性質」（大辞林第3版）と定義されています。学術的にも、「何かが足りないとか欲しいと感じたり、何かができる、したいと思ったり、プランを立てたり、そのように感じ、考える主体的な判断、欲求、ニーズをもつ能力」（上野・ソーヤー・茂呂 2014：173）と示されています。これらをみてみると、主体性を高めるためには、個人の態度を強化したり改善したり、あるいはその性質を変化させたりすることが必要そうです。つまりは、主体性を高めたい個人の問題であるとみなされます。したがって、主体性が低いことの責任は、その個人に還元されるわけです。

しかし、本当に主体性は個人の問題なのでしょうか。たとえば、ゼミやアルバイトでは、同輩や後輩を積極的に引っ張っていくような人であっても、先輩がいれば逆に受動的に引っ張られていくようなことはないでしょうか。あるいは、仕事をしていてどれだけ優れたアイデアを思いつきそれを企画して実行しようとしても、まわりの環境がそれを許さないような状況があるかもしれません。このように、ある場面では主体性を発揮できても、異なる場面ではそうしない、主体性を発揮しようとしてもそれが叶わない、ということがあります。先に示した、上野・ソーヤー・

茂呂（２０１４）では、人間のニーズや能力と呼ばれてきた個人に還元されるものは、個人を取り巻いている環境から独立に存在しているのではなく、むしろその環境とのセットのなかから生じるものであるという考え方を示しています。つまり、主体性とは個人の態度や性質に限定されず、その環境に依存して促進されたり制約されたりするものであるということです（Callon 2004）。そのため、学習者には主体性を発揮したり促進したりすることができる環境が必要となるのです。わたしは以上の考えに立脚し、どのような環境が必要かを考え、その環境を提供したりそこで十分に主体性を発揮できるように支援したりしています。

わたしが行なっている、大学での学生支援を具体的な例で説明してみます。２０１８年度の4月に入学してきたある学生グループは、高校時代にフェアトレードブランドを立ちあげ、試行錯誤しながら途上国の人たちの生活改善や社会的地位向上のために尽力された方の講演を聞き、自分たちも途上国の人たちを支援するフェアトレード商品開発を行いたいと考え、活動を立ちあげました。しかし、大きな問題として、誰と一緒にフェアトレード商品を開発し、販売するのか、途上国のパートナーがいないということがありました。パートナーがいなければ、どのような商品が開発できそうか、どれくらいの規模で制作が可能かなどの見通しが立たず、具体的な行動に移すことができません。２０１８年度の前期はパートナーとなる途上国で活動する団体や組織を見つけ協力関係をつくることを後押ししていましたが、なかなか具体的な行動を起こすことができませんでした。そこで２０１８年度の後期は、わたしの知り合いであったフィリピンの現地ＮＰＯ団体を紹介し、実際に現地へ訪問させ、２０１９年度からはフェアトレード商品の共同開発に向けた試作品の制作に取り組むようになりました。２０１９年度の夏休みには再度現地を訪問し、試作品のなかから実際に制作する商品を決定し、後期に制作と販売を行う予定です。

学生は何か具体的な行動を起こしたいと思っても、そもそも活動するためのフィールドがなかったり、連携してくれるパートナーがいなかったりします。他にも、取り組もうとする活動に関する専門的知識や、社会や特定の文化に関する理解が足りないことがあります。また、活動するための道具を十分にそろえられていないこともあります。これらの問題に対し、わたし自身も学生を取り巻く環境の一つの要因となり、学生の主体的な行動を後押しすることを支援と考え、大学職員や企業の方々と共に環境づくりに取り組んでいます。

こうした支援を行う際に、わたしが心がけていることの一つは、いかに「余白」を設けた活動を学生に提示するか、ということです。余白というのは、学生がどの程度その活動を自分自身の裁量で意思決定し行動できるかの程度を表すメタファとして使っています。たとえば余白がない場合、学生は結局その活動のなかで自分がやってみたいことを表現すること、実行することができず、主体性を発揮することができません。一方で、余白が大きかったり白紙だったりする活動の場合、学生はどのように活動を組織し、具体的な行動を起こせばよいか迷うことになります。その加減は難しいのですが、少なくともわたしが活動に対してなんらかの見通しをもっていたとしても、学生が自分自身の判断と責任のもとに行動することを可能にしておくことが重要だと考えています。先に例示したケースでも、わたしは現地のＮＰＯ団体を紹介し、団体の関係者とコミュニケーションをとれる状態にまではしますが、そのあとは最低限現地の人たちに迷惑がかからないように指導をするにとどめるよう心がけています。

わたしが現在研究者として主体性というキーワードに注目し、そのために「余白」のある活動を学生に提示することを実践しているのは、わたし自身がゼミ活動の一環である「プロジェクト」と呼ばれる、余白のある活動に参加することで主体性を形成してきたからに他なりません。では、わたしがプロジェクトでどのように学習してきたのかを紹介したいと思います。なお、プロジェクトという学習の機会については、第２章に詳しく書かれていますので参照してください。

▼ゼミのスタディツアーで芽生えた動機

突然ですが、わたしはフィリピンという国にとても愛着をもっています。２００５年に初めて訪問してから

２０１９年までに40回以上現地に渡航し、時に現地の人たちに迷惑をかけながらも、教育という観点で何か自分ができることはないかを模索し、実際に行動してきました。こうした感情は、わたしが大学在学中に継続して取り組んできたプロジェクトの影響であることは間違いありません。少し余談になりますが、そもそもフィリピンで、フィリピンの人たちのために何かしたい、という強い感情を伴う動機が芽生えたきっかけについて説明したいと思います。

わたしは（今でもですが）英語が苦手でした。学部３年生までは英語を学ぶことの意味を見いだすことができませんでした。というのも、そもそも日本国内で英語を使う機会がなく、これから海外に出る予定もないのに、使わないものを学ぶ理由が見いだせなかったからです。先生方はとても一生懸命に指導してくれたのですが、中学校や高校の授業で、日本人同士がコミュニケーションするのになぜわざわざ英語で指導したり、ロールプレイしたりするのか、まったく納得できませんでした。覚えればなんとかなる単語の暗記だけは頑張ろうとしていましたが、それはあくまでも試験を何とかやり過ごすためのものでしかありませんでした。こうした英語に対する偏屈した感情をもっていたわたしは、「海外なんて行かない。一生日本で生活する」と考えるようになっていました。

大学に入学し、学部３年時に久保田ゼミに入ったのは、そのとき関心をもっていた高校での情報教育について学ぶことができることが理由です。他のゼミ生は海外とつながりがあることに魅力を感じていたかもしれませんが、わたしにはまったく魅力には映らず、もっぱら国内の情報教育に関心をもって学習していました。しかし、学部３年の夏休みには、ゼミ恒例のスタディツアーがあり、わたしたちの代はフィリピンへ渡航することになりました。正直わたしは乗り気ではなかったものの、ゼミの仲間たちと一緒でない限りフィリピンや途上国に行くことは今後絶対にないだろうと考え、参加することにしました。

初めての海外、初めての途上国は衝撃の連続でした。特に印象に残っているのは、House of Joy（以下、ＨＯＪ）という養護施設で暮らす子どもたちと交流し、彼らの生い立ちやこれまでの経験などを聞いたことです。わたしはこのスタディツアーまで、自分は経済的に恵まれていない家庭環境のなかで育ったと思っていました。どこかで他の学生を羨望の目で見るとともに、自分を卑下しようとする感情にあらがうようにどこか強がっていたように思います。もしかすると、先に述べた英語嫌いも、英語ができない言い訳を勝手に探し出して、自分を取り繕っていただけだったのかもしれません。しかし、自分よりももっときびしい環境のなかでもたくましく、明るく生きようとする子どもたちの様子を見て、英語も話せず取り立ててなんの役にも立たない自分に優しく接してくれる子どもたちと交流して、自分はなんて情けないのだろうという感情が沸きあがってきました。そして、同時にＨＯＪの子どもたちやお世話になったフィリピンの人たちに、絶対に恩返しをしなければならないと心に誓ったのです。

▼動機を満たすプロジェクト

スタディツアーを終えたとき、わたしは個人的にＨＯＪを再訪することを考えていました。しかし、何か恩返ししたいという感情はあったものの、具体的に自分が何をできるのか、まったくアイデアがなく、漠然と再訪すること以外何も考えていませんでした。そんなときに、ちょうどＨＯＪのあるサンイシドロ内の高校で学校の教育環境整備と教師支援を行うプロジェクトを開始する動きがあるので、立ちあげメンバーとして参加しないかという誘いがありました。ＨＯＪを再訪でき、また、学部で学んできた教育という観点から何か自分にできることがあるのなら、と飛びつきました。

このような経緯で、学部3年時（２００５年）に「フィリピンＩＣＴ教育支援プロジェクト」という活動を他2名（学部3年生1名、2年生1名）の学生と一緒に立ちあげることとなりました。具体的な活動として、２００５年から２００７年までは東ダバオ州サンイシドロという町にある高校におけるネットワーク環境整備と、それを活用した授業を行うための教師のコンピュータリテラシー習得のための研修を実施してきました。その後、２００７年度からはブラカン州マロロスという市にある小学校の教師に対するＩＣＴを活用した教材づくりなどに必要なコンピュータ操作スキル習得のための研修を提供してきました。

ゼミでは、プロジェクトと呼ばれる学生主体の活動が国内外で多数展開されていました。わたしはゼミに所属した学部３年生のときから、国内の情報教育関連のプロジェクトに参加していましたが、それに加え、このプロジェクトを立ちあげたわけです。それは、何よりもスタディツアーで芽生えた「フィリピンで、フィリピンの人たちのために何かしたい」という何かするための動機を満たすためのものでした。

▼主体性を発揮しなければならないプロジェクト

プロジェクトは基本的に、久保田先生や他の学部の先生方がフィールドを提供し、そのなかで学生が学外の人たちや、他の学生たちと協力しながら目的の達成に向けて取り組む活動です。継続的に取り組んでいるプロジェクトでは、ある程度活動の目的や方向性、これまでの蓄積があり、どのような行動をとればよいかのガイドとなる環境が充実していました。ある意味では、過去のルーティンに従っていればプロジェクトの活動は流れていくため、主体性を発揮しなければならない程度は少し低かったのかもしれません。つまり、「余白」が相対的に小さかったともいえます。

一方で、フィリピンＩＣＴ教育支援プロジェクトはフィールドと、現地高校の環境整備および教師支援という大枠以外何も決まっていませんでした。どのように環境整備を行うのか、その環境をうまく活用した授業に向けた教師支援とはどのようなものか、これらをすべて学部２～３年生の知識も経験もない学生が考え、準備し、実践しなければなりませんでした。これらを３人で達成しなければならない状況に置かれ、必然的に主体性を発揮することが求められました。もし自分が手を抜けば、他のメンバーへ大きな負担をかけることになり、何よりも現地の人たちに対する恩返しをしたいという気持ちに背くことになります。

このような「余白」が大きい活動では、学生が責任を負うことが求められます。どのように決まっていない余白の部分を埋めていくのかは学生に任されています。わたしたちは、環境整備としてHOJと高校を接続し、HOJのダイヤルアップ回線を用いてインターネットに接続可能な環境を整えたり、将来的に海外との交流学習やコンピュータを用いた授業を想定して実験的な交流学習の機会を提供したり、教材作成のためのコンピュータ操作スキルの研修を実施したりしました。こうしたプロジェクトの活動のために、学期期間中は毎週ミーティングを重ね、知識を得るために遅くまで大学に残り、夏と春の長期休業中はそのほぼすべてを現地滞在にあてていました。

▼迷惑をかけることの意味

以上のように余白のある活動は、その余白を埋めるために学生の主体性を引き起こし、さらに強める可能性があります。ただし、学生には知識や経験の問題から、その余白の埋め方を間違うことも大いにあります。

先にも述べたように、わたしたちは多くの時間をかけてプロジェクト成功のために努力していました。しかし、ただ時間をかければその分よい活動になるかどうかはわかりません。振り返ってみると、サンイシドロでの取り組みも、マロロスでの取り組みも、現地の教師の方々に多大な迷惑をかけていたことは否めません。たとえば、わたしたちの限られた滞在期間のなかで教師研修を行うために、平日の数時間を分けていただくという方法をとっていた時期がありました。それは学校長の判断ではあったものの、現場の先生たちからすると、大事な授業時間が失われ、またその時間は児童生徒の対応が誰もできないという状況になります。土曜日など休日に実施するにしても、各家庭の事情もあり無理を強いることになります。また、将来的な教育環境の整備を前提とした研修を行なっていましたが、その当時の現状とは少しかけ離れた内容であり、研修内容を翌日からの授業に活用できるようなものでもありませんでした。

もちろん、すべての教師にとって価値がなかったわけではありません。ある教師は、継続的な研修参加をとおして、自ら教室環境を整備し、日常的にコンピュータを授業で活用できる環境を整えるなど、目に見える変化もありました。

しかし、大多数の教師にとってはやはり負担になっていたことは事実であり、マロロスでの活動中、リーダーとして参加していたわたしに対し教師から反発があったこともありました。

このように、たとえ「フィリピンで、フィリピンの人たちのために何かしたい」という思いから試行錯誤し、やっとの思いで活動しても、それが結果的に迷惑につながることもあります。しかし、今わたしが研究者であり教育者となって考えたとき、この迷惑をかけるという行動は大きな意味をもっているのではないかと思っています。過去に久保田ゼミのプロジェクトは対象者に対して迷惑をかけているだけではないのか、という疑問を投げかけられたこともあります。実際に、先に述べたように迷惑をかけたことも一度や二度ではありませんし、その指摘は否定できません。ですが、学生は迷惑をかけたということを反省し、よりよい活動にするためにはどうすればよいのか、次に喜んでもらうためにはどうすればよいのか、という新しい主体性の源泉となる動機を形成することにつながります。迷惑をかけたにもかかわらず優しく受け止めてくれる、ならばそれに報いなければならない、という動機と主体性の連鎖が生まれていくわけです。もしも、スタディツアー後の強い感情を伴う動機をもったときに、プロジェクトを立ちあげるための機会を与えてもらっていなかったなら、きっと数回再訪し、ＨＯＪの子どもたちと交流して充足感を満たすだけで、継続的にフィリピンとの関わりをもつことや、強い愛着を抱くこともなかったのではないかと思います。

図 11・1　ブランカ州でのプロジェクト活動で
現地教師と共に行う教材作成

わたしは今もフィリピンのさまざまな場所で、さまざまな人たちと関わりながら活動をしています。その過程でいまだに迷惑をかけることも多くあります。しかしそれが、わたしがフィリピンとまた関わり、新しい活動をつくるための動機となっているのです。

▼学生にとっての余白のある活動がつくり出す新しい余白

これまで論じてきたように、わたしが主体性をキーワードとして、「余白」のある活動を学生に提供しようとするのは、わたし自身が久保田ゼミのプロジェクトのなかで経験したことが大きく影響しています。余白のある活動をとおして、わたしは自分の主体性を発揮し、そのなかで自分のしたいこと、つまり学生の足場となる活動を提供し後押しすること、またそのなかで、活動のどのような構成要素や状況的要因が学生の主体性を喚起するのかを探究することを発見できました。

このように書くと、すでにわたしのしたいことやわたしのキャリアは完成したようにみえるかもしれません。しかし、最近実際に学生に関与していて思うことは、学生にとって余白のある活動は、自分に新しい余白をもたらし、次の活動をつくり出すための動機を喚起するということです。学生にとって余白のある活動をつくり出すためにわたしがすることは、活動のフィールドを提供してくれる外部連携者とコンタクトをとったり、双方にとって利益があるように調整したりすることです。その過程で、その外部連携者と深くコミュニケーションをとり、問題となっていることやこれからの展望を知ることになります。また、学生が具体的な活動を行うために試行錯誤する過程に関与し、自分も学生のリソースとなって活動に関わることになります。このような過程に関与すること自体が、わたしが主体性を発揮するチャンスとなり、またそれによって新しく自分のしたいことを発見する機会になるのです。

前半で紹介したフェアトレード商品を開発したいと考えている学生たちは、わたしが現地のＮＰＯとより強い接点をもつために行動することを促してくれました。この活動をしたいと考える学生がいなければ、このNPOを運営する方とは知り合い以上の関係にはならなかっただろうし、まして一緒に活動を行うことはなかったと思います。また、現在わたしは、途上国で現地にあるものを利用し、現地のコンテクストに合わせた女性の生理用品をつくって提供したり、生理に対する社会的な理解を広めたりしたいと考えている学生を支援するために、同じようにフィリピンの現地事情に詳しく、貧困コミュニティにアクセス可能な組織に協力を求めています。先の例と同様に、何かしたいという学生がいなければ、そもそも支援することもなかったし、支援のために自分が行動することもなかったでしょう。その意味で、学生はわたしに新しい余白をつくり出してくれているのです。そして、その余白がわたしの新しい動機を生み、次の活動をつくるための主体性を喚起してくれるのです。

▼人との出会いがつくる自分のキャリア

人との出会いと関わりが、自分のやりたいこと、すなわちキャリア形成につながります。これからもたくさんの人たちと出会い、一緒にさまざまな取り組みを行う過程で、またこれまでとは違う自分のしたいことがつくられていくと思います。これまでも、これからも、人との関わりを大切にしたいと思いますし、その結果として自分のキャリアが形づくられていくと思います。

最後に、わたしが今も胸心にとどめている、人と関わることと、人とどのように関わるべきかを教えてくれた2人からの言葉を紹介したいと思います。一つめは久保田先生からの「関わったことには責任がある」という言葉です。これは、3年生のスタディツアーでフィリピンを訪れた際にもらった言葉だと記憶しています。人と出会い、話をして、その相手が置かれている状況や環境、境遇を知った以上、何も行動しないわけにはいきません。現地の人たちはわたしたちの無味無臭の教材ではありません。その場に生き、貴重な時間を共有してくれた人たちに対し、自分たちは何もしないでよいのか、と迫る言葉でした。

二つめはＨＯＪの創設者である烏山逸雄さんからもらった「見える行動で見えない愛を表現したい」という言葉です。頭で考えていたとしても、それが見えなければ意味がない。もし何かしたいこと、あるいはしなければならないと感じたことがあるならば、それを現実の行動に移すことが大切であると教えられました。

２人の言葉が自分のなかで納得したものとして理解されている理由は、２人が身をもってその言葉を体現しているからです。久保田先生はお世話になったフィリピンとなんらかの形で接点をもち続け、烏山さんは私財を投げ打ってＨＯＪを創設しました。この２人の言葉を胸に、フィリピンや日本国内でも、さまざまな人たちとの出会いを大切にし、これからの自分を形づくりたい、そんな風に思います。

最後に、今わたしはこの文章を、フィリピン・サンイシドロのＨＯＪにて書いています。自分の原点となったこの場所で、この文章を書けたことに深い縁を感じています。

コラム９

自分の生き方を問い続ける

木村　剛隆

わたしは、２０１８年度に久保田先生の大学院ゼミを修了して、現在は屋久島おおぞら高等学校で情報科の教員として勤務しています。広域通信制の高等学校で、生徒は全国に約８０００名在籍しています。「学校」という枠組みに合わないなど、さまざまなバックグラウンドをもつ生徒が屋久島に集まり、４泊５日のスクーリングで学んでいます。生徒たちが、スクーリングをきっかけに一歩前に踏み出す勇気をもったり、人と関わることの喜びを感じたり、生きていくうえで大切なことを得られたりできるように自然の資源も活かしながら授業を実施しています。

学生の頃、久保田先生は、「お前は、どう生きたいんだ？」とよくわたしに問いかけてきました。わたしは、その問いにすぐには答えられなかったことを今でも覚えています。まさに今、この文章を書くことをとおして、久保田先生から「どう生きたいのか」と問いを投げられているのだと思い、背筋が伸びる感じがします。

学生のとき、大学院修了を控えた頃のわたしの問いに対する答えは、まずは屋久島で暮らしてみたい、屋久島の自然のなかで教育をしたいということです。そのように感じたのは、学部のときから関わっている京都にある限界集落「久多」との関わりが大きく影響しています。わたしが学部４年生に進級する直前のこと、久保田先生から「お前が、久多でプロジェクトを立ちあげるんだよ」とお得意の無茶振りで言われました。そして、その勢いのまま久多を訪れてプロジェクトを立ちあげたことを今でも鮮明に覚えています。

久多では、地域資源を教育的に活用し、田舎暮らし知恵や魅力を発信する農家民宿のオーナーに協力を得て、活動をしました。そこで、わたしは動物の屠殺体験や、切った薪で火を調整して釜でご飯を炊く体験など、「生きること」と「働くこと」が直結することが、人間本来の生き方であることを知りました。都会で生きてきたわたしにとっては、価値観が大きく変化する「出会い」だったと思います。そして、いつからかわたしも大自然のなかで子どもがたくましく生きていく力をつけるような教育をしたいと思うようになりました。

このように、久保田先生と関わるようになってから、生き方が大きく変化しました。わたしは、大学を卒業したら、なんとなく会社に就職して、結婚して、子どもができてという、いわゆる「普通のレール」に乗って生きていくと思っていました。なので、屋久島に移り住んで教員をするということは、わたしにとっては大きな冒険だと思います。これからも自分がどう生きたいのか自分自身に問い続けて、恐れることなく新しい世界にチャレンジして生きていきたい、そんな風に考えています。

久多で共にした活動したメンバーと

12

人とつながる、そして学ぶ

植田 詩織

▼人とつながる

◉多種多様な人とつながり学べること

みなさんは自分の強みについて考えたことはあるでしょうか。わたしは、自分自身の強みについて、あまり意識したことはありませんでした。部活動のチームメイトであったり、サークルのメンバーであったり、職場の同僚であったり、わたしたちはさまざまな環境のなかで人と共に歩んでいます。その環境のなかで、認めてもらえなかったり、否定されたりした経験もあれば、人の役に立てたり、人に頼られたり、自分の意見が認められたりした経験もあったと思います。わたしは、集団のなかで、さまざまな人とつながり共に歩むことで、自分ができることや自分が担うことのできる役割を知ることで、自分の強みが少しずつ見えてきたように思います。

卒業し、働きだしてから、人とつながり、協働することの魅力をとても感じています。多種多様な人が集えば、それだけそれぞれの考え方や見え方があります。そして、それぞれの目的達成のためにさまざまな人が協力し合うと、いろいろな役割も生まれてきます。そのなかでみんなが同じ強みばかりをもっていては、チームは成り立ちません。チーム全体でそれぞれの弱い部分も強い部分も理解し合いながら、役割を担い活動していくことが必要ではないでしょうか。人とつながり協働することは、自分の弱い部分だけではなく自分の強みを生かした役割が何であるのかということを知る手段となります。そのなかで自分が最大限に生かせることを精一杯やることで、お互いに力強く生きるパワーを与え合えることができるのではないかと思い巡らせています。

◉教室とは違う世界で人とつながる

わたしは今、肢体不自由児を対象とする特別支援学校の高等部で教師として勤務し、７年めを迎えました。大学に入学した頃は、自分が教育現場で教師として働く道を選ぶとはまったく想像もしていませんでした。わたしがこれまで意識していなかった教育現場とつながることができたのは、大学時代にキャンパス内で講義を受けるだけでなく、学校から外に出てたくさんの人とつながり学ぶ機会があったからだと思います。

自分自身の大学での経験から、現在の勤務校でも、生徒に学校の外とつながり、違う世界に飛び出してさまざまな人と出会い、教室だけでは学べないものを得てほしいと考え、日々取り組んでいます。しかし、学校のなかではいつでも教室から外に出て学ぶ機会があるというわけではありません。そのため、大学生や研究者といったさまざまな方の協力を得ながらチームを組んで実践することにしました。

もちろんわたしにとっては生徒が主役です。障がいの有無はもちろん、世代を超えた、国籍や年齢の異なるメンバーでチームをつくり交流をしながら学び合えたらと考えています。わたしが勤務している特別支援学校に通う生徒は身体に麻痺があり車椅子での生活をしていたり、生まれつき心臓などが弱く、常時酸素吸入が必要であったりする生徒がいます。生徒は活動範囲が制限されることもあり、体験の機会はとても限られています。そのため、人と出会う機会も多くはありません。そこで、教室にいながらも外とつながっている環境をつくりたいと考え、インターネットを利用した実践を考えました。学校の授業内での活動であったため、インターネット環境を介した遠隔交流でチームを結成しました。大阪（生徒）と東京（大学生）という物理的にも会う機会がほとんどない者同士が、一度も直接顔を合わせることなく、ネットワークを通じてつながりました。どんな人とどんな活動をしていくのか、生徒も不安があったと思います。一方、大学生も教育学部所属ではありませんでした。「特別支援学校とは？　教育現場とは？」という疑問や不安がいっぱいの状態だったと思います。そんな、育ってきた環境も出身も年齢もまったく違う者同士が集まりました。このチームは全員が初対面でした。

生徒にとっては初めて経験することばかりでした。教室にいない人とインターネットを通じてつながり話をすること、教室で大学生と一緒に学ぶことなど、いつもと違う環境に喜んでいる生徒もいました。しかし、生徒は大学生とつながり会話を始めると、ぎこちない様子をみせていました。いつも教室ではよく話をする生徒も緊張してしまったせいか、少しコミュニケーションミスをする様子もみられました。それから週に1回交流し、大学生と話す時間が増えてくると、生徒は少しずついつも教室で過ごしている調子で大学生と話をしていきました。しだいに生徒ができること、大学生ができることを確認し合いながらお互いの目的達成のために協力して活動していくようになりました。

最初は、大学生と話してみようという目的で始まったこの実践ですが、交流を深めるうちに、お互いを理解し合いさまざまな提案が生徒からも大学生からも出るようになり、新たな目的が生まれてくるようになりました。すると、生徒・大学生・研究者・教師がみんな対等な関係で結ばれているような感覚が生まれてきます。一つの実践のなかで、それぞれの強みを出し合いながら、協力して授業がつくられていきました。そこで重要となったのは対話です。対話を何度も重ねることで、お互いに誰と一緒に取り組んでいるのかを意識し、安心感が生まれてきます。安心感を抱いた生徒は、大学生にさまざまな話をするようになりました。自分の要望を伝えてみたり、少し笑いをとるような態度をとってみたり、いつもわたしが教室で見ている生徒らしさがそこにありました。そうやって生徒が安心して大学生と接するうちに、ぎこちなさは消えていきました。そして、ここでは誰もが教え教えられる立場となり、一方向だけの関係性ではなくなっていました。むしろ、多様なメンバーで構成されているがゆえに、一緒に活動をしていておもしろさが感じられました。このような環境で、生徒は自分の強みを生かして教室から違う世界に飛び出し、人とつながることで自分の強みを知ることができました。また、教師や大学生、研究者は多様なメンバーと協働することで対等な関係性のおもしろさを知ることができました。

この異なるメンバーの集まりが、学校のなかで繰り返されてしまいがちな、ワンパターンの活動になることなく、それぞれの専門と強みを組み合わせながら「今、ここ」での活動にすることを可能にしました。そこには対等な関係性が生まれ、生徒にとって、障がいの有無や世代は関係なく、「この大学生たちと一緒にやっているのだ」という安心感がもてる環境でした。安心感はしだいに生徒の自分らしさを引き出したと思います。その様子として、生徒は自分たちから大学生に関わろうとしました。気心の知れた友達や親、教師と接するように大学生と対話していきました。ちょっとした疑問が浮かんだらすぐに質問をしたり、「こんなことができるかもしれない」と思うと提案をしてみたり、自分の気持ちにとても素直になって学校という枠を抜け出して、さまざまな経験をしていきました。普段、生徒たちは校外学習で外に出かけたり、外部の人と接したりするときはとても緊張している様子をみせるときもあります。そのため、このような実践をしようと思った当初は、正直、生徒が初対面の大学生に対して、緊張して自己紹介もできないほど場が静かになるのではないかととても落ち着かない状態でした。しかし、そんな心配をする必要もなく、回数を重ねるごとに生徒がいつものようにリラックスして過ごしている様子を見て安心しました。

また、生徒と大学生の距離がより近くなった出来事がありました。それは、大学生が学校まで直接生徒に会いに来てくれたことです。これまでのつながりのおかげで、直接会って話すことは初めてでしたが、緊張することなく相手をそばに感じながら過ごした時間によってお互いをより意識するようになりました。こういった直接の交流は大きな変化をもたらしました。それは、お互いをより理解し合えたことです。表情を見ながら直接話すことは、それぞれの弱い部分や強い部分をよりよく知る機会となりました。生徒はその強みを最大限に生かして、精一杯それぞれの役割を担っていきました。誰かと一緒に活動するなかで、生徒自身にそれぞれの役割があり、発言が認められたり、役に立てたり、必要とされたりする経験ができました。生徒にとっては自分の存在意義を感じることができる時間だったかもしれません。こうした生徒の様子を見ていると、多種多様な人が集まり協働することは、それぞれの強みを実感できる環境になるのだと思いました。

このような実践ができたのは、間違いなくわたし自身がこれまでさまざまな人とつながり同じような経験をしてきたからだと思います。大学時代に講義を受けるだけでなく、教室の外で国や年齢も違うさまざまな人と出会い、対話し、共に大学外で活動することができたからこそつながった環境が多くあったと思います。それは、今のわたしには欠かせないものとして強く印象に残っています。

▼教育現場とつながる

◉20歳の春

大学の敷地内に、学部生のわたしには無縁だと思っていた建物がありました。初めて足を運ぶとき、どんな場所なのか、コンピュータだらけの静かな場所なのかとドキドキしながらその建物の扉に向かいました。そこは、さまざまな人が行き交い、いろいろな人の活気に満ちた話し声が聞こえ、わたしには眩しすぎる光景でした。

その建物に足を踏み入れるきっかけとなったのは、クボケンの愛称で知られる久保田賢一先生のゼミの紹介の話を聞きにいったことでした。そして、それまでにも海外に行ったことは何度かありましたが、その国の文化に触れるということ、海外の小学校について知るということなど、その国の文化や人について考えるということは頭によぎったことがありませんでした。このゼミに入り海外に行くことでどんな経験ができるのだろうと、興味関心で胸がいっぱいでした。ゼミの紹介の話で一番興味があったのは、フィリピンの孤児院や現地小学校へ訪問するという活動でした。子どもと一緒に遊ぶことは当時からとても好きで、子どもにたくさん会えるかもしれないというときめきを抱いていました。そして、このゼミ紹介の話を聞いたことが縁となり、わたしは20歳の春に初めてフィリピンに行くこととなりました。そして、この出来事がきっかけで無縁だと思っていた建物に出入りするようになり、さまざまな人とつながり、活動していくことになったのです。

◉フィリピンで教育現場とつながる

初めてのフィリピン。たくさんの子どもたちと出会い、遊びたいということがわたしの一番の目的でした。もちろん、１人で向かったわけではなく、現地の小学校でＩＣＴ機器を活用するための支援活動をしている先輩に連れて行ってもらいました。今思えば、本当に受け身な姿勢でした。そのときわたしは、外国人と英会話をすることも初めてであり、ＩＣＴ機器の知識も人に教えられるほどありませんでした。「わたしに何ができるのだろう」と消極的な反面、初めての経験に夜も寝られないほど心待ちにしていました。初めてのフィリピンで、日本でもしたことがなかった小学校の見学をしました。それまで、日本の学校教育について、それに関する書籍を読んだこともなければ、意識したこともありませんでした。自分のまわりにあって当然の環境と思っていました。しかしそのときは、ただ見学するだけでなく、現地の先生たちにＩＣＴ機器の活用方法を教えるという立場で教育現場を訪問しました。そのとき初めて、学校という環境を違った角度から見ました。今まで学校とは「毎日通って友達に会う場所」、「先生から勉強を教えてもらうところ」で日常生活の一部みたいなものでした。

実際に学校見学をしていると、たくさんの子どもたちが「コンニチハ」と片言の日本語で挨拶をしてくれました。英語はうまく話せませんでしたが、子どもとジェスチャーでやりとりをしたり、遊んだりすることはとても楽しく、それだけでとても満足していました。しかし、途上国の教育現場を訪問し、現地の先生の話を聞いていると「授業の工夫を先生はどうやって考えているのか」、「これだけの授業準備をいつ行なっているのか」と少しずつ興味を抱くようになりました。学校という環境をつくりあげるにはとんでもないパワーと時間が必要であることを知りました。この初めての教育現場の訪問がきっかけで、学校教育についての書籍を読むようになったり、他国の教育現場のことを意識したりするようになりました。そして、そのときに出会った現地の子どもたちにもう一度会いたい、そして新たな目的として、わたしも現地の先生と教育現場について一緒に考えてみたいと思うようになりました。それから十数回フィリピンに行くことになりましたが、その当時、こんなにも繰り返しフィリピンを訪問するようになるとは考えてもいませんでした。

現地の先生たちとは年に2回程度（大学の長期休暇の8月と3月）しか会うことはできません。しかし、わたしはその先生たちと一緒に活動できることがうれしく、毎回現地に向かうことにしました。現地の人と直接話をすること、つながること、現場を見ることで、いつも新しい発見や気づきがありました。そして、一緒に活動していたチームのなかでもたくさんの学びを得ることができました。

◉病院のなかの教育現場とつながる

初めてのフィリピンから帰国してまもなく、「大学病院のなかにある教室で、インターネットを使った授業のサポートをしているが興味はないか？」という久保田先生の話に、わたしは迷うことなく返事をしていました。小中学生が対象であるということを聞き、児童生徒と一緒に過ごすことができるということもあって、その活動に参加しました。新しい教育現場とのつながりでした。久保田ゼミの先輩と合流し、病院のなかにある教室とはどんなところだろうかとイメージを膨らませながら向かいました。

わたしが向かった先は、大学附属の病院内にある小児医療センターの一角にある教室でした。そこには、小児がんなどの病気や治療と日々向き合いながら過ごしている児童生徒が通っていました。わたしは、みんなとどんなことを話したり、どんな活動ができたりするのかと、想像がつかない環境での活動に期待を抱きながらも、少し不安がありました。しかし、その教室に入ると、笑顔で自然に児童生徒に接している先生の姿に目を見張りました。教室に向かう途中では、児童生徒が両親や看護師とケンカする声が聞こえたり、医療機器のアラーム音が聞こえたりしていましたが、一番印象に残ったのは児童生徒の笑い声でした。初めて見る病院内の教育現場に、驚きなどさまざまな感情が入り交じり呆然としてしまいましたが、教室に入ると、1文字1文字、画用紙を丁寧に繰り抜いてつくられた「一人ひとりをたいせつに」というスローガンが目に飛び込んできました。

ここは特別支援学校の院内学級という場所でした。児童生徒の共通点は「病気で入退院を繰り返している」ということで、治療のため、点滴や服薬で日々苦しい思いをしながら病棟で過ごしている児童生徒が通う教室でした。そんな教室に一歩入ると、少し様子を窺うように小さな声で話す子もいましたが、「うわあい！　大学生が来た！」と大きな笑顔で挨拶をしてくれました。そんな児童生徒の様子を目の当たりにし、とても緊張しながら教室に入ったわたしは、一気に肩の力が抜けました。しかし、いざ児童生徒の横で何か話そうと思っても、「どんな話をすればよいのか」、「どんな言葉を使えばよいのか」と再度肩に力が入りました。正直緊張と不安のあまりに言葉を詰まらせながら接してしまいました。今振り返ると本当にぎこちない大学生だったと思います。これがわたしと特別支援学校がつながった初めての出来事でした。そして、ある1人の先生と出会いました。初めて特別支援学校に訪れるわたしたち大学生に、特別支援教育のこと、院内学級のこと、児童生徒のことなど、さまざまなことを教えていただきました。

院内学級では、「教育をとおして病院と社会をつなぐ」をテーマに、①教室とベッドサイド（同じ病棟でも病室や無菌室から出られずベッド上で授業を受ける子どももいます）、②教室と他の院内学級、といった違う場所同士のつながりをつくりながら授業を実施していました。そこで必要となってくるのが「インターネット環境」でした。そのインターネット環境の整備と、教室と教室外をつなぐ授業のサポートをするのが今回の活動内容でした。はじめは戸惑いながら児童生徒と過ごしていましたが、何度も一緒の教室で過ごしていると、自然と児童生徒と一緒にテレビの話題で大笑いをしたり、ゲームをして盛りあがったりして過ごすようになりました。

授業のサポートに入るということで、毎回授業後に院内学級の先生と1時間程度打ち合わせをしました。児童生徒の状況を聞いたり、授業づくりに関する思いや児童生徒の願いを聞いたりして、今まで想像したことがなかった授業環境をたくさん知りました。「学校で友達と勉強することは当たり前」、「勉強する＝よい成績をとることが目標」だと思っていたわたしは、院内学級という新しい環境を知り、教育現場の違った見方を学ぶことができました。

今までの教育現場と違い、児童生徒の状況はわたしの想像を超えていました。わたしの目の前ではとてもニコニコ笑っているけれども、知らないところでは、とても苦しい治療を受けており心理的に安定していないこともあったそうです。それでも院内学級に通うと、運動会や学習発表会などの行事もあり、児童生徒はよそ行きの顔ではなくその子らしい自然体で「嬉しい」、「悔しい」という表情を見せながら過ごしていました。児童生徒にとって、きっとこの院内学級という場は同じ境遇にいる友達と一緒に心から笑えるような場所になっているのだとわかりました。わたしは、教育現場の環境の力強さを身にしみて感じました。そして、この院内学級とのつながりが、わたしと教育現場とのつながりを強くしたのです。最初は、「子どもと関わりたい」ということが目的で参加した活動でしたが、その場でさまざまな人と出会い、共に過ごすことで、しだいに「教育現場をもっと知りたい」という目的に変化していきました。児童生徒が治療を受けながらも「教室に行きたい」、「何かをしたい」という意欲をもち、児童生徒らしく素直な表情ができるような、そして児童生徒自身が存在意義を感じ、活き活きと過ごせるような教室を考えていきたいと思いました。

このような意識の変化は大学の教室で話を聞いたり書籍を読んだりして学ぶだけでは決してできなかったと思います。教室から外に出て、実際に人とつながり現場を見たり聞いたりして学ぶことが大切だと実感しました。このような経験ができたのは、先に記したように、久保田先生のお誘いがあったからです。先生はいつもいろいろなことを話してくれます。そして、わたしたちは自分の道を自分でつくりあげることができるのです。その誘いにのり、やるかやらないかは自分次第。その選択が違っていたら、今頃は教育現場とのつながりはなく、まったく違う道を歩んでいたと思います。

◉横のつながりと縦のつながり

わたしは20歳の春から、さまざまな人や場所とつながりをもつことができました。そして、そんな環境で人にはそれぞれの考え方や見方があることも知ることができました。それまでの自分は同級生とのつながりが強く、横のつながりばかりでした。しかし、大学のゼミの教室には大学院生や留学生など、専門や年齢、国籍などが違うさまざまな人が出入りをしていました。そのため、一周りも二周りも世代が違う人や文化の異なる人と話すことで、初めて気づくことがたくさんありました。わたしが参加した久保田ゼミの同期メンバーも、フィリピンのチームも、病院の院内学級のチームも多種多様なメンバーの集まりでした。同じチームで同じ活動をしているけれども、そこに参加しているメンバーにはそれぞれの目的がありました。ある人は論文を書くため、ある人は教育現場に行くため、ある人は英語を使って活動をするためなど、異なる目的をもつメンバーで構成されていました。そのため、お互いの目的達成とチームの目的達成をするために、それぞれの強みを生かして知恵を出し合い活動をしました。

しかし、チームをつくったからといって「やりたい」ことが「できる」とは限らず、壁にぶちあたることもあります。そんなとき、この大学のゼミにはさまざまな専門をもつ人とのつながりをつくる機会がありました。そして、自分たちのチームにはない専門的な人とつながるきっかけを得ることができました。そうすることで、「やりたい」ことが「できる」ようになり、新たに人とつながることで、チームの活動はさらに磨きがかかりました。

たとえば、院内学級での活動で、ある日、児童生徒のなかから動物園に行きたいという願いを聞きました。そのとき、今整備されているインターネット環境を利用して、子どもたちに動物園のライブ映像を生中継することはできないか、とチームのなかで議論しました。しかし、チームのメンバーだけではそれだけの準備と実施をすることができないと考え、大学内で活動している映像制作を得意とするメンバーに依頼することにしました。自分たちの思いや趣旨を伝え、当日協力してもらうことができました。わたしたちにとって初めての試みであったためとても緊張していましたが、心強いメンバーとつながることができ、その企画は、無事に成功し終えることができました。「やりたい」と思ったことが「できた」に変わった瞬間でした。このとき、新たなメンバーがチームに加わったことで、今までのチームで議論してきた内容にまた新たな考え方や見方が混ざり合いました。そしてそれを組み合わせることで、活動内容をよりブラッシュアップできました。このような経験から、わたしは多種多様な人がつながり、チームを組んで活動することは、今まで取り組んできた活動内容に変化をもたらすことができると感じることができました。

年齢や国籍などが違うといろいろな考え方や見方が存在します。それはもちろんその人が出会ってきた人との関わりのなかで培われたものなので、違っていて当然です。まして、国籍や文化が違うとより明確です。しかし、その違いがあるからこそ、一緒に活動をすることでおもしろさを感じるときもありました。みんなそれぞれの強みをもち、各々の役割を担いながら活動をしてきました。もちろんそこには先輩、後輩という縦のつながりもあります。それぞれの役割を果たし、いろいろな角度から物事を見ることで、ワンパターンな活動ではなくオリジナルの活動が生まれてくることに気づくことができました。そういった活動をつくり出すためにも、横のつながりだけでなく、さまざまな人と関わることができる縦のつながりもとても大切だと思っています。

◉チームのなかの自分

わたしにとって横のつながりも縦のつながりも大切にしながらチームを組んで活動することは、大きな学びとなりました。同世代のメンバーだけでなく、教育現場や研究者の方といったさまざまな専門家の人と議論する場もありました。久保田ゼミの研究室に出入りし、活動に参加し始めた頃は、そんなさまざまな人と活動することで、わたしは自分の存在意義がわからなくなることもありました。自分の意見を伝えるということがどうしてもできず、人の話や意見を聞くことに必死なときもありました。自分の伝えたいことがうまく表現できず、気づいたら伝えられないまま終わっていたこともよくありました。チームの一員でありながら、自分は何をしたらよいか悩んでしまうときもありました。

しかし、多種多様な人がいて、いろいろな人の目があると、不思議とそういった環境でも、自分らしさを取り戻せるようになりました。意見を言うことだけがチームに貢献しているわけではなく、それ以外の行動で貢献しようとしている人もいました。さまざまな人がいることで、いろいろな役割がその場には存在します。意見を言う人もいれば、それを議事録にまとめる人がいたり、資料づくりを一生懸命する人がいたり、時間を管理してくれている人がいたり——チームで活動することをとおして一人ひとりがそれぞれの役割を担いながら存在していました。そんなまわりの様子を見て、自分ならこれができるかも、自分はこれが得意だという強みをチームで活動することによって教えてもらうことができた気がします。自分の強みを知ることで、自信をもってその役割に取り組むことができていました。その一方で、自分の弱い部分もたくさんありましたが、それはチームのメンバーに多くを補ってもらっていた気がします。このように久保田ゼミに参加し、さまざまな人と出会い、つながり、経験できたことは、計り知れないほどの財産となっています。

▼人とつながり学び合うこと

多種多様な人とつながり、一緒に活動をすることで、わたしはいろいろな考え方や見方の違いをたくさん知ることができました。大学に入学するまでそういった経験をしたことはなく、いろいろな人とつながることのおもしろさを久保田ゼミで見つけました。そして、専門や年齢や国籍、障がいの有無など関係なく、さまざまな人とお互いの強みを生かしながらそれぞれの目的達成のために協働することは、自分の強みや役割を知るきっかけにもなりました。

実際に、自分の強みを知ることができるまでは、あまり積極的な行動にでることはできませんでした。わたし自身、議論の内容をすぐに理解し、自分の意見を踏まえながら進行する役割についてはとても苦手意識があります。もちろん、意見を伝えず座ったままでは、なんの役割も担っていないことになります。しかし、出された意見を残すために書き出したり、意見を伝えようとしている人に合図を出したり、類似事項があればそれを検索して伝えてみたりすることで何か役割を担えていたらうれしいなと思い、その場に参加しています。人とつながり、自分について知ることで、自分の強みを少し考えることはできたと思います。自分の役割が認められるなどしたときは、とても前向きに自分らしく行動できていたように思います。自分の強みを知ることは、自信につながりました。こういった環境でとりあえずやってみる、と一歩踏み出すことで、その一歩が10歩、１００歩と前進させてくれました。その一歩のきっかけはいつも久保田先生のお誘いでした。「関わったからには最後まで責任をもって取り組む」。先生の数々の名言は印象深く、いろいろな場面で頭をよぎります。人とのつながりも教育現場とのつながりも、これまでの経験すべてが財産であり、このつながりが途切れないように、自分の強みを最大限に生かしていきながら一歩一歩進んでいきたいと思っています。

現在、学校外とのつながりが希薄な生徒が、教室から外に出て人とつながり、自分の役割を見つけたときの活き活きと過ごす様子はとても印象深いものとしてわたしの心に残っています。そのため、多種多様な人と対等な関係性を築きながら協力し合うことは、それぞれの多様なニーズに応えることができるのではないかと思い描いています。

これからも、いろいろな人が自分の弱い部分だけでなく強い部分も知ることで、力強く生きることができるような取り組みを展開できたらと思いを巡らせています。

コラム10

久保田ゼミで学んだこと

科　瑶

わたしは久保田賢一ゼミで、「自由に学ぶことの楽しさ」を学びました。それには、多くの困難を一緒に乗り越えてくれた仲間の存在、いつもわたしの話を最後までちゃんと聞いてくれた先生の存在があったからこそだと思います。

わたしが、一番自分が成長したと感じている経験は、先生が担当するメディア表現論のＴＡ（Teaching Assistant）の経験です。この授業は、ゼミ生であるわたしたちがＴＡとして先生と一緒に授業をつくりあげ、実施するというものです。わたしは、当時同じゼミ生だった2人と一緒にＴＡ活動を行いました。「学生であるわたしたちだからこそおもしろい授業ができるんだ！」と、意気揚々と先生に提案した授業案を、いとも簡単に先生に突き返されることは日常茶飯事でした。最初はショックでしたが、最後のほうには慣れ、臨機応変に対応できるようになっていました。大学の一つの授業を学生に任せるという大胆なことをする先生ですが、わたしたちを信頼し、最後まで見守ってくれました。そのおかげでわたしたちは協力しながらたくさんの困難を乗り越え、「自分にもできるんだ」という自信や「新しいことに挑戦する」ことの楽しさを学びました。また、授業として伝えるべきことがしっかりと受講生に伝わるならば、先生はわたしたちのアイデアを取り入れた新しい挑戦を積極的に授業に反映させてくれました。

一緒にＴＡ活動を行なったわたしたち3人は三者三様で、他の2人にないものを自分はもっているし、自分に足りないものを他の2人はもっている。そんなバランスのよい3人でした。その3人が一緒に授業に携わるなかで、互いに尊敬・嫉妬・共感などさまざまな感情をもち、切磋琢磨しながらお互いに学び合えたのだと感じています。授業準備のために、朝までテレビ会議をしたことやプレゼンのパワーポイントをつくるときに、本当に取るに足らないことにこだわり続けたことなどは、本当によい思い出です。そんな思い出を重ねていくうちにわたしたちは息の合う仲間になりました。

そしてやはり、最後まで答えはくれないけれど、「先生は忙しいんだからねえ」と文句を言いつつも最後までわたしの話を聞き、わたしたちに意見させてくれた先生の存在はとても大きかったです。学会やフィールドワークの移動時間は、先生と話す絶好のチャンスで、わたしはいつも先生の隣の席に座って先生に話を聞いてもらいました。「なんで?」、「どうして?」、「どういう風に違うの?」と質問攻めのわたしに対して、先生は「自分で考えてみなさい」としか言いませんでしたが、自分を受け止めてくれる先生を見て自分の意見を言うことはとても大切で怖いことではないということがわかりました。また、先生と対話するなかで「この本を読めばよいのではないか」や「あのソフトを使ってみればよいのではないか」など、学ぶための引き出しを増やしてもらいました。そのなかで自分が興味あることについて「自由に考え、行動する」ということはとっても楽しいことだと気づくことができました。

息の合う仲間に出会えたこと、わたしを自由に学ばせてくれる先生に出会えたこと、本当によかったなと思います。そう感じているからこそ、わたしはこれからも自由に学んでいたいし、自分が先生に接してもらったように、わたしもまわりの人と接したいです。

13

社会人大学院生として学ぶこと

三宅 貴久子

近年、生涯学習社会の実現に向けて各大学においては、地域・社会における「知の拠点」として、通信制大学・大学院、専門職大学院、サテライト教室、大学公開講座などを実施し、社会人の受け入れ態勢を促進しています（文部科学省 ２０１４、田中・向後 ２０１６）。また、教育界では、２０１２年の３月に、教員の資質能力の向上策について検討していた中央教育審議会特別部会の基本制度ワーキンググループにおいて、教員の修士レベル化についての骨子案をまとめています。なぜ、教員に修士レベルが求められるのでしょうか。なぜなら、社会の急激な変化、学校現場の諸課題の高度化・複雑化を踏まえ、教職生活の全体を通じた一体的な改革、学び続ける教員を支援する仕組みづくりの構築が必要であるという現状からです。教員養成を修士レベル化し、教員を高度専門職業人として明確に位置づけることや教員免許制度の改革への方向性なども議論されることになりました（文部科学省 ２０１２）。

社会人大学生として学ぶ教員には、長期研修生として学校を離れて学習する派遣型の大学院生と、自らの意志で現職として勤務しながら通学生として教育系大学院で研究する場合とがあります。後者の場合、時間的な制約、通うための地理的条件、学費の面などで大きな困難が伴います。その問題を解決する一つの方法として、遠隔教育プログラムなどを提供する大学・大学院もあります（石井 ２０１８）。わたし自身は後者の立場であり、自分の意志で入学を決意し、社会人大学院生となりました。それも定年を4年後に迎えたなかで。

では、なぜ大学院に、しかも、修士課程よりさらに高次の研究が求められる博士課程にわたしは進もうとしたのでしょうか。そして、大学院での学びは自分にとってどのような意味があったのでしょうか、学ぶ意味・価値について自らの経験をもとに省察したいと思います。

▼大学院に入学したわたしと環境

◉動　機

２０１１年、わたしは関西大学総合情報学研究科の博士課程後期課程に入学しました。

関西大学総合情報学研究科を選択した理由は、①研究活動をとおして自分の実践を意味づけたいという思いをもったこと、②以前からの知り合いだった院生や研究者が所属しており、その人たちの学術的な資質・能力に憧れをもっていたこと、③勤務校から近いことで仕事への支障を最小限にとどめることができること、の３点でした。私学であるため高額な費用が必要ではありましたが、それは自分に投資する費用と腹を決めました。たしかに大学院に入らなくても書物を読んだり、仲間と学習会の場を用意したりすれば、いくらでも学ぶ機会はあったかもしれません。しかし、教師という同じ立場の者同士の学び合いは、学校社会と限りなく似た共同体での学びとなり、たんなる交流レベル、つまり自己満足のレベルにとどまる場合も多くあります。そうではなく、アカデミックな博士後期課程という環境にあえて身を置くことで、自身の教育観を問い直す機会を得ることができるのではないかと考えました。この考えは、多くの現職教員の大学院進学の動機であるように思います（益子 ２０１１）。学生、研究者という自分とは違った立場の人たちと学ぶことで、制約の多い学校社会での教育活動をメタ的にとらえ、自分の実践をより深く省察することができます。つまり、環境を構成するメンバーとの学び合いが自分の教育観を磨き、高めるための鍵になると考えたのです。

◉思考力育成の授業に対する問題意識

わたしは長年、思考力育成の実践研究に関心があり、特に総合的な学習の時間（以下、総合的な学習）の授業デザインについて実践研究に取り組んできました。総合的な学習は探究学習です。探究学習とは、自らの問いを見いだし、自らの方法で、自らの解を導き出す学習であると考えています。したがって、児童生徒の主体的・創造的な学びを構築できるように教師は支援しなければなりません。新学習指導要領の総合的な学習の目標には「探究的な見方・考え方を働かせ、横断的・総合的な学習を行うことを通して、よりよく課題を解決し、自己の生き方を考えていくための資質・能力を次の通り育成することを目指す」と示され、「知識・技能」、「思考力・判断力・表現力等」、「学びに向かう力・人間性等」の三つの資質・能力が明記されています（文部科学省 2018）。このような資質・能力を育成するためには、当然各教科などでの指導も重要になります。児童生徒は、教科で習得した知識・技能を活用しながら探究課題を自ら解決していきます。その過程は、思考活動の連続です。だからこそ、児童生徒が主体的に思考活動に取り組むことができるよう、思考方略を獲得し、その方略を使って自由に思考する力を育成することが重要なのです。しかし、児童生徒の思考力は短期間に育成できるものではありません。

公立学校では一般的に、毎年学級集団の編成が変わり、担当学年や学級も変わります。教師にとっては、1年スパンでの教育実践になります。各学校で、最低限の学習ルールは統一しているものの、実際の授業展開については教師に任されています。思考力を育成する授業を目指すという目標が共有されていたとしても、各教師のアプローチの仕方はさまざまです。教師は、自分の方略に自信をもち、それを活用することが当たり前ではありますが、児童生徒にとっては毎年変わる学習方略です。つまり、学校現場において学習方略を体系的に指導するのが難しいのが現状なのです。児童生徒の学びは、1年単位、もしくは小学校という単位では終わるのではなく、小学校から中学校、高等学校、大学、あるいはそれ以上へと続きます。教師は、長期的なスパンで児童生徒の学びをとらえていくことが重要であると考えます。

21世紀は幅広い知識と柔軟な思考力に基づく判断がよりいっそう重要になるといわれています。新しい知識・情報・技術が、政治・経済・文化など社会のあらゆる領域での活動の基盤として飛躍的に重要になってきます。そのような知識基盤型社会を生き抜く資質として、わが国の子どもたちの思考力、判断力、表現力を高めることが求められています。学校教育に思考力育成が求められていることは理解できますが、現状、その概念をどうとらえ、授業というフィールドにどのように具現化していけばよいのか方略を模索している段階で、結局、各学校の教師の実践研究に委ねられているのが現状です。わたしは、はたしてこの現状で思考力は育成できるのであろうかという疑問をもちました。

そこで、わたしは私立小学校の創設に関わるという機会を得たことを契機に、小学校６年間をとおして体系的に思考力を育成する方法として、考える方法を知識として児童に習得、活用させる学習プログラムの構築に着手しました。長年、思考力の育成には、考える手がかりを知識として与えるなどの考える方法に特化した指導や、習得した方法を活用する学習活動を組み込む必要があるのではないかと思案していましたが、理論的な裏づけはありませんでした。とにかく、実践を積み重ねることで、体系的に考える方法を知識として児童に習得・活用させる学習プログラムを構築できたらと考え、実践研究に取り組んでいました。

特に、思考することが苦手な児童に対して有効なのではないかと予測していました。なぜなら、考える方法を習得させる学習活動を蓄積することによって、彼らに自力解決を促す手段となりうるからです。また、全教師がそのプログラムを基盤に思考力育成の授業実践に取り組むことによって、長期的な視野のもとに児童全体の思考力を向上できると考えました。実践研究の蓄積の結果、１年生から６年生までの発達段階に即して、思考方略（思考スキル、思考ツール）をモデル化することができました（関西大学初等部 ２０１５）。

一方で、思考力育成をモデル化したことによって、自分自身が何か見落としてきたような違和感をもちました。それは、退職をきっかけに大学院での研究活動が中心になったとき、他校の研修などで多くの授業を参観する機会を得たことによります。自分自身の実践をメタ的にみることができるようになってきたからかもしれません。わたしは全教師が自分の授業に活かす学習プログラムを構築することが思考力を効果的に育成するために必要である、という考えが先にあり、児童の思考は多様性・複雑性を併せ持つものであることを切り捨てていたのです。たとえば、授業での教師の発問に対して児童はさまざまな反応を示します。つまり、学級に在籍している32名は、32通りの反応をするわけです。ある事象の特徴を見いだすというような課題の場合、特徴の見いだし方は一つではありません。「分類する」ことも一つでしょうし、「比較する」ことも可能です。場合によっては、「順序立てる」ことや「構造化する」ことも可能です。このように、さまざまな思考スキルを用いて、特徴を見いだすという思考が可能なのです。一方、教師はゴールを設定し、いかにしてそのゴールに全員が効率よく到達できるかを考え、授業展開をしようとします。そのとき、あるモデルがあり、その枠組みに即して授業を展開するほうが教師にとっては効率性を担保できます。つまり、思考力育成のモデル化は、教師の意図に即した思考活動をさせるためのものでもある、という見方が可能なのです。

このことは、多様な児童の思考活動が生まれる可能性があるにもかかわらず、そこに制限をかけていることになるおそれがあります。そのように考えると、本来思考活動が苦手な児童に対する支援としての思考力育成のモデル化は、かえって児童の創造性を失うことにつながっていたのではないかという思いに駆られたのです。つまり、学習プログラムをもとに、授業の文脈やさまざまな児童の実態に応じて道具を配置した授業をデザインすることは、結果的に児童の多様性を制限することになっていたと考えるようになったのです。

たしかにわたしが取り組んできた実践研究は、思考力育成の指導方法としての一つの提案になったかもしれませんが、あくまでも児童の認知活動を一般化した枠組みでしかないということです。したがって、学習プログラムに基づく実際の授業において、教師はさまざまな児童の思考の様相に対応しようと道具（たとえば、ルーブリック、思考ツール、ＩＣＴなど）を駆使して児童や児童間の思考活動を支援する授業をデザインすることが重要なのです。つまり、枠組みがあったとしても、実際の授業の文脈はさまざまであり、児童一人ひとりの思考を支援するとなると、その多様性をどのように保障するか考えることが重要なのです。

このような経緯もあり、自分の実践を省察することにもつながると考え、思考力育成の授業デザインをテーマに博士論文に挑戦し研究活動に没頭することになりました。

▼大学という環境

◉関西大学総合情報学研究科での自分

わたしが所属した関西大学総合情報学研究科は、情報社会の進展に寄与し、豊かな学識と高度な研究能力を備えた研究者および高度専門職業人の育成を目指している研究科です。特に博士後期課程のミッションは、情報のパイオニアを養成することです。

博士後期課程には、高度情報システム、応用ソフトコンピューティング、認知情報処理、意思決定システム、マルチモーダルコミュニケーションの四つの研究領域があります。わたしは、そのなかのマルチモーダルコミュニケーションの研究領域を選択しました。マルチモーダルコミュニケーションの研究領域のテーマは、ＩＣＴツールを含んだ望ましい学習環境をデザインすることであり、３名の教員が指導にあたります。所属する院生のテーマはさまざまで、国内外のさまざまな学校種および地域連携など、各自の興味・関心を軸に研究に取り組んでいました。

月1回、博士後期課程のメンバーは各自の研究の進捗状況を報告し、意見をもらいます。それぞれ違うテーマとはいえ、関連性もあるため議論は白熱しました。わたしは、学校現場での実践知は豊かでしたが、理論を学ぶことがまったくできていなかったため、最初は院生の議論についていけず、いかに自分が知らないか、つまり無知の知を痛感しました。３名の教授からは論理性を厳しく追究されるので、質問に対して的確に答えられない自分を本当に情けなく思ったものです。まるで、学校現場での教師としての自分と児童の立場が逆転したかのようでもありました。学校現場では互いの実践に対して厳しく議論し合う文化は、まったくといってよいほどありません。相手を傷つけない程度に言葉を選んで互いの実践を評価します。わたしは、今まで自分が所属していた環境とはまったく違う大学院という世界に入り込んだのでした。わたしの指導教員は久保田賢一教授でしたが、黒上晴夫教授、久保田真弓教授にも指導を仰ぎながら研究に取り組みました。

この研究室のおもしろさは、3名の教員がチームとなり院生を指導していくことです。たとえば、毎週火曜日の6、7限に実施される「課題研究」科目は、博士前期課程の学生が中心ではあるものの、後期課程の院生も参加します。3名の教授とともに輪読会をしたり、前期課程の院生の論文についてのディスカッションをしたりします。また、前期課程の院生は学部生とも密接に連携をとり、さまざまなプロジェクトを協働的に展開しています。このように、所属を越境して多様な立場の人たちと活動を協働的に展開するのは、かなり特徴的なのではないだろうかと思います。わたしが修士号を取得した大学とは学習環境に大きな違いがあると感じました。

また、研究室の空間は仕切りがなく、オープンスペースとなっています。院生には、1人一つずつ机およびコンピュータが配当され、その机の配置なども院生の話し合いによって決められます。また、博士後期課程の学生の机の真向かいのスペースには、学部生がプロジェクトなどの話し合いをするためのスペースが用意されています。その空間のなかに、久保田教授の机もあり、相談したいとき、いつでもそこに教授がいます。ＩＣＴ環境は充実しており、授業のなかで海外とのテレビ会議も英語を使って実施されています。すべてが、自分が博士前期課程で所属した大学院の学習環境と異なっており、驚きを隠せませんでした。

活動が創造的かつダイナミックに展開されるように、空間は互いの交わりを促します。そして、さまざまな立場の者が実践共同体として関係性を築き、個々の成長を促す学習環境デザインになっています。マルチモーダルコミュニケーションの領域は、ＩＣＴを含んだ望ましい学習環境をデザインするのが研究領域だからこそ、学習環境の構成要素である活動、空間、共同体（美馬・山内 2005）の三つが関連しながら機能するような学習環境がデザインされていました。

◉久保田教授との関わり

3名の教授のなかの1人である久保田教授がわたしの指導教員でした。先生との最初の出会いは、公立小学校で勤務していた頃に、パレスチナ難民自治区の中学生との交流学習の実践を、関西大学総合情報学部の研究室で発表したときでした。実は、以前から先生とは間接的には関わっていたのです。なぜなら、国際交流学習の実践は、久保田先生が指導していた学生たちに支援してもらいながら取り組んでいたからです。学生たちは、たいへん優秀で、わたしの授業に対する思いに寄り添い、的確に助言をしてくれました。また、わたしが担当している児童の活動を支援するなかで、賞賛したり、困っている児童の悩みを聞いたりして、一人ひとりに向き合って声をかけてくれていました。それによって、児童との関係性は強固なものになっていき、児童にとっては憧れのお兄さん、お姉さん的存在だったのです。「こんな学生たちを指導している先生は、すばらしく指導力のある先生なのであろう」と想像していました。

しかし、実際に会ってみるとそうではありませんでした。先生は指導するというより、さまざまな事象に関心をもち、学生と共に議論を楽しむとても知的好奇心の強い方だったのです。あるとき先生と雑談をしているなかでおっしゃった言葉が今でも忘れられないぐらい印象的でした。「僕は教えない」、「研究したい学生と共同研究する」という言葉です。この言葉から先生の教育に対する信念を感じました。つまり、「教師は教える人というより、環境の一部であり、教師と学生の相互行為のなかで新たな知を構築していくのだ。だから、学生は先生に教えてもらおうと受け身的な研究姿勢ではいけない」という教育観です。わたしが博士後期課程の院生時代に「先生、ちゃんと教えてください！」などと言ったとき、先生は笑顔で「お互いに学び合うんだよ。三宅さん」と話されたことが、今でも心に残っています。

▼理論と実践の往還――自分の実践を省察する

わたしは大学院に進学したことによって、自分の実践を省察するにふさわしい理論との出会いや外国の研究者や院生との共同研究への参加という機会を得ました。社会文化的アプローチという理論を知らなければ、わたし自身は、客観主義（実証主義）の教育論から抜け出せないまま、実践を積み重ねていただろうと思います。構成主義の理論である社会文化的アプローチと呼ばれる見方に出会ったからこそ、当たり前が当たり前ではないことに深く気づかされました。学校文化に根強く影響を与える認知心理学的なアプローチでの思考力育成の知見は数多くみられますが、社会文化的アプローチの視点から思考力を育成する学習環境の構築については、十分な知見が蓄積されていません。また、現役の教師が、海外での授業実践を参観したり、共同研究に参加したりする機会は稀です。これらはすべて、大学院に進学したからこそ得られた経験です。

これらの貴重な経験を土台として、わたしは社会文化的アプローチに関連する先行研究および理論を整理していきました。そして、児童の創造的な思考活動を生み出す学習環境とはいかにあるべきかを、社会文化的アプローチの理論的枠組みから考察し、提案する博士論文に着手したいという思いを強めていきました。なぜなら、それが自分の実践を意味づける方法でもあると確信したからです。

◉社会文化的アプローチの理論的な視点との出会い

わたしの授業デザインにおける関心は「児童が考える力を身につけるためにはどのような指導法を用いればよいのか」です。長年、指導法の解明へ向けて実践的な研究に取り組み、自分なりには一定の成果をあげてきたと自負していました。しかし、社会文化的アプローチの理論的な視点と出会うことによって、いかに自分が学校社会の制約に縛られ、当たり前を疑う目をもたずに、自分の実践に満足していたかを痛感しました。アカデミックな環境に身を置いたからこそ、わたしは児童の思考活動の文脈をみる新しい視点を獲得できたのです。

学校現場では、社会文化的アプローチという言葉自体を聞いたことがありませんでした。指導教員である久保田教授との対話のなかで、この理論的な視点を知り学んでいくなかで、わたしのなかに「この視点をもとに、自分の実践を省察したい」という思いが芽生えてきました。

社会文化的アプローチとは、ヴィゴツキーの文化歴史的理論の流れを汲む理論的視点です。この視点の提唱者であるワーチ（２００２）はヴィゴツキーの考えを発展させ、「媒介された行為」という分析の概念を提唱しています。彼は、学習とは、環境からの刺激に受動的に反応する個人の内側の変化ではなく、学び手と媒介的道具の相互行為にあるものとしてとらえるべきであると主張します。一方、認知心理学では、学習は個人が身につけている知識や概念、問題解決への方策といった資質が重要な要素とみなされます。したがって、学び手と媒介的道具を切り離し、個人の内側の変化に注目するわけです。人間の頭をコンピュータに喩えて、情報処理の仕組みを追究することで、いかに効率よく情報を入力して効率のよい情報処理ができるようになるかを問題にしているのです。この考え方は、効率よく効果的な教授法を求める教師にとっては受け入れやすいものです。なぜなら、学校社会は、教師中心主義の教育論が根底にあり、「教師は知識を教える人、子どもは知識を授かる人」という認識があるからです。カリキュラム、時間割など、さまざまな制約があるため、いかに効率よく授業を進めるかという意識が自然と定着してしまうのです。わたし自身も小学校教師としての経験が長いので、納得できる面があります。しかし、佐藤（１９９８）では、研究から得られた知見は、当然学校現場での授業実践に役に立つはずだという教師たちの認識そのものを問い直すべきではないかと述べています。なぜなら、これまで心理学や認知心理学の分野で取り組まれてきた研究は、現実の授業場面とは乖離した実験室的な環境での研究であり、その研究への疑問も深まってきているからです。

実際、学校現場では、教師が授業をデザインし、教室という空間、教科によってはその特徴的な学習活動が展開しやすい特別教室で実施されます。その学びの空間において、教師は教授目標の達成へ向けてさまざまな道具を配置し、それらを活用しながら教師と児童，児童同士の相互行為のなかで学習活動を展開できるように学習環境をデザインします。一方で授業場面では，教師の描いた通りに授業が展開することはありません。したがって，教師は即興的に児童の反応に対応し，目標到達へ向けて児童へ働きかけていかざるをえないのです。授業の文脈のなかには多様性・複雑性が埋め込まれているため，児童の思考を「教師の問いかけに対してこう反応した」という原則―結果の構図で読みとろうとすると，何気ない児童のつぶやき，児童同士や道具との関わりなどの多様な変数が捨象されてしまいます。また，児童への教師の即興的な関わりについても見逃されてしまいます。ゆえに，授業場面での児童の思考をシステマチックにとらえることには限界があるのです。

しかし，学校現場では，効果的・効率的に授業を展開することが求められているため，多様性・複雑性を捨象するのは仕方のないことだと考えられてしまいます。むしろ，教師自身が多様性・複雑性を捨象しているという意識さえもちにくい状況にあるのが実際かもしれません。わたし自身，子どもの何気ない発話や動作などに着目することの重要さを理解しているものの，モデル化，定式化することによって多様性・複雑性から生まれてくる子どもたちの反応や授業における行動の曖昧さ，不安定さから逃れられるという思いも抱いていました。やはり，見通しをもっておきたい，自分のストーリー通りに展開したいという教師の思いがあるのは事実です。

以上のことから，児童の思考をとらえるのには，授業場面において，教師と児童，児童間の相互行為のなかで児童がどのように思考しているかをミクロな視点でみる枠組みが必要であると考えるようになりました。なぜなら，相互行為の視点を重視して授業場面をとらえていくことで，今まで見逃していた児童の思考に影響を及ぼしている多様な変数を見いだすことができるからです。それは，わたしが抱いた違和感，つまり，思考力育成をモデル化したことによって自分自身が何か見落としてきたと感じていることの解明につながるとともに，思考力を育成する学習環境をデザインするうえで，重要な実践的知見になるではないかと考えたのです。

そこで，道具を媒介とした行為を分析単位とする社会文化的アプローチの視点を基盤に，思考力育成の授業デザインを研究のテーマに掲げました。

◉社会文化的文脈への注目――中国での教師研修の経験

２０１２年から5年間、わたしは中国・広州の華南師範大学と連携した思考力育成のための授業デザインについて共同研究をするプロジェクトに参加しました（たとえば、三宅ら ２０１２、Kubota et al. 2014 など）。具体的には、関西大学初等部が研究課題として取り組んでいる思考力育成のための学習プログラムの開発で得られた知見（関西大学初等部 ２０１２、２０１３、２０１４）、特に思考ツールの活用についての教師研修を中国・広州の小学校教師を対象に、久保田教授、明治大学の岸准教授と共に実施しました。あわせて、思考ツールを活用した中国人教師の授業を参観し、意見交換の場も設けました。

この共同研究は、日本と中国という国境を越えて取り組まれたものです。関西大学初等部での研究知見をそのまま中国の小学校に持ち込むのではなく、中国の文化・歴史的文脈に合わせた形を追究していきました。なぜなら、ある国や地域で開発した教育方法や技術をそのまま異なる文化・歴史をもつ国や地域に移転できるわけではないからです（山田 ２００９、Nu Nu Wai, Kubota, & Kishi 2010、岸・久保田 ２０１１、今野ら ２０１０など）。中国での教師研修後、１年間にわたりそれぞれの学校で思考ツールを活用した授業を実践してもらいました。その後、年に一度、両国の研究者および中国の小学校教師が集まり、広州の小学校での実践を観察したあと、意見交換会を開きました。これらの一連の取り組みを4年にわたり実施し、さらに広州市の近隣の都市である仏山市への実践の広がりもみられました。

この間、わたしたちは中国の小学校教師が、日本の思考力育成の取り組みを土台として、自分自身の授業に活用するうえでどのように判断し取捨選択したのか、またどのように自分たちの手で再構築したかを調査しました。その結果、中国の教師は、最終的には思考ツールを予習・復習の道具として使ったり、個人またはグループでの発表のツールとして使ったりするなど、独自の活用方法をしていることがわかりました（三宅ら ２０１２）。これは、ある意味当たり前の結果ともいえます。国や学校が違えば，学校教育の理念，学習指導要領，カリキュラムなど制度的枠組みも異なり，同じ道具であっても歴史・文化的文脈に合わせて授業に埋め込んで実践するようになるはずだからです。

しかし，中国の教師が思考力育成の一つの道具として日本から学んだ学習方略をどのような意図をもって，自分たちなりの使い方を導き出したのかについては表面上の変化からはみえてきません。したがって，授業という文脈における教師と児童，児童と道具との関係性をとらえる必要があります。つまり，思考ツールの活用方法が違うのは，国が違うからであるという短絡的な見方・考え方をしてはいけないのです。教師の授業における児童との相互行為において，思考ツールという道具を媒介とした児童の思考活動をどのようにとらえ，文脈にどのように埋め込もうとしたのかという問いを立て，追究していきました。中国の教師には，当然，使わないという判断もあったはずですが，継続的に使っています。その意図を浮き彫りにすることによって，日本と中国の教師の思考ツールの導入に対するいろいろな視点の違いが見えてくるはずです。そこから，思考力育成の学習環境の構築に関する知見が見いだせるのではないかと考えました。

ある道具をある学校社会のなかに持ち込むときに，どのような配慮が必要なのかを明確にすることは，意義があると考えます。なぜなら，当然教師は意図して道具を使いますが，使っている児童はその道具に対してどのような認識をもっているのだろうかという視点をもつかもたないかで授業の展開は大きく変わるからです。この点については社会文化的アプローチの視点でとらえてこそ浮き彫りにできるのではないかと考え，研究に取り組みました。

このように，自らの実践だけではなく，中国との共同プロジェクトに参加することによって，実践をとおして社会文化的アプローチの理論的な視点についてより深く学ぶことができました。

◉指導教員である久保田教授の教え

久保田教授は，構成主義の立場から実践をとらえる研究者であり，『構成主義パラダイムと学習環境デザイン』（久保田２０００）、「構成主義が投げかける新しい教育」（久保田２００３）などの著書や論文に現代の教育に対する自身の主張を述べられています。久保田教授は、物事に対してそれを鵜呑みにせず批判的に考察します。当たり前を当たり前ととらえるのではなく、それは何なのかを徹底的に追究します。その姿勢を久保田ゼミの学生は学びます。したがって、その文化がゼミのなかにも染みついているように思います。「僕は教えない！」の言葉は、教えることの放棄ではなく、自ら学ぶ、学生との相互行為のなかで知を構築・創造することを大事にするという信念なのだと思います。まさに、ゼミ自体が構成主義の文化なのであり、そのような学習環境を構築されているのだと思います。

久保田教授の「僕は教えない！」の言葉をわたしが最初に聞いたときは、正直「無責任な教授だ」と思ったものです。なぜなら、わたしの大学教員のイメージは、高次な理論を学生に教える人だったからです。そのため、先生の言葉は、研究者は自分の研究だけやっていればよいのだと受け取ってしまいそうでした。小学校教師であったわたしには、教えるのが教師という価値観が染みついていたがゆえに、先生の言葉に違和感があったのだと思います。

しかし、先生の傍らで研究活動に取り組むなかで、先生は構成主義の理論を自らのゼミで実践されているのだと実感しました。ゼミの一員としてのわたしは、先生や他の学生たちとの相互行為のなかで学びを深め、１人ではできないことも、先輩や研究者たちの支援を受けてできるように成長することができました。もちろん、すべてが順風満帆だったわけではありません。「なぜ、自分は博士論文を書いているのか」と自分がやっていることの意味づけができず苦しい日々もありました。しかし、ゼミは互いの相互行為のなかで成長を促す環境であったがゆえに、挫折せずに博士論文を書きあげることができたと思っています。

あえて批判的に考察するとすれば、「教師自身が知的好奇心をもち、学び続ける姿勢が重要であるが、先生はそれに対するつらさ、苦しさを感じられたことはないのだろうか」、「学び続けることに対する疑問はなかったのだろうか」という疑問が浮かびあがってきます。たぶん、教えることのほうが楽なはずです。また、学生のほうへ視点を置くと、なかにはこの文化になじめない学生もいるはずです。そのような学生に対して、先生はどのように関わってこられたのでしょうか。高い学費を払って大学院に進学するわけで、当然のごとくしっかりと教えてもらおう、教授から学ぼうと思って入学したものの、現実の厳しさ戸惑うことも考えられます。つまり、大学も含めた学校社会では、教師は教える人という固定観念を多くの人が強くもっているため、学びからの逃走という現象は起きなかったのか、ということです。このことについて、いつか先生に聞いてみたいと思っています。

▼大学院で学ぶ意味とは

わたしは大学院で学ぶ意味は自身の経験をとおして三つあると考えています。

一つめは、学習観のとらえ直しです。これは大学院入学の動機のところでも述べたことです。繰り返し述べてきたように、学校社会では個人が達成したり、所有したりしているものを問題としています。したがって教師は、いかに効率よく、効果的に授業を展開し、個々の能力を向上させるかに関心をもっています。それは、学校がカリキュラム、時間割、学級編成など制約のある環境であり、そのなかに存在している教師や児童には、そこで形成された学校文化が当たり前のものとして認識されるからです。しかし、現実は自分が考えた通りに授業が展開するわけではありません。学びが成立していない原因は教師か、子どもかと二項対立的にとらえて悩み苦しむ教師の姿があります。また、子ども自身も自分の能力がないことを突きつけられ、自信を失っていくこともあります。わたしは、社会文化的アプローチの理論的な視点を得ることで、そもそも学習とは何か、学習者の存在は、教師の存在は、ととらえ直すことができました。学習とは、学習者自身が知を構築していくことです。したがって、学習者とは知識を授かる受け身の存在ではなく、主体的に課題を解決する存在、つまり、主体的に環境（人や道具など）に働きかけ、既存の知識を駆使して新しい知を構築する存在なのです。言葉では児童中心にと言いながら、自分が考えていることと、実際の授業とが乖離していた自分の実践を省察できたことは、この新しい学習観を学んだからです。

二つめは、解のない課題と向き合う態度形成です。学校の実践研究とは違い、博士後期課程での研究は、個人の探究世界です。自分の経験や関心を軸とした問いから始まる探究活動です。社会人大学院生であるわたしと、研究者を目指して学部―修士―博士と進んできた学生との間では読破した論文数が圧倒的に違います。わたしが誇れるのは実践数だけです。それが無駄とはいいませんが、自分の関心のあるテーマに関する先行研究にどのようなものがあるのか、何が解明され、何が明らかになっていないのかを徹底的にリサーチしなければなりません。それだけでも骨の折れる仕事です。論文を読めば読むほど、問いが次々と浮かび、どんどん深みに入っていき、自分は何を追究したいのかさえ見失いがちになります。研究計画は、何回書き換えても表層的で陳腐に感じられ、そのたびに構想の破棄を余儀なくされる。学校現場でも授業研究をします。課題解決のために追究はするものの、長期にわたって一つのことを追究する経験はありませんでした。解のない課題と向き合うことは精神的に追い込まれ苦しい時期もありましたが、それを先生や先輩研究者たちから支援してもらいながら、1人では到底なしえないことができたことで、頭一つ分成長した自分を実感できました。

三つめは、ネットワークの構築です。大学院に行くと、3名の教授それぞれがつながっているさまざまな分野の方々が大学院に来訪されたり、学習会への案内があったりします。大学、NPO、学校、企業など、実に多様な所属の方々です。その場に一緒にいることで勉強になります。小学校という狭い世界しか知らなかった自分にとっては、本当に視野の広がる経験でした。また、さまざまな研究会への案内に積極的に参加することで、また新たな知見を見いだすこともできました。そこで、他の参加者と意見交流したことによって、学習会以後もつながりを継続できた方もいます。率直に新しい世界を知ることは楽しいものです。そして、自分の研究に活かせることも多く発見できます。研究は基本的には1人の世界ですが、多様な人びととつながることによって、研究自体もダイナミックになると感じました。

▼おわりに

博士号を取得した今、わたしは複数の大学の非常勤講師や小・中・高等学校の思考力育成の授業デザインや総合的な学習の時間のカリキュラム作成などの支援をして働いています。今もまだ学び続けており、どの仕事も博士課程後期課程での学びが十二分に活かされていると実感しています。

もし、博士後期課程に進学していなければ、今の自分はどうなっていたのだろうか……。自分の実践に満足し、その実践をよしとして、後輩の教師たちにそれを伝えていたのだろうと思います。

しかし、博士後期課程での学びをとおして社会文化的アプローチの理論的視点を知ったことが、自分の実践に対する見方・考え方を大きく変えました。自分の実践を深く省察できたことは、同時に教師としての教育観の省察でもあったと思います。

当初は、「なぜ、後期博士課程に進学したのか」ということの意味づけができず、あきらめかけたこともありました。しかし、日本と中国の合同プロジェクトで、海外の研究者の方々とつながり、博士後期課程に入学した目的、学ぶ意味を見つめ直すことができました。そして、研究のきびしさも十分に味わい、少しずつ研究という未知の世界のおもしろさ、魅力を実感できるようになったのです。

大学院にて、先生方に研究の方向づけから詳細に至るまで、忍耐強くご指導いただいたからこそ、今の自分があることは確かです。教師の資質・能力として、児童生徒にさまざまな体験の場を用意し、児童からのアクションを待つということも重要であると改めて認識しました。教師としての自分が学生という立場に変わり、大学院の先生の姿と自分の教師としての姿を重ね、教師は学び手とどのように向き合うべきなのかについても学ぶことができました。

わたしもその背中を追いながら、実践的研究者として自分らしく生きていきたいと思います。

コラム11

研究の道を共に走ってくれる人

張　暁紅

関西大学の大学院ゼミに入って5年め、久保田先生に対するイメージは、「共に研究の道を走ってくれる仲間」です。

最初に久保田先生の考えに出会ったのは、『構成主義パラダイムと学習環境デザイン』を読んだ２０１５年1月でした。それまでわたしがもっていた「教育」に関するイメージは、教師が学生に解を教えることでした。しかし、久保田先生の主張は、そのような教え方は時代遅れで、教育は教師と学生との間のダイナミックな相互作用であるといいます。読むほどにおもしろくなり、徹夜で丸1冊の本を読み終えてしまいました。

２０１５年8月、先生と研究室の先輩・同期と一緒に中国で行われた国際学会に参加したとき、関西国際空港に着いたのは夜9時半くらいでした。「早く出ないとバスに間に合わないよ」と先生が言い、率先して走り始めました。その瞬間、十数人が一斉に走りだしました。一番早く着いたのは、もちろん先生でしたね。そのように、先生が「行くよ!」と言うと、わたしたちはうしろに付いて、いろいろな教育活動に取り組んできました。

しかし、博士後期課程に入ってから、いつの間にか、先生からの「行くよ!」のサインがなくなりました。たとえば、前期課程のときは、新しい方法論について、先生は「○○がおもしろいよ。行こうか」とよく声をかけてくれたものでした。しかし、それを待っていては問題解決にならなかったため、「先生、○○についてもっと勉強したい」とわたしから声をかけると、「いいじゃない。自分で場をつくったら」という答えが返ってきました。自分で場をつくるのかとびっくりしましたが、すぐに納得しました。もっと勉強したければ自分たちの目標に合うような場を自らつくらないといけないと気づいたからです。その後、仲間を探したり、専門の先生と連絡を取ったりし始めました。先生の一言で、２０１７年8月に複線径路等至性アプローチ（ＴＥＡ）の勉強会、２０１８年6月にナラティヴワークショップ、２０１９年6月にナラティヴ&ビジュアル・ワークショップという方法論の勉強会の企画、運営を担いました。留学生として、司会することになるなんて考えたこともありませんでしたが、先生が期待してくれているから頑張ろうという気持ちになり、チャレンジできました。そのような経験を通じて、研究室の仲間との友情を深め、新しい学びの同志にも出会うことができました。

久保田先生はおもしろい仲間ですが、研究のときは厳しくなります。データ分析や解釈について、常に「○○とは?」、「どういうこと?」、「たとえば?」、「何を言いたいの?」などと問いかけられ、最初のうちはそれらに回答できないことに挫折を感じていました。その後は、先生の質問に答えられるように、準備をしていくようになりました。そのような経験の積み重ねにより、議論できるようになり、論文を書けるようになれたのだと思います。

久保田先生はわたしたちを成長させるために、仲間としてそばにいてくれたように思います。留学生として、このような仲間がいてくれたことで、研究および自分自身に自信と勇気をもてるようになりました。

14

ゼミ活動と卒業後のつながり

久保田 賢一

本書の第1、2章では、わたしが学校教育に対してもった違和感と構成主義の学習理論に基づいたゼミでの実践について説明しました。また、第3章は、大学院でチームとして一緒に教育・研究に取り組んでいる2人の教員から大学院ゼミを中心にゼミ活動について語ってもらいました。そして第4章以降は、卒業生たちにゼミでの学びが卒業後のキャリア（生き方）にどのように関わっているかという観点から記述してもらいました。本章ではそれらを振り返る形で、わたしのゼミ活動と卒業後のつながりについて考えていきたいと思います。

▼パラダイムとしての構成主義

構成主義は、人間に関する研究をするうえでのパラダイムの一つです。パラダイムは、理論やモデルの前提となる考え方、世界の見方を示してくれます。ですからパラダイムは、こうすればよいという具体的な指針を提示してくれるわけではありません。それは、理論の前提となる考え方であり、それを土台としてさまざまな理論やモデルを構築していきます。たとえば、実証主義パラダイムは、世界を主観と客観の二つに分け、客観的に外界のものを分析することで真理を得ることができると説明します。この考えを土台として、物理学をはじめとする自然科学が大きく発展してきました。同様に、心理学は人文科学における物理学の地位を確立しようと、実証主義のもと多くの実験を重ね、人の心と行動を分析しようとしてきました。それに異議を唱えたのが、構成主義の考え方をもつ研究者たちでした。実証主義者は、測定可能な数値を重視します。一方、構成主義者は、行為のなかの意味を大切にします。意味は簡単に数値化することはできません。また、実証主義者は、心を部分に分解し、その部分を個別に分析することにより、心を解明しようとします。実証主義者は、「行為の意味」について考えたりしませんが、構成主義者は、心のなかの構造を調べるのではなく、人と人との相互行為のなかに意味を見いだそうとします。このように、どのパラダイムに依拠するかによってそこから構築される理論体系が大きく異なってきます。

もちろんわたしは構成主義者ですから、人は意味を求めて行為するととらえています。高校生のとき、大学受験に向けて英単語を覚えなさいと教師に言われても、そこに意味を見いだすことはできませんでした。しかし、外国に行き、そこで英語でコミュニケーションをとらなければならない状況に置かれたとき、英単語を必死で覚えたり、相手に伝わるように話す努力をしたりすることができました。海外で生活するうえで、英語によるコミュニケーションはとても重要であると実感したからです。

誰しも、意味のないことをすることは嫌ですし、やりたくありません。自分にとって意味のある行為をすることは、生きることそのものであると考えます。それが人間の agency なのです。agency は、よく「行為主体性」と訳されますが、あまり日本語としてはピンときません。要するに、自らやってみたいと思う気持ちのことです。「やってみたい」という気持ちはどのように生まれるのでしょうか。構成主義パラダイムの観点からみると、人と人が働きかける対象との相互行為のなかで立ち現れてくるものです。

「心の扉」があるとしたら、その取手は内側にしかついていないとわたしは思います。その扉は内側から、つまり「学びたい」という強い思いをもった本人しか開けることができないからです。「学びのデザイン」という言葉を目にすることがありますが、わたしは、教師など他の人が学びをデザインすることはできないと思っています。学びをデザインし実践するのは学習者自身です。教師やまわりの人がデザインできるのは、学習者を取り巻く環境でしかありません。それは、人やモノの配置や、規則や役割分担をつくることなどです。学習者は、その環境のなかでさまざまな人とモノとの相互行為を行うことになります。そのやりとりのなかで、学習者自身が学びに向けて「心の扉」を開くのです。agencyとは、まさに「心の扉」を開こうとする行為です。「学びのデザイン」というよりも「学びたくなる環境のデザイン」と表現するほうが適切かもしれません。わたしは、それを「学習環境デザイン」と名づけます。学習環境デザインとは、学習者のまわりに人やモノを配置することに加え、いろいろな約束事や役割分担などを決めることも含んでいます。それは、まさに「学びの文化をつくる」ことであると言い換えてもよいでしょう。

ゼミの文化をつくるうえで、わたしはゼミの学生に知識を身につけさせたいとは考えていません。それよりも、これから生きていくうえで、どのような知識を身につけるべきか学生自身が判断する力をつけるほうが重要だと考えているからです。その判断力は、多様な体験をとおして身についていきます。知識をため込むことよりも、体験をとおしてさまざまな「つながり」をつくることで、学びは深まります。もちろん体験とは、教室のなかで「ごっこ」をすることではなく、教室を飛び出し実際の社会に出て、道具を使ったり、人と関わったりすることです。本物の活動をするなかで、いろいろな人と関わり、新しいつながりを生んでいきます。人と人がつながることで、活動に意味が生まれます。活動が意味づけられると、活動がどんどん楽しくなり、もっとやりたいと思うようになります。そのとき、学生は自分に必要な知識がないことに気づくことでしょう。学ぶ意味はそういう形で生まれます。意味のある学びの重要性を知ることをとおして、知識やスキルは身についていきます。そして知識が広がり、深まっていくと、しだいに知識と知識がつながりだし、さらに新しい知識が生まれてきます。そうなると「つながり」はどんどんと拡大していきます。各章を読んでもらうと、そういった「つながり」がどんどん増殖していく様子がわかります。

構成主義パラダイムは、このように教育に対する基本的な考え方を提供してくれます。そしてパラダイムを土台として、理論やモデルが構築され、具体的なゼミ活動の指針がつくられていきます。

▼大学というモラトリアム

キャリアを考えるとき、職業との強い関わりのなかで、どのような仕事につき、どのような職業能力を身につけるべきか、ということに焦点を当てがちです。もちろんキャリアという言葉は狭義にはそういった意味をもちますが、わたしはキャリアをたんに職業に関することだけでなく、広く働き方や生き方そのものについての概念であるととらえています。もちろん、自身の生き方に基づいて職業を考えることは重要ですが、それに加えて、自分自身の生き方をどのようにとらえ、自分の人生をどのように設計していくのか、学生に考えてほしいと思っています。

ロボットやAI、IoT、ブロックチェーンなどの技術が急速に発展し、社会の構造が大きく変わろうとしています。これまでの職業が新しい技術を導入することによって消滅していくことが予想されますが、一方で新しい技術によってまた新しい職業が生まれてきます。それらの新しい職業ではどのような能力が求められるのでしょうか。また、ホームオフィスや遠隔オフィスなども拡大しつつあり、毎日職場に出勤する必要もなくなるでしょう。労働時間も短縮され、週休3日、4日の時代がくることも予想されます。政府は、情報社会の次の社会として、ソサエティ5・0という概念を提案しています。ソサエティ5・0の社会では、働き方自体が大きく変化することが予想されます。そういう未来をどう生きていくのか考えることは大切なことです。「わたしは何をしたいのか」を考えることは、「わたしはどのように生きるのか」を模索することにつながります。

現在のような学校教育の仕組みができたのは、19世紀の工業社会（ソサエティ3・0）のはじめです。20世紀半ばから情報社会（ソサエティ4・0）に発展してきました。そして21世紀に入り、超スマート社会（ソサエティ5・0）の入り口に差しかかってきたわけです。しかし、学校教育はその変化についていけているでしょうか。わたしが学校教育に対してもつ違和感は、社会の変化に学校が対応できていないことに関係しているのだと思います。さまざまな団体がこれからの社会に求める資質・能力として、21世紀型スキルやキーコンピテンシーなどを提案しています。しかし、受験を目指し、学習指導要領に沿って多くの知識を覚えなくてはいけない現在の学校システムは、知識の習得に重点を置きがちです。

小学校から高校までの12年間は、子どもの前に明確なレールが敷かれています。そのレールの上をただ早く進みなさいと追い立てられて、子どもたちはそのことがどういう意味なのかわからないままにひた走ってきました。ところがいったん大学に入学すると、勉強をしなければならないというレールがなくなったようにみえます。学生は、レールが見えなくなったことに戸惑うとともに、その自由を謳歌するようになります。

学校教育に違和感があると書きましたが、一方で学校は安心を提供してくれると考えています。大学生という身分は、4年間の安心と、大学に在籍するという居心地のよさを得ることができます。加えて、未来の自分に対してモラトリアムでいることが許されます。大学にいる限り、学生として将来のことを括弧に入れられるというのは重要です。まだ「何者でもないわたし」でいられることへの安心感です。

大学1、2年生の間は、高校までの勉強から解放されたという自由に浸ります。アルバイトをしたり、街をぶらぶらしたり、遊園地に行ったりすることで自由を味わっている実感がもてます。大学生としての自由を楽しもうと思いますが、ひとしきり遊び、遊び疲れて自分を振り返ると、次に何をやったらよいかわからない自分を見つけることになります。未来の決定をすることは責任が伴うとともに、未来に向けて努力しなければいけないわけですから、それは大変なことです。とりあえず、大学生として次のステップに進むための力を蓄えなければいけません。

▼ゼミ活動と水平的学習

どこに向かって進んでいったらよいのかわからないことを自覚した学生は、何かをしなければと思うようになります。でも漠然としていて何をどうしてよいのかわかりません。わたしのゼミは、そういった学生に活動の場を与えてきました。久保田ゼミに入ると、協働的な活動に次から次へと参加し、活動することが求められます。

第１章で、垂直的学習と水平的学習について説明をしました。久保田ゼミの活動では、知識を増やすことよりも、自分のいる場所の境界を乗り越え、これまで踏み込んだことのない場所に出かけたり、やったことのない活動に取り組んだりすることが求められます。つまり、活動は水平的な学びが中心になります。フィールドスタディ（以前は、スタディツアーと呼んでいました）では、途上国という、行ったことのない海外に出かけ、英語でコミュニケーションをとることが求められます。プロジェクトでは、外国の教員に対して研修を実施したり、英語を使って授業をしたり、これまでやったことのない活動をこなしていくことが求められます。これらの活動は、仲間と協働することをとおして達成されていきます。そして、時には失敗もしますが、仲間が互いに補い合うようになります。そして多様な人たちとのコミュニケーションをとおして、プロジェクト目標を達成しようと頑張ります。このような活動に参加することで、学生は大きな達成感を味わいます。水平的な学びは、非認知的な能力を高めるとともに、自己に対する新しい認識を培います。非認知的能力とは、知識やスキルなどの認知的能力ではなく、興味・関心や情動、協調性、コミュニケーション力などを指します。多様な人たちとの協働的な関わりは、コミュニケーションを通じて、寛容さや忍耐力などを養います。

フィールドスタディでは、学生はすべてのことを自分たちでこなさなければなりません。まず、計画を立てます。計画に沿って宿泊先を決め、予約をします。見学に行く場合は、アポイントメントをとり、訪問先に行くための手段を探します。現地を訪問中にもさまざまなハプニングが起きます。予定していた飛行機がキャンセルになったり、予約したチケットのスペルがパスポートと1字違っていたために乗ることができなかったりしたこともありました。フィリピンに行ったときに、ミンダナオ島ダバオ市で爆弾事件が起き、治安が心配なために予定していたダバオ行きをどうしたらよいか議論したこともありました。日本にいる保護者の気持ちも考慮して、中止することを決めました。中止にしたことで空いた5日間のフィリピン滞在の活動を急遽練り直しました。フィールドスタディでは、何が起きるかわかりません。臨機応変な対応が求められ、試行錯誤のなかで学びが深まります。即興的な対応も鍛えられます。

わたしは、ゼミ生に何も教えませんと宣言する代わりに、たくさんの質問をします。「なぜそう思ったのか」、「それをやる意味は何か」。学生は質問に答えることをとおして、自分自身を見つめ直していきます。帰国後は、活動の報告をすることになっています。保護者に、後輩に、高校生に……それぞれ相手に合わせた発表を考えます。ゼミの活動を振り返り、反芻することで、活動の意味を再認識します。

ゼミにゲーム依存の学生がいたことがあります。ゼミに入っても1日17時間もゲームを続けていたそうです。授業は休みがちになり、食事も十分にとっていなかったようです。それでも彼は、他の学生と一緒にフィールドスタディに参加しました。フィリピンでの活動中は、ゲームをしている姿を見ることはありませんでした。帰国後何日か経ってから、その学生がわたしのところに来て、「ゲームはもうやめました」と話をしてくれました。これまでゲームが唯一の楽しみだったそうですが、ゲーム以外にもおもしろいことがあると気づいたのでしょう。

▼卒業生とのつながり

関西大学では、これまで1期生から23期生までの学生をゼミに受け入れてきました。ゼミ生の総数は、３００人を超えると思います。ゼミに参加したすべての学生が一様に学ぶわけではありません。一人ひとりの経験や環境の違いにより、濃淡が出てきます。わたしの考えに波長が合った学生は、わたしに近づき、より深く学びます。一方で、わたしの考え方や行動に違和感をもつ学生もいます。学生の学びにばらつきがあるのは、心の扉が内側からしか開かない以上、どうしようもありません。すべての学生が一様に学ぶことのほうが、かえって不自然ではないでしょうか。

ゼミ生の位置どりは、ゼミのコミュニティのなかで大きく三つに分類できると思います。まず、コアメンバーです。彼らは、わたしの教え方や考え方に共鳴し、リーダーシップをとり、まわりの学生を巻き込んで活動する学生です。

まわりから「久保田教」の熱心な信者とみられたりします。次は、アクティブメンバーです。コアメンバーほど十全的ではないが、ゼミ活動に積極的に取り組み、いろいろな活動にも参加します。三つめは周辺メンバーです。ゼミに入ったもののどうもなじめない、ゼミよりも他のことに関心があるために、欠席しがちになったりします。ゼミだけではなく、大学にも関心を示さなくなる周辺的なメンバーは退学することもあります。わたしは、退学自体に反対はしません。自分で出した結論ならば、自分の選んだ道をしっかりと歩んでいってほしいと思います。

コアメンバーと周辺メンバーは、それぞれ全体の1、2割といったところだと思います。もちろん、この分類は固定的なものではなく、周辺的に参加してきたメンバーが、しだいにアクティブになり、コアメンバーとして十全的に参加するようになっていく場合もあります。あるいは、逆のケースもあります。その動きはダイナミックなものであると思います。本書の執筆陣は、ゼミのコアメンバーやアクティブメンバーだった人たちです。

ゼミでアクティブに活動した人たちとは、大学卒業後にも、なんらかのコンタクトを保っています。しかし、多くの学生とは、卒業後連絡が途絶えます。時折、結婚しましたといった連絡がきたりしますが、わたしと比較的頻繁に連絡を取り合っているのは、大学教員になったり、NPO・NGOで働いたり、国際協力の分野で活動したりしている人たちです。高校教員や教育関連の企業で働いている人、映像や広告関連の仕事をしている人たちも、ときどき近況を報告に来たりしてくれます。

就職したあとに、小学校の教員になりたい、医師として働きたいと進路について相談にのってほしいと卒業生が会いに来たりもします。そのとき、わたしは彼らの背中を押してやります。「やりたいことがあるときは、それに向かって思い切り頑張ればよい。やらずに後悔するよりも、思い切りチャレンジすることで新しい道を切り開くことができる」と答えています。わたしのところに相談に来る時点で、彼らの気持ちはすでに決まっているからです。わたしの役割は、彼らの気持ちを肯定的に受け入れることです。

卒業生が青年海外協力隊へ参加することは、わたしのゼミの特徴としてあげられると思います。これまで青年海外協力隊に参加した人は20数名います。現在もアフリカでボランティア活動している卒業生がいます。在学中に、先輩が協力隊に参加した話を聞いたり、帰国した隊員をゼミに呼び、話をしてもらったりするので、協力隊に参加することへのハードルが低くなったのではないかと思います。

帰国後、元の職場に戻る人もいれば、新しい仕事に就く人もいます。海外ボランティアを経験すると、国際協力の仕事に就きたいと考える人は多いと思います。わたしもその1人でした。ＪＩＣＡ専門家になったり、国際協力コンサルティングの会社や国連機関で働くようになったりする人も出てきました。また最近は、一般企業に就職しても、海外勤務になる人も多くなってきました。フィリピンに配属になった卒業生に、フィールドスタディの際に会ったりしたこともあります。

フェイスブックなどのＳＮＳで「友達」になっていると、離れていても近況がわかります。ベルギー、オーストラリア、インドなどで暮らしている卒業生の様子もフェイスブックをとおして知ることができます。フェイスブックには、「we are kubota seminar」というゼミのページもあります。２００人ほどが登録しているので、何かのイベントがあるときにはゼミ生同士で連絡を取り合ったりしています。わが家でホームパーティーを開くときにも、ゼミのページで連絡をします。パーティーは毎年、5月のゴールデンウィークと11月のサツマイモの収穫時期、年末年始の集まりなどが恒例になっています。時折、数年ぶりに参加する卒業生もいます。

在学中は師弟の関係ですが、卒業をすればもう一人前の社会人です。大学時代からの師弟関係を引きずるのではなく、対等な関係で付き合いたいと考えます。実際、バングラデシュやパレスチナの国際教育開発では、卒業生と一緒に取り組みました。共同研究者として、活動のパートナーとして、これからも卒業生たちと一緒に研究や活動をしていきたいと思っています。

▼ゼミ実践の広がり

わたしのゼミ指導はとても特殊であると思っています。学生とチームを組んで授業をしたり、海外に学生を連れて行き活動をしたりすることは、大きなリスクがあると思われます。「海外に学生を連れて行って、何か事故があったりしたらどうするのですか」とよくまわりの教員から質問を受けます。途上国に学生を連れて行くのですから、危険地帯に乗り込んでいくように思われるのでしょう。

以前、学生とシリアに出かけ、パレスチナ難民の学校支援を行なっていた時期もありました。そういう話をするとまわりの人たちは驚きます。もちろん、現在では内戦が終結していないのでシリアに行くことはできません。わたしは、日本に比べて途上国がそれほど危険だとは思っていません。もちろん、スリや引ったくりの被害、交通事故にあったりする確率は日本より高いでしょう。しかしそれは、事前にその国の状況をきちんと把握し、対処すればよいと考えています。逆に、途上国と聞くだけで、何でも危ない、危険だと思い込む偏見のほうをなくしていくべきだと思います。途上国の農村部は、先進国の大都市と比べてもずっと安全であると思っています。家族が心配したりするので、フィールドスタディに参加するまでは、ゼミ生たちも不安を抱えたりしますが、農村部を訪問することで安心して生活できることを実感します。

そうはいっても何か新しい活動を始めることは、途上国に行かなくともなんらかのリスクは伴います。そのリスクをすべて回避することはできません。アメリカに住んでいたとき、“At your own risk”という表札が自然公園などに貼られているのをよく見ました。それは「公園のなかで、池で魚釣りをしたり、木登りをしたりしてもよいけれど、事故に遭ったらあなたの責任ですよ」という意味です。わたしは、学生にこの“At your own risk”を徹底して伝える努力をしています。自分の行為に対して、しっかり自分の責任で行うことの重要性を感じてほしいと思っています。

大学教員の多くは、リスクがあるのに手当も出ない、研究にもならない活動をあえて行おうとはしません。アクティブラーニングやプロジェクト学習が昨今流行のように語られますが、新しい教育方法はそれほど広がってはいません。新しい教育方法を実践するには、従来の知識伝達の教育観を変え、「学生中心の教育」を実践することが求められます。しかし、教員は自分が学生のときに教えられたように学生に教えます。それ以外の教え方を知らないからです。そして、それが最上の教え方だと信じています。

それでも多くの大学でプロジェクト学習を正規科目として導入しようという動きは進んでいるようです。そういう教育活動には補助金がつくからです。教育工学を学んだ教員は、インストラクショナルデザインに沿ってプロジェクト学習などを設計すれば、より多くの学生が受講できると考えるかもしれません。まず、行動目標を立て、その目標を達成するための活動を組み立てます。学生は、その活動を一つずつこなしていくことで行動目標を達成していくことになります。しかし、学生が自分自身でいろいろなことを決定し、実行していく活動は規模が大きくなるほど難しくなっていくでしょう。実際、わたし自身が正規科目として担当している実習では、プロジェクト学習を導入しようとしても、さまざまな制約があるために、安全な領域のなかで活動をさせる箱庭プロジェクトになってしまいます。

ゼミで学生を連れて海外に出かけるには、強い教育信念がなければいけません。学生に責任を委譲し自由に活動することで、学生が大きく成長するという信念です。それは、わたし自身が本物の世界のなかで本物の相手と協働することを体験し、そこに大きな意味があると感じとったからです。プロジェクト学習を実施するには、まず教員自身がプロジェクト学習を体験し、その有用性を実感しなければなりません。そういう思いをもった大学教員は、積極的にプロジェクト学習に取り組むと思います。本書の執筆者で、大学教員になった卒業生たちは、学生を巻き込みプロジェクト学習を実践しています。このような実践が少しずつでも広がっていくことを期待します。

引用・参考文献

▼第1・2章

稲垣佳世子・波多野誼余夫（1989）『人はいかに学ぶか――日常的認知の世界』中央公論社
井庭崇（編著）（2019）『クリエイティブ・ラーニング――創造社会の学びと教育』慶應義塾大学出版会
ヴィゴツキー、L／土井捷三・神谷栄司（訳）（2003）『「発達の最近接領域」の理論――教授・学習過程における子どもの発達』三学出版
上野直樹（1999）『仕事の中での学習――状況論的アプローチ』東京大学出版会
上野直樹・ソーヤーりえこ（2010）『文化と状況的学習――実践、言語、人工物へのアクセスのデザイン』凡人社
エンゲストローム、Y／山住勝広（監訳）（1999）『拡張による学習――活動理論からのアプローチ』新曜社
エンゲストローム、Y／山住勝広（監訳）（2018）『拡張的学習の挑戦と可能性――いまだここにないものを学ぶ』新曜社
ガーゲン、K／東村知子（訳）（2004）『あなたへの社会構成主義』ナカニシヤ出版
香川秀太・青山征彦（編著）（2015）『越境する対話と学び――異質な人・組織・コミュニティをつなぐ』新曜社
久保田賢一（1999）『開発コミュニケーション――地球市民によるグローバルネットワークづくり』明石書店
久保田賢一（2000）『構成主義パラダイムと学習環境デザイン』関西大学出版部
久保田賢一（2002）「西アフリカでの開発ワーカーの実践」齋藤文彦（編著）『参加型開発――貧しい人々が主役となる開発へ向けて』日本評論社
久保田賢一（2003）「構成主義が投げかける新しい教育」『コンピュータ&エデュケーション』15、12－18
久保田賢一（2003）「「市場」から「コミュニティ」へ――これからのFDモデルとガイドライン」山地弘起・佐賀啓男（編著）『高等教育とIT――授業改善へのメディア活用とFD』玉川大学出版部
久保田賢一（2004）「教育改革への期待」黒上晴夫（編著）『教育改革のながれを読む』関西大学出版部
久保田賢一（2005）『ライフワークとしての国際ボランティア』明石書店
久保田賢一（2005）「NGOの役割と動向」内海成治（編）『国際協力論を学ぶ人のために』世界思想社
久保田賢一（2013）「教育の情報化――知識基盤社会に生きる市民を育てる」村田翼夫・上田学（編著）『現代日本の教育課題――21世紀の方向性を探る』東信堂
久保田賢一（2014）「高等教育を取り巻く環境の変化を考える――大学と社会をつなげるプロジェクト学習のデザイン」岩崎千晶（編著）『大学生の学びを育む学習環境のデザイン――新しいパラダイムが拓くアクティブ・ラーニングへの挑戦』関西大学出版部
久保田賢一（2017）「構成主義の視座からメディア・リテラシーを捉える」中橋雄（編著）『メディア・リテラシー教育――ソーシャルメディア時

代の実践と学び』北樹出版
久保田賢一・浅野英一（編著）（２００７）『ライフストーリーでつづる国際ボランティアの歩き方』国際協力出版会
久保田賢一・岸磨貴子（編著）（２０１２）『大学教育をデザインする――構成主義に基づいた教育実践』晃洋書房
久保田賢一・黒上晴夫（編著）（２００３）『ＩＣＴ教育の実践と展望――ディジタルコミュニケーション時代の新しい教育』日本文教出版
久保田賢一・今野貴之（２０１８）『主体的・対話的で深い学びの環境とＩＣＴ――アクティブ・ラーニングによる資質・能力の育成』東進堂
久保田賢一・ジュンインソン、ライルジュ・寺嶋浩介（２００６）『遠隔教育とｅラーニング』北大路書房
久保田賢一・中橋雄・岩崎千晶（編著）（２００８）『映像メディアのつくり方――情報発信者のための制作ワークブック』北大路書房
久保田賢一・水越敏行（編著）（２００２）『ディジタル時代の学びの創出――多様化する教育実践と学習環境デザイン』日本文教出版
久保田賢一・水越敏行（編著）（２００８）『ＩＣＴ教育のデザイン』日本文教出版
久保田賢一・三輪勉（２００２）「遠隔学習の新しい可能性とは」水越敏行・情報コミュニケーション教育研究会（編著）『メディアとコミュニケーションの教育』日本文教出版
コール、Ｍ／天野清（訳）（２００２）『文化心理学――発達・認知・活動への文化－歴史的アプローチ』新曜社
鄭仁星・久保田賢一・鈴木克明（２００８）『最適モデルによるインストラクショナルデザイン――ブレンド型ｅラーニングの効果的な手法』東京電機大学出版部
ショーン、Ｄ／佐藤学・秋田喜代美（訳）（２００１）『専門家の知恵――反省的実践家は行為しながら考える』ゆるみ出版
鈴木大裕（２０１６）『崩壊するアメリカの公教育――日本への警告』岩波書店
トマセロ、Ｍ／橋彌和秀（訳）（２０１３）『ヒトはなぜ協力するのか』勁草書房
ニューマン、Ｆ・ゴールドバーク、Ｐ／茂呂雄二・郡司菜津美・城間祥子・有元典文（訳）（２０１９）『みんなの発達――ニューマン博士の成長と発達』新曜社
野中郁次郎・山口一郎（２０１９）『直観の経営――「共感の哲学」で読み解く動態経営論』KADOKAWA
パパート、Ｓ／奥村貴世子（訳）（１９９５）『マインドストーム――子供、コンピュータ、そして強力なアイデア』未来社
ブルーナー、Ｊ／田中一彦（訳）（１９９８）『可能世界の心理』みすず書房
ブルーナー、Ｊ／岡本夏木・仲渡一美・吉村啓子（訳）（１９９９）『意味の復権――フォークサイコロジーに向けて』ミネルヴァ書房
ベイトソン、Ｇ／佐藤良明（訳）（２０００）『精神の生態学』新思索社
ホルツマン、Ｌ／茂呂雄二（訳）（２０１４）『遊ぶヴィゴツキー――生成の心理学へ』新曜社
茂呂雄二（編著）（２００１）『実践のエスノグラフィ』金子書房
山住勝広・エンゲストローム、Ｙ（編著）（２００８）『ノットワーキング――結び合う人間活動の創造へ』新曜社

與那覇潤（２０１８）『知性は死なない――平成の鬱をこえて』文藝春秋
ライゲルース、Ｃ・カー＝シェルマン、Ａ（編）／鈴木克明・林雄介（訳）（２０１６）『インストラクショナルデザインの理論とモデル――共通知識基盤の構築に向けて』北大路書房
レイヴ、Ｊ／無藤隆・山下清美・中野茂・中村美代子（訳）（１９９５）『日常生活の認知行動――ひとは日常生活でどう計算し、実践するか』新曜社
ロゴフ、Ｂ／當眞千賀子（訳）（２００６）『文化的営みとしての発達――個人、世代、コミュニティ』新曜社
ワーチ、Ｊ／佐藤公治・田島信元・黒須俊夫・石橋由美・上村佳世子（訳）（２００２）『行為としての心』北大路書房
ワーチ、Ｊ／田島信元・佐藤公治・茂呂雄二・上村佳世子（訳）（２００４）『心の声――媒介された行為への社会文化的アプローチ』福村出版

▼第３章

関西大学大学院総合情報学研究科（ｎ．ｄ．）『関西大学大学院総合情報学研究科大学院概要』（http://www.kansai-u.ac.jp/Fc_inf/gs/index.html（２０１９年10月13日最終確認））

▼第５章

松下佳代（２０１１）「主体的な学びの原点――学習論の視座から」杉谷祐美子（編著）『大学の学び――教育内容と方法』玉川大学出版部
松本茂（２０１３）「「問題基盤型学習」と「課題基盤型学習」の過去・現在・未来」初年次教育学会（編）『初年次教育の現状と未来』世界思想社
Kesidou, S., & Roseman, J. E.（2002）How well do middle school science programs measure up?: Findings from Project 2061's curriculum. *Journal of Research in Science Teaching, 39*(6), 522–549.
Krajcik, J. S., Czerniak, C. M., & Berger, C. F.（2002）*Teaching science in elementary and middle school classrooms: A Project-based approach*（2nd ed.). Boston: McGraw Hill.
Krajcik, J. S., Blumenfeld, P. C.（2006）Project-based learning. In R. K. Sawyer（Ed.), *The Cambridge handbook of the learning sciences*. Cambridge; New York: Cambridge University Press.
Jones, B. F., Rasmussen, C. M., & Moffit, M. C.（1997）*Real-life problem solving: A collaborative approach to interdisciplinary learning*. Washington, DC: American Psychological Association.
Thomas, J. W.（2000）A review of research on project based learning（http://www.bobpearlman.org/BestPractices/PBL_Research.pdf（Accessed 24, May, 2019)).

▼**第6章**

外務省（n. d. a）『開発協力、ODAって何だろう』（https://www.mofa.go.jp/mofaj/gaiko/oda/about/oda/oda.html（２０１９年7月28日最終確認））

外務省（n. d. b）『SDGsとは?』（https://www.mofa.go.jp/mofaj/gaiko/oda/sdgs/about/index.html（２０１９年7月28日最終確認））

外務省（２０１９）『２０１８年度版開発協力白書』（https://www.mofa.go.jp/mofaj/gaiko/oda/files/000453646.pdf(２０１９年7月28日最終確認)）

慶応大学ヒューマンシステムデザイン研究室（n. d.）『幸福度の推奨アンケート（SWLS、幸せの4因子など）について』（http://lab.sdm.keio.ac.jp/maenolab/questionnaire.html（２０１９年7月28日最終確認））

国際協力機構（n. d.）『世界が抱える課題への取り組み』（https://www.jica.go.jp/activities/index.html（２０１９年7月28日最終確認））

世界銀行（n. d.）『日本が世界銀行から貸出を受けた31のプロジェクト』（http://worldbank.or.jp/31project/#.XT0oOuj7Q2w（２０１９年7月28日最終確認））

▼**第9章**

久保田賢一・岸磨貴子（編著）（２０１２）『大学教育をデザインする——構成主義に基づいた教育実践』晃洋書房

ホルツマン、L／茂呂雄二（訳）（２０１４）『遊ぶヴィゴツキー——生成の心理学へ』新曜社

マクルーハン、M／栗原裕・河本仲聖（訳）（１９８７）『メディア論——人間の拡張の諸相』みすず書房

Holzman, L. (2018) *The overweight brain: How our obsession with knowing keeps us from getting smart enough to make a better world.* New York: East Side Institute Press（ホルツマン、L／岸磨貴子（編訳）（印刷中）『知識偏重社会への警鐘——「知らない」のパフォーマンスが未来を創る』ナカニシヤ出版）

Newman, F. & Goldberg, P. (2013) *Let's develop!: A guide to continuous personal growth.* Lulu.com.（ニューマン、F・ゴールドバーグ、P／茂呂雄二・郡司菜津美・城間祥子・有元典文（訳）（２０１９）『みんなの発達！——ニューマン博士の成長と発達のガイドブック』新曜社）

Prasad, P. (2005) *Crafting qualitative research: Working in the postpositivist traditions.* Armonk, NY: M. E. Sharpe.（プラサド、P／箕浦康子（監訳）（２０１８）『質的研究のための理論入門——ポスト実証主義の諸系譜』ナカニシヤ出版）

Shannon, C. (1948) A Mathematical Theory of Communication: Part I. *Bell Systems Technical Journal,* 27, 379-423.

▼**第10章**

久保田賢一（２０００）『構成主義パラダイムと学習環境デザイン』関西大学出版部

時任隼平・久保田賢一（２０１１）「高等学校におけるティーチングアシスタント経験がもたらす教師の授業力量形成への影響とその要因」『日本教育

工学会論文誌』35(Suppl.)、１２３-１２８
時任隼平・久保田賢一（２０１３）「卒業生を対象とした正課外活動の成果とその要因に関する研究」『日本教育工学会論文誌』36（4）、３９３-４０５
Lombardi, M. (2007) Authentic learning for the 21st century: An overview. *Educause learning initiative, 1.*

▼第11章

上野直樹・ソーヤーりえこ・茂呂雄二（２０１４）「社会―技術的アレンジメントの再構築としての人工物のデザイン」『認知科学』21（1）、１７３-１８６
三浦明（編）（２００６）『大辞林　第3版』三省堂
山内祐平・山田政寛（編著）（２０１６）『インフォーマル学習』ミネルヴァ書房
山田剛史・森朋子（２０１０）「学生の視点から捉えた汎用的技能獲得における正課・正課外の役割」『日本教育工学会論文誌』34（1）、13-21
Callon, M. (2004) The role of hybrid communities and socio-technical arrangement in the participatory design. *Journal of the center for information studies, 5*, 3-10.

▼第13章

石井芳生（２０１８）「教育系修士課程遠隔教育による高次研究効果――テレビ会議ゼミを軸にした学術的研究の成立要件」『日本教育メディア学会第25回年次大会予稿集』、64-67
関西大学初等部（２０１５）『関大初等部式思考力育成法ガイドブック』さくら社
岸磨貴子・久保田賢一（２０１１）「教育開発における技術移転の問題に関する考察――ミャンマーの教育大学を事例として」『京都外国語大学研究論叢』77、29-45
久保田賢一（２０００）『構成主義パラダイムと学習環境デザイン』関西大学出版部
久保田賢一（２００３）「構成主義が投げかける新しい教育」『コンピュータ&エデュケーション』15、12-18
今野貴之・久保田賢一・黒上晴夫（２０１０）「教育開発プロジェクトにおける学校を基盤とした授業研究の促進要因」『日本教育工学会論文誌』34(Suppl.)、89-92
佐藤学（１９９８）「教師の実践的思考の中の心理学」佐伯胖・宮崎清孝・佐藤学・石黒広昭『心理学と教育実践の間で』東京大学出版会
田中理恵子・向後千春（２０１６）「オンライン大学に入学した社会人学生の学習継続要因――２０１３年度から２０１５年度の3年間の調査」『日本教育工学会研究報告集』16(2)、21-28
益子典文・松川禮子・加藤直樹・村瀬康一郎（２００６）「働きながら学ぶ現職教師のための遠隔講義における学習のマネージメント――夜間遠隔大学院におけるブレンディド学習のマネージメント方略」『日本教育工学会論文誌』29(Suppl.)、１４１-１４４

美馬のゆり・山内祐平（２００５）『「未来の学び」をデザインする――空間・活動・共同体』東京大学出版会
三宅貴久子・岸磨貴子・久保田賢一（２０１２）「中国における思考力育成の授業デザインの教員研修の実施」『日本教育メディア学会研究会論文集』33、45－48
文部科学省（２０１２）『中央教育審議会教員の資質能力向上特別部会の審議状況について』（http://www.mext.go.jp/b_menu/shingi/chukyo/chukyo3/siryo/attach/1322216.htm（２０１９年7月25日最終確認））
文部科学省（２０１４）『平成26年度文部科学白書　第２部文教・科学技術施策の動向と展開　生涯学習社会の実現』（http://www.mext.go.jp/b_menu/hakusho/html/hpab201501/1361011_010.pdf（２０１９年7月25日最終確認））
山田肖子（２００９）『国際協力と学校――アフリカにおけるまなびの現場』創成社
ワーチ、J／田島信元・佐藤公治・茂呂雄二・上村佳世子（訳）（２００２）『行為としての心』北大路書房
Kubota, K., Miyake, K., Kishi, M., & Kedong, L.（2014）. Collaborative research on teaching higher order cognitive skills at Japanese and Chinese elementary schools. *Proceeding of 12th International Conference for Media in Education 2014*, 1–6.
Nu Nu Wai, Kubota, K., & Kishi, M.（2010）Strengthening Learner-Centered Approach（LCA）in Myanmar primary school teacher training: Can initial practices of LCA be seen? *International Journal for Educational Media and Technology*, *4*(1), 46–56.

▼第14章

上野直樹・ソーヤーりえこ（２００６）『文化と状況的学習――実践、言語、人工物へのアクセスのデザイン』凡人社
Engestrom, Y.（2016）*Studies in expansive learning: Learning what is not yet there*. New Yoerk: Cambridge University Press.（エンゲストローム、Y／山住勝広（監訳）（２０１８）『拡張的学習の挑戦と可能性――いまだここにないものを学ぶ』新曜社）
Holzman, L.（2009）*Vygotsky at work and play*. Hove, East Sussex: Routledge.（ホルツマン、L／茂呂雄二（監訳）（２０１４）『遊ぶヴィゴツキー』新曜社）

あとがき

「この本の読者は第一に現役の大学生である」と想定して執筆しました。同世代の半数以上が大学に進学するようになった現在では、多くの学生は大学に進学することについてあまり深く考えません。親からはとにかく大学に行きなさいと言われ、本人もまわりが大学に行くからとりあえず大学に行こうと進学してきます。つまり、自分で大学進学を選んだというよりも、流れに乗って大学に入学したというわけです。なんとなく進学したわけですから、特に学びたいものがあるわけではありません。楽勝科目を中心に単位を落とさないように要領よく履修し、空いた時間はアルバイトに精を出して過ごしているようにみえます。もちろん、そう過ごすことは悪いことではありません。そういった時期も必要だと思います。

重要なのは、そういう状況にある自分自身を理解し、次のステップに進むことです。今いる場所は、それなりに居心地がよいために、ついずるずると居座ってしまいます。わたし自身を振り返ってもそうでした。大学時代は、山登りが楽しく、山登りをするためにアルバイトをしている日々でした。もちろん、そういう日々は長く続かないことも知っていました。でも、ずるずると引き延ばしていました。新しい世界に飛び出すことに不安があったからです。今でこそ学生に「10年後の自分を想像してみなさい」と偉そうに言っていますが、学生時代のわたしはモラトリアムな日々を過ごしていました。

自分の境界を越えるには、勇気が必要です。大人になるにしたがい、少しずつ自分のできることの枠を広げ、まわりの人たちからの助けやアドバイスをもらい、いろいろなことにチャレンジすることができるようになったのです。

同様に、この本の執筆者たちも、敷かれたレールに沿ってあまり深く考えずに、大学に入学してきたと思います。そして、3年生のときにゼミに入り、いろいろな人たちと出会い、一緒に活動し、その活動を振り返ることをとおして、自分自身のキャリア（生き方）について少しずつ考えるようになったのです。はじめは、先輩の活動を見ながら見よう見まねで、先輩に追いつくように頑張りました。そして、後輩ができるとその指導をとおして自信を少しずつつけていきました。また、わたしから無茶ぶりをうけて、その課題を一生懸命にこなしていくなかで力をつけていきました。自分の力を確認できるようになると、しだいに自分のやりたい方向が見えてくるようになります。このように、いろいろな活動に参加することで、自分のしたいことが少しずつ見えるようになってくるのです。そしてそれは、いろいろな活動に参加するなかで自分自身を振り返り、まわりの人たちと語り合うことと並行してできるようになるのです。

大学時代は、これからの人生を考えるうえで大切な時期です。この時期に、友達同士、そして教員と生き方について語り、互いに信頼できる関係をつくりあげることがその後の成長につながります。今まで、何もわからないままに敷かれたレールの上を邁進してきたけれど、これからは自分自身で自分の生き方を決めていくという覚悟が生まれてきます。

もちろん、自分で決めた生き方を突き進んでいってもうまくいかないこともあります。ある卒業生は、会社に就職をしたけれど、大学時代に演劇サークルでの活動に思い入れがあり、会社をやめて劇団に入りました。その後、音沙汰はなかったのですが、あるときウェブで寿司職人になったことを知りました。いまは、寿司職人としてその道を究めようと頑張っています。最初の思いとは違う方向に進んだけれど、わたしは彼の生き方に一本筋の通ったものを感じています。別の卒業生も就職をしましたが、やはりピアノと関わる仕事をしたいと進路を変更しました。まだ、一人前とはいえないようですが、現在はピアノの調律師として頑張っています。

有名な大学に入り、一流会社に就職をするというレールに乗って生きても、それだけでは生きにくさを抱えてしまうものです。自分で決めた生き方は、自分の責任で生き抜く。そして、まわりには信頼のおける仲間がいる。ゼミの活動をとおして、「学びのコミュニティ」をつくってほしいと思います。

わたし自身も、学生たちと共に「学びのコミュニティ」をつくりたいと思ってきました。こうして、卒業生と一緒にこの本を出版することができたのもその成果の一つだと考えています。これからも、ゼミの卒業生たちと新しい活動を始め、継続していきたいと思います。

本書の出版にあたり、関西大学から助成をしていただきました。また、出版に尽力していただいた北大路書房の奥野浩之氏、丁寧な編集をしていただいた編集部のみなさんに感謝いたします。

2020年2月　久保田 賢一

■執筆者紹介

【監修者】

久保田 賢一　（関西大学総合情報学部 教授）

【編著者】

山本 良太　（東京大学大学院情報学環 特任助教）

岩﨑 千晶　（関西大学教育推進部 准教授）

岸 磨貴子　（明治大学国際日本学部 准教授）

【執筆者】（執筆順）

黒上 晴夫　（関西大学総合情報学部 教授）

久保田 真弓　（関西大学総合情報学部 教授）

小森 嵩也　（尼崎市立尼崎双星高校、大阪府立芥川高校 講師）

科 瑶　（関西大学大学院総合情報学研究科社会情報学専攻 修士課程大学院生）

大塚（米山）立子　（imaima・代表）

小西 雄希　（公益財団法人大阪 YMCA 職員）

河野 敬子　（一般社団法人海外コンサルタンツ協会 キャリアコンサルタント）

貝野 綾子　（国際連合児童基金（UNICEF）職員）

廣谷 光希　（関西大学初等部 教諭）

岸 直子　（NPO 法人ジャパンハート 歯科医師）

魚住 東至明　（Impression Work's 社長）

岡野 貴誠　（国際協力機構 専門家）

森島 亜也子　（NTC インターナショナル株式会社 開発コンサルタント）

熊谷 涼花　（フリーランス 音楽ディレクター）

時任 隼平　（関西学院大学高等教育推進センター 准教授）

関本 春菜　（慶應義塾幼稚舎 教諭）

木村 剛隆　（学校法人 KTC 学園屋久島おおぞら高等学校 教諭）

植田 詩織　（大阪府立藤井寺支援学校 教諭）

三宅 貴久子　（関西大学，東京学芸大学、日本女子大学、ノートルダム清心女子大学 非常勤講師）

張暁紅　（関西大学大学院総合情報学研究科総合情報学専攻博士課程 大学院生）

■監修者・編著者略歴

久保田 賢一（くぼた けんいち）

［所属］関西大学総合情報学部 教授

［経歴］米国インディアナ大学大学院教育システム工学専攻修了。Ph.D（Instructional Systems Technology）。高校教師，国際協力専門家を経て現職。英国レディング大学客員研究員，米国ハワイ大学客員教授を歴任。

［専門］学習環境デザイン，国際教育開発，開発コミュニケーション

［主要業績］

・久保田賢一・今野貴之（2018）『主体的・対話的で深い学びとICT：アクティブラーニングによる資質・能力の育成』東信堂

・久保田賢一（2013）『つながり・協働する学習環境デザイン：大学生の能動的な学びを支援するソーシャルメディアの活用』晃洋書房

・久保田賢一・岸磨貴子（2012）『大学教育をデザインする：構成主義に基づいた教育実践』晃洋書房

山本 良太（やまもと りょうた）

［所属］東京大学大学院 情報学環 特任助教

［経歴］関西大学大学院総合情報学研究科総合情報学専攻修了。博士（情報学）。

［専門］インフォーマル学習，学習環境デザイン，テクノロジーの教育利用

［主要業績］

・山本良太・久保田賢一・岸磨貴子・植田詩織（2017）「支援学校教師の主体的な行動を促す外部人材との連携に関する研究：テレプレゼンスロボットの活用を事例として」『教育メディア研究』*24*(1)：89–104.

・山本良太・中谷良規・明賀豪・巳波弘佳・飯田健司・厚木勝之・山内祐平（2017）「ラーニングコモンズでの主体的学習活動への参加プロセスの分析：正課外のプロジェクト活動へ参加する学生を対象として」『日本教育工学会論文誌』*40*(4)：301–314.

・山本良太・池尻良平・仲谷佳恵・安斎勇樹・伏木田稚子・山内祐平（2019）「高校での反転授業導入の留意点とその手立てに関する研究：日本史での実践を事例として」『日本教育工学会論文誌』*43*(1)：65–78.

岩﨑 千晶（いわさき ちあき）

［所属］関西大学教育推進部 准教授

［経歴］関西大学大学院総合情報学研究科総合情報学専攻修了。博士（情報学）。富士ゼロックス株式会社，京都外国語大学研究員，関西大学教育推進部助教を経て現職。

［専門］教育工学，学習環境デザイン，高等教育

［主要業績］

・岩﨑千晶（2014）『大学生の学びを育む学習環境のデザイン：新しいパラダイムが拓くアクティブ・ラーニングへの挑戦』関西大学出版部

・岩﨑千晶・川面きよ・村上正行（2018）「わが国におけるラーニングコモンズの評価動向に関する考察」『日本教育工学会論文誌』*42*(Suppl.)：157–160.

・関西大学ライティングラボ・津田塾大学ライティングセンター（2019）『大学におけるライティング支援：どのように〈書く力〉を伸ばすか』東信堂（２章，６章分担執筆，７章）

岸 磨貴子（きし まきこ）

［所属］明治大学国際日本学部 専任准教授

［経歴］関西大学大学院総合情報学研究科総合情報学専攻修了。博士（情報学）。大学院修了後，京都外国語大学研究員，明治大学国際日本学部特任教員を経て現職。

［専門］教育工学，学習環境デザイン，ICTとパフォーマンス，国際教育協力

［主要業績］

・岸磨貴子（2019）「難民の子どもの支援」『心と社会』*50*(2)：91–98.

・岸磨貴子（2019）「学習環境としての分身型ロボットの活用：特別支援学校の生徒のパフォーマンスに着目して」『コンピュータ＆エデュケーション』*46*：12–20.

・香川秀太・有元典文・茂呂雄二（2019）『パフォーマンス心理学入門』新曜社（９章分担執筆）

大学のゼミから広がるキャリア
構成主義に基づく「自分探し」の学習環境デザイン

2020年2月10日　初版第1刷印刷
2020年2月20日　初版第1刷発行
（定価はカバーに表示してあります。）

監修者　久保田 賢一
編著者　山本 良太
　　　　岩﨑 千晶
　　　　岸 磨貴子
発行所　（株）北大路書房
〒603-8303
京都市北区紫野十二坊町12-8
電話（075）431-0361（代）
FAX（075）431-9393
振替　01050-4-2083

編集・制作　（株）灯光舎
装丁　野田 和浩
印刷・製本　創栄図書印刷（株）

 ISBN978-4-7628-3098-3　Printed in Japan